KB136475

아산, 그 새로운 울림 :
미래를 위한 성찰

—

나라와 훗날

일러두기

* 본 연구는 아산사회복지재단 학술연구지원에 의하여 수행되었습니다.
* 고유명사 및 각주, 참고 문헌은 논문 저작자의 표기 방식을 존중해 각 논문별로 통일해 사용했습니다.

아산연구
총서 03

아산, 그 새로운 울림 :
미래를 위한 성찰

울산대학교 아산리더십연구원 편

나라와 훗날

—

김석근

왕혜숙

김명섭
양준석

강원택

정태헌

푸른숲

아산, 미래를 위한
위대한 유산

올해는 현대그룹의 창업자이신 아산 정주영 선생의 탄신 100주년이 되는 해입니다. 이러한 뜻깊은 해에 그의 정신을 계승하고 확산하기 위하여 아산사회복지재단과 울산대학교 아산리더십연구원은 아산 연구 총서를 기획하였습니다.

우리나라의 창조적 기업가로 숭앙받고 있는 아산은 사회, 문화, 교육 등에서 탁월한 성취를 이룩했습니다. 이러한 성취는 우리 사회에서뿐만 아니라 세계적인 차원에서 관심의 대상이 되었고, 많은 사람들에게 삶의 귀감이 되었습니다.

우리는 시간이 경과함에 따라 기업을 일군 선구적 창업자에 대한 객관적 성과를 잊는 경우가 많습니다. 역사 속의 인물로 규정하여 그의 비범성이나 성공 신화에 방점을 찍는 경우가 많습니다. 그를 존경하면서도, 그를 안다 하더라도 그가 한 일만을 기억할 뿐, 그 일을 하도록 한 그분의 삶의 태도가 무엇인지, 그리고 당시의 사회·문화적 맥락이 어떠한지를 깊이 생각하지 않는 경우가 많습니다.

이러한 문제인식이 아산 연구의 필요성을 제기하는 계기가 되었습니다. 아산 연구는 아산을 과거의 인물로 규정하는 것이 아닌, 현재 우리의 삶을 풍부하게 해주고 우리의 미래상을 엿볼 수 있도록 해주는 연구입니다. 아산 탄신 100주년은 그 연구의 필요성을 환기시키는 좋은 계기가 되었습니다. 그 출발이 다소 늦은 감이 있지만, 이 연구가 앞으로 이어질 후속 연구의 디딤돌이 될 것을 믿습니다. 무엇보다도 객관적이고 심층적인 학술 연구가 수행되어야 합니다.

아산의 활동이나 성취는 여러 분야에 걸쳐 있기에 그에 관한 연구 또한 다양한 방면에서 이루어져야 합니다. 아직까지 그의 정신이나 가치관에 관해서는 일부 한정된 분야에서 부분적, 단편적 기술만 존재할 뿐입니다. 이러한 상황에서는 아산의 전체 면모를 온전히 이해하기 어렵습니다. 이를 바로잡기 위해서는 그동안 잘 알려지지 않은 분야를 포함하여 아산이 활동한 다양한 분야가 종합적으로 다루어져야 합니다.

우리는 아산의 시대적 성공 이면에서 작용하는 힘이 무엇인지를 알고 싶었습니다. 인간 정주영이 올곧게 이해되기 위해서는 그의 숨결과 정신, 가치와 기여 등에 대한 성찰이 중요합니다. 아산을 학문의 장으로 옮겨 '아산 연구'를 "아산, 그 새로운 울림: 미래를 위한 성찰"로 하고 '얼과 꿈, 살림과 일, 나라와 훗날, 사람과 삶' 등 네 가지 주제로 연구를 진행하였습니다. 이 연구는 국내 각 분야의 전문가들이 참여하여 아산을 새롭게 조명하려는 노력들이 짙게 배어 있음을 알 수 있습니다. 해당 분야 연구자들의 노력에 경의를 표합니다. 이러한 노력의 결실로 아산 연구가 학문의 장 안에서 광범위하게 이루어지기를 기대합니다.

2015년 11월 6일

울산대학교 총장 오연천

'아산 현상'에 대한
새로운 해석학을 위하여

아산 峨山 정주영(鄭周永, 1915~2001)은 거대한 세계적 기업 현대 現代의 창업자입니다.

그는 가난한 집안에서 태어났고, 응분의 제도교육의 혜택을 누리지 못했습니다. 그는 어려운 자기 삶의 현실을 극복하고 싶어 했습니다. 각고 刻苦의 노력 끝에 그는 우리 사회와 국가에서, 그리고 세계에서 가장 성공적인 기업인 중 한 사람이 되었습니다.

그의 관심은 산업 외에도 교육, 사회복지, 문화, 그리고 정치로 확장되었습니다. 그리고 각기 그 분야에서도 기업에서와 다르지 않게 일정한 성취를 거두고 사회-국가적 기여를 했습니다. 이러한 사실은 우리 사회에서뿐만 아니라 세계적인 차원에서 그를 존경의 대상으로, 삶의 귀감으로 기리도록 하고 있습니다.

그런데 바야흐로 우리는 아산의 탄생 1세기를 맞고 있습니다. 그에 대한 기림은 이전보다 더 드높아지고 있습니다. 그것은 아산의 생애가 지니는 가치의 존귀함, 그리고 그를 기리는 흠모欽慕의 진정성을 보여줍니다.

그러나 이러한 현상은 동시에 우리가 아산을 지금 여기에서 만나기보다는 그를 과거의 '기념비적 인물'로 고착화固着化하는 경향이 형성되고 있음을 보여주는 것이기도 합니다. 이 사실을 우리는 몇몇 측면에서 살펴볼 수 있습니다.

우선 지적할 수 있는 것은 '기림' 자체입니다. 이제는 '아산 생전의 현실'이 서서히 역사의 뒤안길에 들어서고 있습니다. 이를테면 아산의 자서전《이땅에 태어나서》(솔출판사, 1998)가 한 시대의 한 인간의 증언으로 읽히기 위해서는 그 시대에 대한 무수한 각주脚註가 요청될 만큼 이미 그 시대는 오늘을 사는 사람들, 특히 젊은이들에게는 낯설고 이질적인 역사입니다. 당대의 문화도 다르지 않습니다. 이른바 패러다임의 변화는 가치나 의미는 물론 삶의 태도, 그리고 삶의 자리에 대한 인식에서 커다란 변화가 일었음을 보여주고 있습니다. 그렇다고 해서 아산의 삶이 '아산 현상'으로 기술될 만큼 온전히 역사화 되지도 않았습니다. 아직 인식을 위한 충분한 '시간의 거리'가 확보된 것은 아니라고 판단되기 때문입니다.

그런데 무릇 '숭모崇慕'는 역사-문화적 변화를 간과하는 '향수鄕愁'

에 기반을 둔 정서의 표출입니다. 따라서 그것이 품고 있는 진정한 '경외敬畏'에도 불구하고 그러한 기림을 유지하는 것은 결과적으로 아산을 '그의 당대'에 유폐幽閉시키는 것과 다르지 않습니다. 그래서 그에 대한 기림은 '그리움'과 '아쉬움'으로 기술되고 일컬어집니다.

다음으로 지적하고 싶은 것은 아산을 기리는 '태도'입니다. 오늘 우리는 아산의 생애를 회고하면서 그가 이룬 업적을 끊임없이 되뇝니다. 그것은 당연한 일입니다. 그런데 우리는 아산이 스스로 자신의 성취를 증언하는 과정에서 이야기한 그의 소탈한 일화를 그의 생애의 핵심으로 회자膾炙합니다. 그래서 그러한 '삽화揷話의 서술'이 아산의 생애를 묘사하는 정점을 차지하고 있습니다. 이러한 진술은 그의 삶에 대한 경탄을 자아내기에 충분합니다. 나아가 사람들에게 감동을 경험하게 하고 사물에 대한 통찰을 가지도록 자극하기도 합니다.

그러나 그의 생애의 전 과정이 지닌 궤적軌跡의 의미를 살피는 일은 오히려 이러한 사실의 전언傳言에 가려 소홀해집니다. 따라서 이러한 기림은 종내 아산을 '비일상적인 캐릭터'[1]로 화하게 하

---

1 이러한 현상은 흔히 일어나는 일이다. 이른바 '유명인(celebrities)'의 생애를 기리는 나머지 그의 생애를 일상인과 다르게 묘사하는 일이 그것이다. 그렇게 이루어진 '전기(傳記)'를 일반적으로 '성자전적 전기(hagiographical biography)'라고 부른다. Thomas J. Heffernan은 그의 저서 *Sacred Biography: Saints and Their Biographers in the Middle Ages*(Oxford University Press, 1988)에서 이 문제에 대한 흥미로운 주장을 펴고 있다. 그는 '성자의 삶'은 이상적인 삶에 대한 사람들의 희구가 어떤 삶을 그렇게 '만든다'고 말한다. 그러나 그것이 부정직하고 불가능하며 비현실적인 것은 아니다. 그렇게 만들어진 한 '삶의 전형'은 역사적인 이야기(historical narrative)가 되어 전승되

면서 그를 '영웅담에 등장하는 주역'이게 하거나 아예 '신화적 범주'에 들게 합니다[2]. 아산을 일컬어 '하늘이 낸 사람'이라고 하는 칭송은 이러한 태도가 이른 극점極點에서 발언된 것입니다. 이러한 태도는 아산을 '우러르게 하는' 것일 수는 있어도 우리가 그와 '더불어 있게 하는' 것일 수는 없습니다. 비일상적인 극적劇的인 발상과 비범한 행위의 돌출적인 연속이 아산의 삶이라고 여기게 되기 때문입니다.

이에 이어 자연스럽게 지적할 수 있는 것은 기림이 그 대상을 '맥락일탈적脈絡逸脫的'이게 한다는 사실입니다. 하나의 인간이 기림의 대상이 되는 것은 그가 올연兀然하기 때문인 것은 틀림없습니다. 그러나 그렇다고 하는 사실이 그가 자신이 현존하는 맥락에서 벗어나 있는 존재임을 의미하는 것은 아닙니다. 오히려 그 돌보임은 그가 만나고 반응하고 더불어 있었던 무수한 사람과의 연계 속에서 드러난 현상이고, 당대의 정치, 경제, 문화의 구체적이고 직접적인 요소들과의 만남에서 형성된 그 자신의 모습에서 비롯한 것입니다. 그러므로 아산을 그 관계망에서 초연하게

면서 '현실화된 꿈의 범례'로 기능하기 때문이다. 하지만 그렇게 되면 될수록 '성자가 된 그 사람'은 그만큼 '울안의 거룩함(sanctity in the cloister)'이 되어 기려지면서 현실성을 갖지 못하고, 다만 기도의 대상이 되든지 기적의 주인공으로 있든지 할 뿐이다. 그러나 그는 이에 이어 이러한 중세적 현상이 다행히 해석학(특히 Gadamer)에 힘입어, 비록 여전히 성자전적 전기가 요청되는 것이 지금 여기의 현실이라 할지라도, '잃은 현실성'을 되찾을 수 있으리라는 것을 시사하고 있다.

2   이를 신격화현상(deification)이라고 일반적으로 개념화할 수 있다.

하는 기림은 그의 성취에 대한 바른 인식을 그르치게 할 수 있습니다.

물론 '시대가 영웅을 낳는다'는 몰개인적沒個人的 역사 인식에 대한 조심스러운 긴장을 우리는 지닐 수 있어야 합니다. 하지만 마찬가지로 '영웅이 세상을 빚는다'는 몰역사적 개인 인식에 대한 조심스러운 긴장도 우리는 유지할 수 있어야 합니다. 기림은, 특히 향수에서 비롯하는 아쉬움의 정서가 충동하는 기림은 이 긴장의 평형을 놓치는 경우가 많습니다. 그렇게 되면 기림은 자칫 '절대에의 기대'라는 환상이 됩니다.

때로 한 인간에 대한 기림은, 그가 '커다란 사람'일수록, 그가 이룩한 업적에 의하여 압도되면서 소박한 감동, 비약적인 경탄, 직접적인 모방, 맥락일탈적인 절대화 등을 충동합니다. 그러나 그렇게 이루어지는 기림은 그의 살아있는 숨결과 정신, 그의 성취와 기여 등을 이른바 정형화定型化된 영웅담론의 틀 안에서 박제화剝製化할 수 있습니다. 그런데 시간의 흐름은 이를 촉진합니다. 대체로 한 인간의 탄생 1세기는 그에 대한 기림이 그를 여전히 '살아있도록' 할 수 있을 것인지 아니면 하나의 '기념비'로 남게 할 것인지를 결정하는 중요한 전환점이 됩니다.

이러한 사실은 아산을 향수 어린 기림의 범주에 머물게 하거나 소박한 모방의 전형으로만 설정하는 일이 아산을 위해서나 우리를 위해 의미 있는 일이 아니라는 사실을 분명하게 합니다. 아산은 그렇게 머무를 수 없는 보다 더 '커다란' 존재라는 사실을 그간 이루어진 '아산경험'이 증언하고 있기 때문입니다. 그렇다면 우리는 이 계제階梯에 그를 새롭게 자리매김해야 하는 일을 수행하지 않으면 안 됩니다. 아산을 그가 우리의 일상 안에 현존했던 자리에서 기려지는 차원을 넘어 이제는 역사적 맥락 속에서 새삼 서술하고 인식하도록 하여 그를 끊임없이 재해석하도록 해야 하는 시점에 이른 것입니다.

이러한 사실을 전제할 때, 우리는 바야흐로 아산을 '학문의 자리'에 위치하도록 해야 한다는 절박한 '필요'를 주장하지 않을 수 없습니다. 소략하게 말한다면, 아산에 관한 우리의 인식을 학문의 장academism 안에서 의도하려는 것이 우리의 과제입니다. 다시 말하면 '기림'이 학문의 장에서 자기를 노출하면서 재구축되지 않으면 그 기림은 결과적으로 부정직한 것, 그래서 그러한 기림은 의미 있는 현실 적합성을 오히려 훼손하는 일에 이를 수밖에 없게 됩니다. 아산을 기리는 일뿐만 아니라 아산에 대한 부정적 평가나 폄훼도 다르지 않습니다.

이 계기에서 우리가 해야 할 과제를 울산대학교 아산리더십연구원은 커다란 범주에서 '아산 연구', 또는 '아산 현상에 대한 연구'라고 이름하였습니다.

일반적으로 하나의 '현상'에 대한 연구는 네 가지 과제를 지닙니다. 사실의 서술, 비판적 인식, 의미와 가치의 발견, 창조적 계승과 확산이 그것입니다.

위에서 나열한 네 과제를 더 구체적으로 역사학(첫째와 둘째, historiography)과 해석학(셋째와 넷째, hermeneutics)으로 구분할 수도 있습니다. 따라서 논리적으로 서술한다면 이러한 과제는 항목을 좇아 순차적으로 수행되어야 합니다. 그러나 실제에서는 늘 복합적으로 이루어집니다. 제기되는 문제에 따라 자료의 범위가 선택적으로 제한되거나 확산될 수 있으며, 비판적 인식의 준거도 문제 정황에 따라 가변적일 수 있습니다. 또한 의미와 가치도 기대를 좇아 늘 새로운 해석학을 요청할 수 있으며, 창조적 계승과 확산의 문제도 적합성을 준거로 다른 양상을 지니고 다른 방향으로 전개될 수 있습니다.

이것이 하나의 역사적 주제를 '연구'하는 과정에서 불가피하게 중첩되면서 드러나는 구조라면 이를 다듬는 일은 '향수에 의한 기림'이나 그를 좇아야 한다는 '규범적인 당위적 선언'으로 이루어질 수 없는 것임을, 또 전제된 이해를 좇아 부정하는 '이념적 판단'으로만 이루어질 수 없는 것임을 우리는 확인하게 됩니다. 이러한 일은 '실증에 바탕을 두고 사실을 확보하고, 이에 대한 엄밀한 서술을 통하여 그 현상을 이론화하며, 이렇게 체계화된 사실의 의미론적 함축을 실재이게 하고, 이에서 의미와 가치의 현실화를 비롯하게 하는 일'을 수행함으로써 비로소 이루어지는 일입니다.

이번 연구 논총을 기획하면서 우리는 이미 상당히 알려지고 정리된 아산의 업적보다 아산의 '인간'과 그가 성취한 일을 비롯하게 한 '동력의 기저'에 더 중점을 두고 싶었습니다. 그리고 이와 아울러 아산의 유산이 함축할 '미래적 전망'을 헤아리고 싶었습니다.

모임을 구성하고, 학자들에게 의도를 설명하면서 연구 취지에 대한 공감을 해 주신 분들과 함께 우리가 논의할 수 있는 주제들을 다듬어 보았습니다. 그 결과 우리는 커다란 주제 범주를 아산을 주어로 하여 '얼과 꿈, 살림과 일, 나라와 훗날, 사람과 삶'의 넷으로 설정하였습니다. 전통적인 개념으로 정리한다면 아산의 '철학과 이념, 경제와 경영, 국가와 정치, 복지와 교육'으로 서술할 수도 있습니다. 그런데 굳이 그러한 용어들을 달리 표현한 것은 기존의 개념이 우리가 의도하는 새로운 접근에 도식적인 한계를 드리울 수도 있으리라는 염려 때문이었습니다.

1년 동안 연구자들은 이러한 기획 의도에 공감하면서, 그러나 각자 자신의 문제의식과 방법론을 따라 스스로 선택한 주제들을 가지고 연구를 수행하였습니다. 주제별 모임을 통해 서로 문제를 공유하고 조언하는 과정도 여러 차례 이루어졌습니다. 심포지엄 형식의 전체 집필자 모임도 가졌습니다. 이 연구 기획을 위해 울산대학교와 아산사회복지재단은 실무적·재정적 도움을 아끼지 않았습니다.

그러나 20명 모든 연구자의 주제와 논의가 유기적인 일관성을 유지한다는 것은 쉽지 않았습니다. 주제별로 이루어진 단위 안에서조차 그러하였습니다. 그러나 우리는 연구 수행 과정에서 이러한 현상이 문제라기보다 극히 자연스러운 사실임을 확인하였습니다. 적어도 '아산 연구'라는 과제에 속할 수 있는 한 일관성의 작위적 유지란 오히려 연구의 훼손일 수도 있으리라는 사실을 확인한 것입니다. 각 연구자가 스스로 설정한 '새로운 준거'는 인식의 변주를 가능하게 하고, 그것은 다시 새로운 의미의 발견을 가능하게 우리를 유도한다는 사실을 거듭 확인했기 때문입니다.

그렇지만 연구 주제의 다양성은 자칫 개개 논문이 지닌 완결성보다 편집된 커다란 범주의 주제에 함께 묶여 있어 우리의 이해를 혼란스럽게 할 수도 있습니다. 이를 저어하여 매 커다란 주제마다 한 분의 연구자가 대표집필을 맡아 당해 범주의 설정 의도를 밝히고 그 안에 담긴 개개 논문에 대한 안내를 할 수 있도록 하였습니다.

연구자들의 최선의 천착에도 불구하고 이 아산 연구 논총이 아산 연구의 완결은 아닙니다. 우리는 새로운 연구의 장을 열었을 뿐입니다. 아산에 대한 기존의 다양한 저술들, 연구 논문들, 기타 여러 종류의 기술들을 우리는 결코 간과할 수 없습니다. 그러나 우리가 주목하고자 하는 것은 그러한 논의가 아산을 어떻게 평가했느냐가 아니라 아산을 왜 그렇게 평가하게 되었는가 하는 데 대한 관심입니다. 이는 앞에서 언급한 바와 같이 '기림'에 대한 소박한 승인에 머물 수 없었던 이유이기도 합니다.

당연히 이러한 맥락에서 우리의 진정한 관심은 '과거의 읽음'이기보다 '미래에의 전망'입니다. 우리의 연구는 '아산 현상'을 재연再演하려는 것도 아니고 재현再現하려는 것도 아닙니다. 중요한 것은 아산은 이미 우리의 삶 속에서 자연인自然人 '아산 정주영'으로 있지 않다고 하는 사실입니다. 그는 이미 과거에 속해 있습니다. 이 계기에서 개개 역사 현상이 늘 그렇듯이 아산은 '기림'의 현실성 속에만 머물지 않습니다. 그는 '기대' 안에서 새로운 현실을 빚는 가능성의 원천으로 있기도 합니다. 그러므로 우리는 아산 현상의 여기 오늘에서의 한계와 가능성을 치밀하게 천착할 필요가 있습니다. 그것이 학계의 과제입니다.

이 연구 기획을 하면서 연구 논총의 주제를 "아산, 그 새로운 울림: 미래를 위한 성찰"이라고 한 것도 이러한 이유 때문입니다.

우리의 작업은 바야흐로 시작입니다. 치열한 학문적 논의가 이어지면서 우리의 역사 속에서 올연한 '아산 현상'이 앞으로도 끊임없이 천착되어 모든 역사적 기억의 전승이 그러하듯 우리에게 창조적 상상력의 원천이 될 수 있기를 바랍니다.

이 일에서 커다란 이정표를 세워 주시고 그동안의 연구에 참여해 주신 교수님들 한 분 한 분께, 그리고 아산사회복지재단에, 깊은 존경과 감사를 드립니다.

울산대학교 아산리더십연구원

나라를 위해 일하고
훗날을 생각하다

　지난(2015년) 8월, 아산 정주영 탄생 100주년을 맞이해 '정주영 전 현대그룹 회장' 기념우표('현대 한국 인물' 시리즈 '경제인')가 발행되었다. 우정사업본부에서는 아산이 한국 경제발전에 크게 기여한 공로와 그의 탁월한 기업가정신을 높이 평가해 이번 우표를 발행하게 됐다고 밝혔다. 하지만 그가 남긴 업적은 단순히 경제, 기업 분야에만 국한되지 않는다.

　아산은 경제 분야 외에도 교육, 사회복지, 문화, 그리고 정치 영역에 이르는 다양한 분야에 두루 관심을 가졌으며, 나라와 민족을 위해 수많은 일들을 해냈다. 나라의 먼 훗날에 대해서도 늘 깊이 고민했다. 아산 탄생 100주년을 기념하여 그의 활동과 성취에 대한 학술적인 연구를 목적으로 기획된 '아산 연구 총서' 시리즈 제3권 《나라와 훗날》에서는, 아산이 나라를 위해서 실행한 구체적인 일들을 살펴보고, 또 나라의 먼 훗날에 대해서 그가 어떤 고민을 했는지 돌아보고 있다.

　"우리가 잘되는 것이 나라가 잘되는 것이며, 나라가 잘되는 것이 우리가 잘될 수 있는 길이다"라는 그가 남긴 유명한 말에도 드러나듯, 아산은 분명한 '나라[국가]' 의식을 가지고 있었다. 그의 나라 사랑은 남달랐다("나는 대한민국에 태어난 것을 늘 행복하게 생각한다."). 또 아산은 한국인과 한국 민족에 대해서도 자긍심을 지니고 있었다("나는 우리 한국인에 대해 큰 자부심을 갖고 있는 사람이다. (…) 세계 어느 민족보다도 우리는 성실하고 어질고 착하고 그러면서 우수하다.", "우리처럼 우수한 민족은 없다.").

　식민지 시대에 태어난 아산에게 처음부터 '나라[국가]'가 존재했던 것은 아니다. 하지만 해방(1945년) 및 건국(1948년)과 더불어 '대한민국'이 출범하면서 아산의 나라 인식은 분명해졌다. 더구나 분단과 6·25의 비극으로 인해 '고향'에도 갈 수 없게 된 후 그의 나라 인식은 더욱 커졌을 것이다. 또 근대화와 산업화의 역군으로 활약했던 그가 신생국가 대한민국의 국가건설State Building과 발전에 크게 기여했다는 점을 부인하기 어렵다.

　그러면 언제부터 아산은 그러한 '나라' 의식을 갖게 되었을까. 김석근의 글은 어린 시절의 서당 교육과 동양 고전 읽기, 그리고 유교에 대한 공부와 이해에서 그 연원을 찾아보려고 한다. 그가 가진 '나[우리]와 나라'의 관계, 또 '나-가정-사회-국가'로의 인식 확대는 유교 윤리와 친화성을 갖는 것으로, 특히 《대학》의 '수신제가치국평천하'修身齊家治國平天下'라는 명제와 관련이 깊다.

서당 교육을 통해서 유교적 소양을 익힌 아산은, 어린 시절부터 부친의 농사일을 도왔으며, 가출 후에는 노동자 생활을 했으며 상업에 종사하기도 했다. 전통적인 의미의 '사농공상士農工商'을 다 체험한 것이다. 그런데 아산은 다른 나라와는 달리 한국의 기업은 '선비〔士〕'들이 일으키고 이루어낸 것이며, 선비들이 한국의 기업 활동을 추진해왔다고 했다. 이로 미루어 보아 아산은 스스로를 '선비〔士〕'라고 생각한 것 같다.

아산은 '수신제가치국평천하'라는 명제를 고전에 나오는 한 구절로 이해하는 데 그치지 않고, 자기 시대에 맞게끔 창조적으로 재해석하고 현실에 응용하고자 했다. 한국의 기업인들은 전통 시대의 '장사꾼' 내지 '상인商'을 넘어서 '선비'로서 선비 정신〔의식〕을 가지고 국가와 민족의 발전을 위해서 열심히 일했다는 것이다. 기업으로서의 '현대'에 대해서도 국가발전과 경제건설을 사명으로 하는 유능한 인재들의 집단이라는 분명한 자의식을 가지고 있었다.

그런 점을 감안한다면 아산의 정치권에 대한 신랄한 비판과 현실정치 참여에 대해서도 조금은 다른 각도에서 바라볼 수 있지 않을까. '선비'라는 자의식은 정치에 대한 관심, 직접적인 정치 참여와 그다지 멀리 떨어져 있지 않다. 선비는 정치에 관심을 갖는다. 아산이 정치에 참여하게 된 데에는 필시 여러 요인이 있겠지만 유교 윤리의 명분론, 구체적으로는 '치국'과 '평천하', 즉 나라를 다스리고 천하를 평안하게 한다는 유교적인 이상과 명분도 작동했던 것으로 보인다.

왕혜숙의 글 역시 아산과 유교 윤리의 친화성을 상당 부분 뒷받침해주고 있다. 왕혜숙은 흔히 말하는 '발전국가와 재벌의 협력 관계'를 지나치게 강조하는 기존 연구의 한계를 지적함과 동시에 박정희와 정주영이라는 두 행위자의 도덕적 갈등 관계에 주목한다. 이어 그것을 '인정 투쟁'이란 개념에 의거해 살펴보고 있다. '인정 투쟁'이란 '표현, 해석, 의사소통의 사회적 양식에 뿌리내린 문화적 부정의Cultural Injustices'를 바로 잡는 것을 말한다.

왕혜숙에 의하면, 많은 연구들이 가정하는 것과는 달리 발전국가와 재벌의 관계는 신뢰와 협동 규범을 내면화하지 않았다. 단순한 '정경유착'은 아니었다는 것이다. 아산은 정치에 대한 지독한 불신을 지니고 있었으며, 특히 박정희 정권의 출범과 함께 그러한 불신은 한층 더 강화되었다. 정치권력 장악 과정 자체도 그러했지만, 일방적으로 기업가들에 대한 부정적 정체성(정경유착, 부정 축재자)을 조성했기 때문이다. 이는 평소 아산이 지니고 있던 정체성, 즉 도덕적인 우월성과 뚜렷한 자의식과는 배치되는 것이었다. 아산은 자신을 이윤을 좇기만 하는 장사꾼이 아니라 도덕적으로 우월한 정체성과 지위를 가진 존재로 인식하고 있었다.

여기서 우리는 유교 윤리의 짙은 흔적을 찾아볼 수 있다. 그는 부정적인 정체성과 이미지가 아니라 선비, 애국애족과 같은 긍정적인 정체성을 구축하고자 했으며, 또한 그것을 인정받고 싶어

했다. 스스로 '선비' 의식을 지니고 있었던 것이다. 자연히 도덕적 갈등과 경쟁이 있을 수밖에 없었다.

마침내 아산은 다른 기업인들과는 차별화되는 도덕적 지위와 정체성을 얻어낼 수 있었다. 왕혜숙의 글은 그 같은 도덕적 갈등과 경쟁의 결과, 역설적으로 형성된 일반화된 호혜성이 오히려 양자 사이의 신뢰를 기반으로 자신의 이익을 초월하여 경제발전이라는 공공의 선을 위한 상호협력을 가능하게 해주었음을 밝히고 있다. 경부고속도로와 소양강댐 건설 등에서 알 수 있듯이, 절대 권력자 박정희도 아산이 나라를 위해 애쓴 노력과 공적을 인정하게 되었다. 아산 역시 "박정희 대통령이 정권을 잡은 과정이나 장기 집권은 바람직하지 못했으나 그래도 그가 우리 산업을 근대화시킨 공적은 누구도 부정 못 한다"라고 했다. 또 박정희를 '사심이라고는 없었던 뛰어난 지도자'로 인정하기도 했다.

1979년 10·26과 더불어 현대 한국 사회는 크게 변하게 된다. 이른바 1980년대가 시작된 것이다. 신군부의 등장, 짧은 '서울의 봄', 5·18 광주민주화운동에 이어 제5공화국이 출범했다(1981년). 그 시기 아산이 구체적으로 어떤 일을 겪었는지는 몇 년 후에 텔레비전으로 생중계된 이른바 '5공 청문회'(1988년)를 통해서 개략적으로나마 미루어 짐작해볼 수 있다.

본인이 저지른 잘못에 대해서 자신은 모른다거나 책임이 없다는 식으로 발뺌하곤 했던 대부분의 권력자들과는 달리, 아산은 자신이 한 일은 솔직하게 인정했으며, 왜 그랬는지, 또 왜 그럴 수밖에 없었는지에 대해 담담하게 토로했다. 그런 아산의 모습은 많은 사람들에게 깊은 인상을 남겼다. 그의 발언을 통해서 사람들은 저간의 사정을 충분히 짐작할 수 있었다.

그 같은 격변의 시기에도 아산은 나라를 위한 노력을 아끼지 않았다. 이는 특히 1981년 바덴바덴에서 개최된 IOC총회에서 서울이 1988년 하계올림픽 개최권을 획득하는 과정에서도 여실히 나타난다. 김명섭과 양준석의 글은 최근 공개된 1차 사료들과 구술 자료 등을 활용해 서울이 올림픽 개최권을 획득하기까지의 정치외교사를 폭넓게 다루고 있다.

당시 대한민국이 올림픽 개최지가 될 것이라고 예상한 사람은 그다지 많지 않았다. 현격한 초반 열세를 극복하고, 서울이 올림픽 개최권을 획득할 수 있었던 데에는 여러 요인이 복합적으로 작용했을 것이다. 아산은 민간 부문을 대표해 중요한 역할을 해냈다. 올림픽 개최에 소요되는 재정 부담을 줄이는 방안과 아이디어를 제시하며 적극적 유치론에 힘을 실어주었다.

올림픽 유치 결정을 앞두고서는 영국 IOC위원을 설득해 한국에 대한 긍정적인 반응을 이끌어냈다. 바덴바덴 현지에서는 열정적인 유치 활동으로 분위기의 흐름을 만들어갔다. 또한 기업 현대의 이미지를 활용해 아프리카 및 중동위원들을 집중 공략하는 전략을 펼치기도 했다. "유치에 실패하면 나의 책임, 성공하면 모두의 공"이라면서 승리를 이끄는 민간 견인차 역할을 톡톡히 해냈다.

다음과 같은 이원홍의 증언은 지극히 사실적이다. "정 회장은 밤도 없고 낮도 없었다. 언제 주무시는지 알 수 없었다. 세계적 사업가는 그렇게 뛰어야 하는 모양이다. 나도 하루 두서너 시간 눈 붙이는 것이 고작이었는데 내 눈에 보인 정 회장은 일하는 모습밖에 없었다. 아침 7시면 전략회의를 주재한다. 득표 상황도 점검한다. 하루의 중요 일과도 정한다. IOC위원들이 있는 곳이면 새벽이고 밤중이고 가리지 않고 달려간다. 숙소든 식당이든 별장이든 정 회장이 찾아가지 않는 곳이 없다. 회의장 밖을 종일 지키고 서 있었던 것도 한두 번이 아니다. 그리고 밤이면 다시 모여 활동 상황을 점검했다."

올림픽 유치에 대해서 아산은 대단한 자부심을 가지고 있었다. "우리 현대의 주도로 유치했던 88서울올림픽 준비 과정에서 나는 단 1원의 올림픽 수익 사업에도 간여하지 않았으며, 또 한 푼의 올림픽 시설 공사도 하지 않았다." 작은 이윤이 아니라 그야말로 큰 이윤을 추구했던 것이다. 우리가 잘되는 것이 곧 나라가 잘되는 것이며, 나라가 잘되는 것이 곧 우리가 잘될 수 있는 길이라는 평소의 소신을 기꺼이 실현한 것으로 볼 수 있겠다.

오늘날 1988년의 서울올림픽의 성공적인 개최는 다양한 관점에서 새롭게 평가되고 있다. 무엇보다 서울올림픽은 한국 사회의 갈등을 일정 부분 해소하는 데 기여했다. 재야 사상가 함석헌이 서울올림픽평화대회 위원장을 맡았으며, 서울평화선언을 채택했다. 거대한 냉전도 상당 부분 완화시킬 수 있었다. 자유진영이 불참한 모스크바올림픽(1980년), 다시 반쪽이 된 로스앤젤레스올림픽(1984년)과는 확연히 달랐다. 올림픽 역사상 가장 많은 국가가 참석한 대회로 냉전의 벽을 넘어서 동서화합에 기여했다. 그에 힘입어 대한민국은 공산권 국가들과 수교를 맺게 되었고, 북방외교가 시작되었다.

그로부터 몇 년 후, 아산은 경제와 기업 분야를 넘어서 보다 직접적으로 정치권에 나서게 된다. 이 시기는 아산의 일생에서 빼놓을 수 없는 부분으로, 그는 통일국민당을 창당해 제14대 국회의원이 되었으며, 이미 고희를 넘긴 나이에 제14대 대통령 선거에 출마했다(1992년). 하지만 그의 정치 실험은 그리 길지 않았다.

아산의 정치 참여에 대해 비난하는 것은 너무나도 쉬운 일이다. 재벌이 정치권력까지 탐낸다고 비판하거나 심지어 개인적인 돌출행위, 과욕으로 매도하는 사람들도 있었다. 하지만 그가 왜 정치에 참여하려고 했는지 그 '동기'를 이해하는 것이 중요하다고 생각한다. 정치와 정치인에 대한 아산의 불신과 환멸은 오래된 것이었다. 기업에 대한 편견을 조장하는 잘못된 정치, 강제적인 기업 통폐합, '성금이라는 명목의 정치자금'과 '세무조사' 등의 부조리를 가까이서 목격하면서, 그는 마침내 과감한 결단을 내린 것이다.

이 일련의 과정에서도 역시 유교 윤리의 명분론, 구체적으로 '수신제가치국평천하' 명제가 작용했던 것 같다. 아산은 '치국과 평천하', 즉 나라를 다스리고 천하를 평안하게 한다는 유교적인 이상과 명분을 생각했던 것이 아닐까.

이어 강원택의 글은, 아산이 주도했던 통일국민당이 한국정당사에서 갖는 의미를 집중적으로 검토한다. 강원택에 의하면 통일국민당은 대기업을 기반으로 창당된 유일한 정당이며, 지역적으로 밀집된 지지 기반을 갖지 않으면서도 거의 유일하게 성공적이라 할 수 있는 정당이었다.

통일국민당은 선거에서 상당한 성과를 올렸다. 두 차례 선거에서 통일국민당은 시장 경쟁의 경험을 통해 축적한 효율적이고 과학적인 경영 마케팅 방식을 도입했다. 선거운동과 패턴 자체에 새로운 스타일을 도입한 셈이다. 통일국민당은 총선과 대선에서 각각 17.3%, 16.3%의 정치적 지지를 얻었다. 하지만 이는 3당 합당이라는 정치상황의 변화와 긴밀하게 연관되어 있다. 3당 합당은 유권자의 동의 없는 정치엘리트들 사이의 인위적인 정계개편이었던 만큼 많은 비판과 불만을 불러왔다. 그럼에도 강고한 지역주의로 인해서 민자당과 민주당 간의 유권자의 지지 이동은 크게 이루어지지 않았다.

대선 패배 이후 통일국민당은 급격하게 몰락했다. 그 이유 중의 하나는 통일국민당에 대한 지지가 기존 지지 정당에 대한 불만으로부터 비롯된 일시적이고 소극적인 지지였기 때문이다. 통일국민당 같은 기업형 정당 조직은 기업적 효율성에 의거해 단기간에 대중의 주목을 받고 일시적 지지를 이끌어 낼 수는 있었지만, 특정한 정치적 가치나 이념에 근거하여 대중 속에 조직적으로 뿌리내릴 수는 없었다. 그래서 이미 출발 지점에서부터 분명한 정치적 한계를 지닐 수밖에 없었다.

하지만 조금 다른 각도에서 보자면, 심지어 아산마저도 한국의 정치를 크게 틀짓고 있던 지역주의를 넘어서지 못했다고 할 수도 있다. 훗날 아산은 이렇게 토로했다. "혹자는 나의 대통령 출마에서의 낙선을 두고 '시련은 있어도 실패는 없다'고 주장하던 내 인생의 결정적 실패라 하는 모양이지만, 나는 그렇게 생각하지 않는다." 쓰디쓴 고배苦杯를 들었고 보복 차원의 시련과 수모도 받았다. 하지만 아산은 실패한 것이 없다고 했다. "오늘의 현실을 보자. 5년 전 내가 낙선한 것은 나의 패배가 아니라 YS를 선택했던 국민들의 실패이며, 나라를 이 지경으로 끌고 온 YS의 실패이다. 나는 그저 선거에 나가 뽑히지 못했을 뿐이다. 후회는 없다."

1980년대가 시작되던 시점에서 아산은 북한을 포함한 공산권과의 경제협력을 통해서 한국경제의 새로운 돌파구를 찾으려는 혁신적인 구상을 했다. 이는 서울올림픽 유치와 그 후의 북방외교 등과 서로 맞물려서 진행되었다. 아산의 거대한 구상은 1998년 이른바 '소떼방북'을 통해서 가시화되었으며, 정태헌의 글은 그런 측면에 주목한다. 냉전해체의 시대적 변화를 기업에 유리하게 활용하고자 한 아산에게 남북경제협력과 북방경제권의 연동은 한국 경제의 재도약을 위한 지렛대와 같은 것이었다.

아산의 첫 방북(1989년)은 자유기업론자로서 적극적으로 '북한 열기'를 시도한 것이었다. 하지만 색깔론의 부상, 노태우 정부의 취약한 추진력, 동구변화의 태풍에 움츠려든 북한의 대응은 경제협력의 거대한 실리를 가로막았다. 김영삼 정권의 남북관계 '공백의 5년' 남북관계를 거친 후, 아산은 1998년 6월과 10월 두 차례에 걸쳐 소떼 1,001마리를 몰고 판문점을 넘었다. 그 모습은 《맹자》가 말하는 '대장부大丈夫'와 '호연지기浩然之氣'를 떠올리게 하는 것이었다. 당시 합의한 사업들 중에서 금강산 관광과 개성공단이 실현되었다. 1998년 11월 18일 '금강산 관광' 첫 출항〔금강호〕이 이뤄졌으며, 이어 2004년 12월 15일 개성공단이 제품을 생산하기 시작했다.

이른바 '대북사업'에는 언제나 예측불허의 위험이 따른다. 현실 정치권의 논리, 냉전적 이념 갈등, 북한의 도발적인 행동과 무력 충돌, 복잡한 국제정세 등이 그 예다. 또 어느 순간 안보와 이념이 상호교류의 걸림돌이 될 수도 있다. 실제 경제협력 과정에는 우여곡절이 많았다. 그동안 현대그룹도 어려움을 겪었으며, 특히 현대건설의 위기가 심각했다. 일각에서는 현대그룹의 위기가 대북투자 때문이라며 비난하기도 했다. 하지만 정태헌에 의하면, 현대건설 부도의 결정적 원인은 김영삼 정부의 정치 보복과 이라크 건설공사 미수금 때문이었다.

돌이켜 보면 기업의 실리와 민족사적 명분을 조화시킨 아산의 남북경제협력과 북방경제권 연동 구상은 이념적 '명분'을 과감하게 벗어난 큰 '실리' 셈법의 산물이기도 했다. 금강산 관광과 개성공단은 대규모 인적·물적 왕래를 수반하는 경제협력-평화-실리의 선순환 관계를 말해주는 상징과도 같은 것이었다. 그러니 아산은 금강산 관광과 개성공단을 통해서 남북화해의 장엄한 퍼포먼스와 더불어 '평화의 공간'을 만들어준 셈이다.

이상에서 본 것처럼 아산은 일생 동안 나라와 민족을 위해서 열심히 일했다. 특히 국내 정치 및 세계사적 국면의 전환기마다 허를 찌르는 새로운 발상으로 과감히 돌파구를 열어젖혔다. 그런 측면은 공정하게 평가되어야 할 것이다. 나아가 아산은 나라의 미래 비전에 대해서도 끊임없이 생각하고 있었다. 그렇다면 아산은 어떤 비전을 가지고 있었을까. 다음과 같은 그의 발언에서 그 실마리를 찾아낼 수 있다.

> "우리의 경제성장을 가능케 했던 근로자의 의욕과 기업인의 열의,
> 국민의 희망을 한 데 모아 정치를 개혁해서 선진 한국, 통일 한국
> 을 완성해보고 싶었던 것이 나의 꿈이자 목표였다(《이땅에 태어나서》,
> p.426)."

'정치를 개혁해서'라는 구절에서 알 수 있듯이, 이 발언은 정치 참여와 관련한 것이다. 허나 그것은 그리 중요하지 않다. 정작 우리가 주목해야 할 것은 그 뒤에 이어지는 말들, 즉 '선진 한국'과 '통일 한국'을 완성해보고 싶다는 말이다. 그것들이야말로 아산의 진정한 꿈이자 목표였다.

'앞서가는 나라[선진 한국]'와 '통일된 나라[통일 한국]', 이들

은 아산이 꿈꿨던 미래의 나라, 그러니까 나라의 훗날에 대해 품었던 원대한 청사진이라 하겠다.

그렇다면 그에게 앞서가는 나라[선진 한국]란 과연 어떤 나라일까. 아산의 삶의 궤적을 통해서 몇 가지 유추해볼 수 있다. 제대로 된 나라, 기업하기 좋은 나라, 정치성금 강요와 정치보복(정치폭력) 없는 나라, 지역감정과 지역주의를 넘어선 나라, 이념적인 명분에 사로잡히지 않는 나라, 진실로 나라를 걱정하는 마음과 도덕성을 갖춘 리더와 정치인이 있는 나라, 나[우리]와 나라가 유기적으로 이어지는 나라…….

또 그에게 있어 통일된 나라[통일 한국]란 남한과 북한이 하나가 되는 나라, 통일 한국, 미래의 대한민국을 의미했을 것이다. 그 꿈의 실현은 여전히 많은 장애물에 부딪히고 있다. 그래서 1998년 6월과 10월 두 차례에 걸쳐 소 떼를 몰고 판문점을 과감하게 돌파해가는 세기의 장관壯觀이 한층 더 선명하게 다가오는 것 같다. "20세기 최후의 전위예술"(기 소르망, Guy Sorman)을 연출한 '세기의 목동'. 그 호쾌한 장면은 '통일된 나라'라는 훗날을 한층 더 강하게 예언해주고 있다.

김석근(아산정책연구원/아산서원)

수신제가치국평천하

– 아산의 유교윤리와 국가인식

김석근(아산정책연구원/아산서원)

학력
연세대학교 정치외교학과 졸업, 한국학중앙연구원 한국학대학원 석사 및 박사.

경력
고려대학교 아세아문제연구소 한국정치사상연구실장, 연세대학교 정치외교학과 BK21교수, 현 아산정책연구원
한국학연구센터장, 아산서원 부원장.

저서 및 논문
《한국정치사상사》(공저, 백산서당, 2005), 《문명론의 개략을 읽는다》(역서, 문학동네, 2007),
〈화쟁(和諍)과 일심(一心): 원효 사상에서의 평화와 통일〉, 〈개화기 자유주의 수용과 그 함의〉.

1. 머리말-대상과 범위

"우리가 잘되는 것이 나라가 잘되는 것이며, 나라가 잘되는 것이 우리가 잘될 수 있는 길이다." 아산(峨山)이 남긴 이 말은 아산정책연구원 입구 왼쪽, 그리고 울산의 현대중공업의 큰 건물 벽에 걸려 있는 말이다. 아산정책연구원을 방문했던 한 지인은 그 문구를 메모해 가기도 했다. 그만큼 인상적이었다고 할 수 있겠다.

주지하듯, 아산 정주영(鄭周永, 1915~2001)은 대한민국의 대표적인 기업가로 일생을 살았으며 경제성장 주역의 한 사람으로 꼽히고 있다. 그는 실제로 왕성한 기업 활동을 펼쳤다. 하지만 그가 오로지 기업 활동에만 전념했던 것은 아니다. 이 글 첫머리의 문구가 말해주듯이, 그는 분명한 '나라〔국가〕' 의식과 인식을 가지고 있었다. 더욱이 그 '국가'는 '우리〔너와 나〕'와 유기적으로 연결되는 것으로 파악된다.

그는 언제나 사람을 가장 중시했다.[1] 사람이 곧 가정, 사회, 국가의 주체이며 사람이 모여서 가정, 사회, 국가가 이루어진다고 보았다. "모든 것의 주체는 사람이다. 가정과 사회, 국가의 주체도 역시 사람이다. 다 같이 건강하고 유능해야 가정과 사회, 국가가 안정과 번영을 이룰 수 있다"[2]는 글로 미루어볼 때 나〔개인〕를

---

1 "나는 사회가 발전하는 데 있어서 가장 귀한 것이 사람이고 자본이나 자원, 기술은 그다음이라고 확신하고 있습니다." 정주영, 《새로운 시작에의 열망》, 울산대학교 출판부, 1997, p.18, 1984년 6월 24일 〈지역사회학교 후원회〉에서 연설한 내용 중에서.

중심으로 보자면 '나 → 가정 → 사회 → 국가'로 인식이 확대되어
간다고 해도 좋겠다. 아산은 그 중에서 특히 '국가'를 중시했다.[3]

그는 격동의 삶을 살았다. 식민지 치하에서 태어난 그에게 '나
라'는 존재하지 않았다. 해방(1945년) 및 건국(1948년)과 더불어
출범한 신생국가로서의 대한민국을 인식하지 않을 수 없었을 것
이다. 더구나 분단과 6·25의 비극을 겪음으로써 '고향'에도 갈
수 없게 되었다.[4] 그는 대표적인 기업인으로서 누구나 인정하는
한국 경제성장의 주역인 동시에 국가 발전에도 크게 기여했다.[5]
특히 서울올림픽(1988년) 유치위원장을 맡아 올림픽 유치 및 진
행을 성공적으로 이끈 것은 그 대표적인 예다. 서울올림픽이 전
세계에 한국의 위상을 알리고 높이는 중요한 계기가 되었다는 점
은 부인할 수 없을 것이다. 또한 그는 남북한 교류에 적극 참여함
으로써 '통일 한국'의 이상을 가시화시켜 주었다.

제도적인 교육이라는 측면에서만 본다면, 그의 학력은 보통학
교[송전松田소학교] 졸업에 그쳤다. 하지만 그가 어린 시절 서당
교육을 받고 한학을 공부했다는 사실을 주목할 필요가 있다. 더

---

2 정주영, 《이 땅에 태어나서: 나의 살아온 이야기》, 솔출판사, 2009, p.240. (이하 《이 땅에 태어나서》)

3 "10년, 20년 노력하면 우리가 아시아의 중심 국가가 될 수 있고 세계 모범 국가가 될 수 있다." 정주영, 《시련은 있
   어도 실패는 없다》, 제삼기획, 2009, p.282. (이하 《실패는 없다》)

4 '아산'이란 아호가 고향 마을에서 따온 것임을 생각하면 얼마나 고향을 그리워했는지 짐작할 수 있다. 1989년 금
   강산 공동개발 문제로 북한을 방문했을 때, 고향을 방문할 수 있었다.

5 그는 "한국 재계의 나폴레옹"(Economist, 1999.02), "강철 같은 의지와 하면 된다는 정신으로 한국의 번영을 촉진
   시킨 아시아의 영웅"(Time, 2006.11), "한국인이 가장 존경하는 기업인이자 한국 경제발전에 크게 기여한 기업인"
   (《동아일보》 2007.12)으로 여겨지고 있다.

욱이 그의 할아버지는 동네 서당 훈장이었다. 아산은 그곳에서 다양한 동양 고전을 접할 수 있었다. 그는 어린 시절의 서당 공부가 "내 지식 밑천의 큰 부분"이 되었음을 훗날 토로하기도 했다.[6] 또한 그는 자신의 책에 "유교儒教 사상이 근본 바탕을 이루고 있는 우리나라는 예로부터 청빈낙도清貧樂道를 가치 있는 삶으로 생각하여서 군자君子를 존경하고"[7]라는 말을 남기기도 했다.

이렇게 본다면 어린 시절의 서당 교육과 동양 고전 읽기, 그리고 유교에 대한 공부와 이해가 아산의 정신세계에 많은 영향을 미쳤을 것으로 보아도 무리는 없겠다. 더구나 우리-국가, 더 구체적으로 말한다면 나-가정-사회-국가에의 인식 확대는 유교 및 유교 윤리와 친화성을 갖는 것으로 여겨진다. 그의 자서전을 담담하게 읽어갈 때 어느 순간 '수신제가치국평천하修身齊家治國平天下'라는 명제가 문득 떠올랐던 것 역시 그런 친화성 때문이 아니었을까 한다.

이 글에서는 사상적 배경으로서의 유교와 유교 윤리가 아산의 국가 인식에 어떤 영향을 미쳤으며, 또 그의 행동과 실천에 어떻게 나타나고 있는지 살펴보고자 한다. 무엇보다 그가 남기고 있는 말과 글에 유교 윤리가 어떻게 나타나고 있는지 찾아내고, 그것이 어떤 맥락 속에서 발화되었는지 검토해볼 것이다. 아울러

---

6 《실패는 없다》, p.22.

7 《이 땅에 태어나서》, p.372.

그가 전통적인 의미에서의 '수신제가치국평천하'라는 《대학》의 명제를 단순히 고전에 나오는 한 구절로만 이해하는 데 그친 것이 아니라, 자기 시대에 맞게끔 창조적으로 재해석하고 현실에 응용하고자 했음을 드러내 보이고자 한다.

2. 아산과 유교, 그리고 유교 윤리

"모두가 알다시피 국졸^{國卒}이 내 학력^{學歷}의 전부이고, 나는 문장가도 아니며, 다른 사람의 귀감이 될 만한 훌륭한 인격을 갖춘 사람도 아니다. 또 평생 일만 쫓아다니느라 바빠서 사람들에게 가슴 깊이 새겨질 어떤 고귀한 철학을 터득하지도 못했다."[8]

무엇보다 아산은 솔직함과 당당함의 미덕을 지니고 있었다. 훌륭한 인격을 갖추지 못했다거나 어떤 고귀한 철학을 터득하지 못했다는 것은 보기에 따라서는 '겸손'의 말처럼 들릴 수도 있겠다. 그런데 그는 스스럼 없이 "국졸^{國卒}이 내 학력^{學歷}의 전부"라고 털어 놓았다.

'국졸' 학력은, 지난 시대 '한강의 기적'으로 불리는 한국의 경

---

8 《이 땅에 태어나서》, p.7.

제성장을 주도했던 주역들 중에서도 단연 돋보이는 것이었다.[9] 전통 사회, 더구나 식민지 사회에서 근대로 이행해 가는 와중에 제도적인 교육이 과연 어느 정도 실질적인 의미를 가질 수 있었는지에 대해 일률적으로 말하기는 어렵다. 한 인간의 자질이나 능력이 그의 학력이나 학식과 반드시 일치하지는 않기 때문이다. 그는 자신에 대해서 충분한 자의식과 자긍심을 지니고 있었다.[10]

그런데 실상을 들여다보면 '국졸'이라는 그 학력 역시 아주 허술한 것이었다. 1학년에서 3학년으로의 월반越班도 있었고, 대여섯 달씩 학교를 쉬기도 했다. 그럼에도 성적은 2등을 유지했다.[11] 전 과목에서 만점을 받았지만 차분한 성격이 요구되는 붓글씨 쓰기에 서툴렀고 음치로 타고나 창가唱歌를 제대로 못했기 때문이라 한다.[12]

---

9 몇 사람 들어보기로 하자. ①박정희(朴正熙, 1917-1979): 대구사범학교, 만주군관학교, 일본육군사관학교, 육사 졸업. ②이병철(李秉喆, 1910-1987): 중동고등학교, 와세다(早稻田) 대학 정치경제학과 중퇴. ③박태준(朴泰俊, 1927-2011): 육군사관학교 졸업. 다소 세대 차이가 있기는 하지만 ④김우중(金宇中, 1936-): 연세대학교 졸업.

10 "나는 어떤 일에도 결코 덮어놓고 덤벼든 적이 없다. 학식은 없지만 그 대신 남보다 더 열심히 생각하는 머리가 있고, 남보다 치밀한 계산 능력이 있으며, 남보다 적극적인 모험심과 용기와 신념이 나에게는 있다. 어떤 일을 시작하기 전에 내가 나 혼자 얼마나 열심히 생각하고 분석하고 계획하는지를 모르는 이들에게는 내가 하는 모든 일이 전부 다 무계획적이고 무모한 것으로 보였겠지만, 무계획과 무모함으로 어떻게 오늘의 '현대그룹'이 존재할 수 있었겠는가." 《이 땅에 태어나서》, p.234.

11 "학교를 쉬고 여섯 달을 누워 있었다. 그 튼튼하던 몸이 마른 상대처럼 되었다. 여름 방학이 끝나고 가을 학기에나 등교할 수 있었는데, 그래도 성적은 2등이었다." 《실패는 없다》, pp.23-24.

12 "열 살에 소학교에 입학했는데, 소학교 공부는 공부랄 것도 없이 쉬워서, 1년년에서 3학년으로 월반(越班)도 했었고, 성적은 붓글씨 쓰기와 창가(唱歌)를 못해서 졸업할 때까지 줄곧 2등이었다. 왼발 오른발 신발을 제대로 맞춰 신는 것도 못하고 밤낮 바꿔 신고는 꾸중을 들었던 급한 성격 때문에 차분해야만 할 수 있는 붓글씨 쓰기가 젬병이었고, 타고나기를 음치로 타고나서 노래가 또 엉망이었다." 《이 땅에 태어나서》, p.24.

한문과 한학 습득: 유교에 대한 이해

소학교 공부에서는 정작 그가 배울게 거의 없었던 듯하다. 집에 돌아와 책을 펴볼 시간이 없기도 했지만, 실은 볼 필요도 없었다. 그에게 학교에 있는 시간은 실컷 노는 시간인 동시에 일종의 천국이었다. 부모 역시 그가 학교를 마칠 때까지 성적을 궁금해하지 않으셨다고 한다. 그것이 가능했던 것은, 어렸을 적 할아버지의 서당에서 이미 실질적인 공부를 했기 때문이다. 그는 어린 시절을 이렇게 회고하고 있다.

"소학교에 들어가기 전 3년 동안 할아버지의 서당에서 《천자문千字文》으로 시작해서 《동몽선습童蒙先習》, 《소학小學》, 《대학大學》, 《맹자孟子》, 《논어論語》를 배우고 무제시無題詩, 연주시聯珠詩, 당시唐詩도 배웠다."[13]

그 외에도 그는 《명심보감明心寶鑑》, 《십팔사략十八史略》, 《자치통감資治通鑑》, 오언시五言詩, 칠언시七言詩 등을 익혔다.[14] 어떻게 공부했을까. 바로 훈장님이었던 할아버지 앞에서 문장과 그 뜻을 달달 외워 보이는 것이었다. 그것은 "공부가 재미있어서도, 뜻을 이해해서도 아니고 그저 회초리로 사정없이 종아리를 맞아야 하는 매가

---

13 《이 땅에 태어나서》, p.23. 보다 자세한 것은 이 글의 제4장 1절 참조.

14 《실패는 없다》, p.22. 연보 등.

무서웠기 때문"[15]이라고 아산은 회고했다. 회초리를 의식하면서 힘들게 외웠다는 것이다.

그런데 어린 시절의 암기를 통한 공부는 지극히 효율적인 방식이라 한다. 왜 그런가. 기억력은 나이가 들수록 쇠퇴하기 때문이다. 실제로 중국의 전통 명문가에서는 자제들이 아직 어려 기억력이 왕성할 때 많은 유교 경전을 모조리 외우도록 했다. 일단 외워 놓고, 뜻을 이해하는 것은 천천히 하면 된다는 것. 그 정확한 의미는 성장해가면서 스스로 깨달아가도록 한 것이다.

아산의 한학과 유교 공부 방식 역시 그와 같았다. 그렇게 힘들게 공부했던 한문이 "일생을 살아가는 데 있어서 내 지식 밑천의 큰 부분이 되었"으며[16], "그때 배운 한문 글귀들의 진정한 의미는 자라면서 깨달았다"[17]는 점을 스스로 인정하고 있는 데서도 알 수 있다.

아산과 유교 윤리: 길항拮抗과 음미吟味

열심히 한문 공부도 하고 유교 고전을 읽었지만 아산은 거기에 매몰되지는 않았다. 재미있어서라기보다는 서당에서 문장을 외

---

15 《이 땅에 태어나서》, p.23.

16 《실패는 없다》, p.22.

17 《이 땅에 태어나서》, p.24.

우고 뜻을 읽히도록 하여 공부한 것이었고, 또 종아리에 회초리 맞는 것이 더 싫었던 듯하다. 어린 나이에 동양 고전의 의미를 제대로 깨달을 수는 없었을 것이다.

그는 농사일을 해야 하는 고향을 떠나서 도시로 나가고 싶어 했다. 훗날 고향을 그리워하는 것과 좋은 대조를 이룬다. 그는 농사에 아무런 매력을 느끼지 못했다. 오히려 내심 불만이었다. 아무리 힘들게 농사를 지어도 흉년이 들면 먹고 살기도 힘든 현실이 싫었던 것이다.

당시 그는 〈동아일보〉를 통해서 새로운 바깥 세상이 있음을 알게 되었다.

"고향과 농사일에 불만을 품은 나를 그때 더더욱 부추긴 것은 동네 구장 댁에 유일하게 배달돼오는 〈동아일보〉였다. 글을 읽을 줄 아는 동네 어른들이 한 바퀴 다 돌려보고 난 〈동아일보〉를 맨 꼬래비로 빼놓지 않고 얻어 보고는 했는데, 그것이 바깥세상과 거의 단절된 농촌에서 갖는 내 유일한 숨구멍이었다."[18]

그 같은 '신식' 정보를 통해서 그는 세상은 이미 유교가 통용되던 동양 고전 속의 세상이 아니라는 것을 일찌감치 파악할 수 있

---

18 《이 땅에 태어나서》, p.25. 그는 소설 《흙》을 읽고 감동해서 허숭 같은 훌륭한 변호사가 되고 싶다는 생각을 하기도 했다.

었다. 새로 알게 된 세상은 전통적인 유교의 가르침과 부딪히는 부분이 많았다. 연이은 가출家出 시도 자체가 그것을 말해 준다. 부모와 형제를 버려두고 혼자 객지로 가출한다는 것, 게다가 당시로서는 거금이었을 소 판 돈을 가지고 몰래 집을 떠났다는 것은, 보기에 따라서는 지독한 불효不孝로 비칠 수 있는 것이었다.

세 번째 가출했을 때 그는 부기학원을 다녔다. 학원 공부가 끝나면 숙소에 처박혀 죽어라 책만 읽었다. 그때 읽은 책들이 《나폴레옹전》,《링컨》,《삼국지》 등이었다. 책이 많지 않아서 읽은 책을 읽고 또 읽었다. 아산은 특히 가난한 집안에서 태어나 백절불굴百折不屈의 강인한 정신력과 용감무쌍한 투쟁력으로 마침내 프랑스 공화국 황제가 된 나폴레옹에게서 무한한 희망과 용기를 얻었다. 그래서 《나폴레옹전》은 수없이 반복해 읽었다. 링컨도 자신과 비슷하다고 생각했다. 산골에서 태어나 도시로 온 것도 비슷했고, 노동을 한 것도 비슷했고, 항상 책에 굶주려 있었던 것도 그러했다.[19]

그렇다고 어릴 때 달달 외우고 공부했던 동양 사상의 고전들을 완전히 잊어버린 것은 아니었다. 오히려 "그때 배운 한문 글귀들의 진정한 의미는 자라면서 깨달았다"[20]고 토로했다. 실제로 삶을 살아가면서 어떤 계기가 있을 때마다 곰곰이 되씹어 보게 되

---

19 《실패는 없다》, pp.50−51.

20 《이 땅에 태어나서》, p.24.

었던 듯하다. 저작著作과 음미吟味라고 해도 좋겠다. 그리고 나이가
들수록 어릴 때 배웠던 유교적 소양과 명제를 현대적 상황에 맞
게 적용하고 재해석하는 모습을 보여주게 된다.

3. 새로운 길을 찾아서-'농경' 사회에서 '산업화' 시대로

아산이 소학교를 졸업(1930년 3월)하는 시점에서 '현대건설주
식회사'를 창설하는 시점(1950년 1월)[21]에 이르는 시기는, 아산 개
인으로서는 농촌으로 일컬어지는 전통 사회에서 벗어나 새로운
길을 찾는 과감한 도전과 모험의 시대였다. 정치적, 사회적으로
는 식민지에서 벗어나 해방, 독립과 분단 그리고 6·25로 이어지
는 격동의 시대이기도 했다.

농촌에서 태어난 아산은 더 이상 농업이 천하의 대본이 아님
을, 그리고 농업이 투자에 비해 성과가 너무 적다는 것을 온몸으
로 느꼈다. 그는 전통적인 맥락에서의 사농공상士農工商을 두루 체
험할 수 있었다. 시대적인 성격상 '사士'는 더 이상 존재하지 않는
시대였다. 그는 서당에서 읽은 한학과 동양 고전을 통해 '사'의
정신세계를 나름대로 맛볼 수 있었다. 한때 교사가 되고 싶어 했

---

21 1946년 4월 설립된 '현대자동차공업사'와 1947년 5월 설립된 '현대토건사'를 합병한 것이다. '주식회사'라는 용어
를 사용하고 있다. 가장 앞서가는 기업 형태라 할 수 있겠다.

던 적도 있고, 변호사가 되고 싶다는 생각을 가져보기도 했다. 하지만 그가 처한 현실에서는 거의 불가능한 꿈이었다.

무엇보다 시대적 환경 자체가 급격하게 바뀌어가고 있었다. 그러한 시대의 거시적 흐름 속에서 그는 '기업'에 눈뜨게 되었다. '현대'라는 단어를 기업명名으로 채택한 것은 많은 것을 상징해주고 있다. 낡은 것으로부터 벗어남, 그리고 완전히 새로운 것의 구현 같은 것이리라.[22] 그는 "나는 공부도 학식도 모자란 구식 사람이지만 '현대'를 지향해서 보다 발전된 미래를 살아보자는 의도에서였다"[23]라고 밝히고 있다. 즉, 아산은 자신의 생각과 철학을 한 마디-현대-로 표현한 것이다.

고향과 농업農

아산은 강원도 통천군 송전면 아산리에서 태어났지만 그 일족 가문이 대대로 거기서 살았던 것은 아니다. 증조부 대에 그 지역으로 들어갔다.

"나의 증조부님이 조부님 3형제를 데리고 갑오년甲午年 변란을 피해서

---

22 아산은 농촌을 말하면서 그 시대 농법이 '원시적'이라 표현한 적이 있다. "그 시대의 농민생활은 실로 비참한 지경이었다. 뼈 빠지게 열심히 농사를 지어봤자 가까스로 계량(繼量)이나 할 정도로 농사짓는 방법이 원시적이었던 때였다. 그래서 봄에 비가 조금만 늦게 와도 흉년, 여름에 우박이 잠깐 내려도 흉년, 가을에 서리가 조금 일찍 내려도 흉년이었다."(《실패는 없다》, p.26)

23 《이 땅에 태어나서》, p.72.

함경북도 길주^{吉州}에서 옮겨 오시면서부터였다. 조부님은 길주의 기
와집과 전답을 처분해 결혼한 지 한 달밖에 안 된 몸 약한 신부와 두
형제분과 함께, 여러 필의 말에 엽전을 나누어 싣고 남쪽으로 내려
오시다 산천 수려한 이곳에 정착하신 것이다."²⁴

길주의 기와집과 전답을 처분한 것이나 여러 필의 말에 엽전을
싣고 온 것 등을 미루어 짐작컨대, 그 지역에서는 상당한 유지였
던 듯하다. 또한 새로 정착한 마을에 서당을 열었다는 것 자체가
이미 유학적인 소양을 지녔다는 것을 말해 준다. 하지만 "농사도
살림도 도통 모르시는 분"이었다. 그래도 유학과 농사는 친화성
을 갖는 편이었다.²⁵ 《천자문》에는 다음과 같은 구절이 나온다.

治本於農치본어농 務玆稼穡무자가색

(농사를 나라를 다스리는 근본으로 삼아 심고 거두는 일에 힘썼다.)

역시 전통 사회의 물적인 토대와 근간은 농업이었다.
자연히 농사는 6남 1녀의 장남이었던 부친의 몫이 될 수밖에
없었으며, 다행히 "동네에서도 으뜸으로 소문난 부지런한 농사
꾼"이었다. "여섯 동생을 차례로 모두 혼례 시켜 땅이라도 몇 뙈

---

24 《실패는 없다》, p.18.

25 전통적인 의미에서의 '사농공상(士農工商)'을 보라. '사' 다음에 '농'이 자리하고 있다. 상(商)에 대해서는 이익을
    탐한다고 해서 항상 평가절하하곤 했다.

기 없어 분가시켜야 하는 무거운 짐을 진 아버님의 그 평생 부지
런함을 이루 말로 다할 수가 없다"고 했다. "아버님은 나를 일등
농사꾼으로 키워낼 생각이셨다"[26]는 대목에서 확인할 수 있듯 부
친은 그런 자신의 삶을 6남 2녀의 장남이었던 아산에게도 마찬가
지로 기대했던 듯하다.

부친의 부지런함과 모친의 근면을 존경했지만, 어린 나이에 시
작된 농사와 그 노동에 대해 아산은 약간의 불만과 더불어 지겹
다는 생각을 했던 듯하다. 충분히 상상할 수 있는 일이다.

"나의 노동은 열 살 무렵부터 시작되었다. 아버님께서는 당신이 하
신 것처럼 동생들을 책임지고 혼인시켜 분가시키려면 열심히 일하
지 않으면 안 된다며, 어려서부터 새벽 4시면 나를 깨워 시오 리나
떨어져 있는 농토로 데리고 나가셨다.

농토에 도착하면 동녘 하늘이 부옇게 밝아왔다.

하루 종일 허리를 못 펴고 일을 하노라면 어린 소견에도 이렇게 힘
든 것에 비해 소득은 보잘 것 없는 농사일만 하며 일생을 보내야 하
는가 한심하고 지겹고 끔찍한 생각이 들곤 했었다.

씨를 뿌리면 그 이튿날 누렇게 벼가 여물어 주었으면 좋겠다는 공상
을 얼마나 많이 했었던가."[27]

---

26 《실패는 없다》, p.19.

27 《실패는 없다》, p.19.

그는 더 이상 '농업이 천하의 대본農者天下之大本也'이 아님을 거의 본능적으로 느꼈다. 하지만 아직은 너무 어렸다. 보통학교를 졸업할 무렵, 공부를 계속해서 '보통학교 선생님'이 될 수 있었으면 하는 꿈을 가슴에 품기도 했다.[28] 허나 주어진 여건하에서는 쉽게 이룰 수 없는 꿈이었다. 고향을 떠나지 않는 한 부친의 농사에서 벗어날 수 없었다.

"노력과 시간과 흘리는 땀에 비해 농사는 성과가 너무 적었다."
"아무리 힘든 노동도 농사일보다 수월할 것 같았고, 또 어떤 노동이든 농사짓듯 열심히 하면 농사보다 훨씬 많이 벌 것 같았다."
"죽어라고 일해도 콩죽을 면할 길이 없는 배고픈 농촌 생활이 좌우간 나는 진절머리가 나게 싫고 지겨웠다."[29]

가출과 노동ㄱ 체험

흥미롭게도, 고향과 농업으로부터의 탈출구로서 가장 먼저 그의 눈에 띈 것은 '노동' 내지 '공ㄷ'이었다.

"청진엘 가자, 어디 가서 어떤 노동을 해도 지금보다는 나을 것이다."

---

28 《실패는 없다》, p.25.

29 《실패는 없다》, p.26.

"몸 튼튼하겠다. 힘 좋겠다. 해본 노동이었다. 까짓 것 노동에는 자신이 있었다."[30]

마침내 가출을 시도(1931년 7월)한 그는 원산의 고원 철도 공사판에서 일하기 시작했다.

그의 첫 번째 가출은 부친이 이틀 동안 꼬박 3백 리를 걸어서 아들을 찾아옴으로써 막을 내렸다. 부친은 아들에게 이렇게 말했다. "너는 선조 대대로부터 이어 내려오는 우리 가문의 장손이다. 형제가 아무리 많아도 장손이 가문의 중심인데 기둥이 빠져나가면 우리 집안은 쓰러지고 만다. 어떤 일이 있어도 너만은 진실한 농부로 고향을 지켜야 할 책임이 있다. 네 아우들이 집을 나왔다면 이렇게 찾으러 나서지도 않았다."[31]

하지만 "내 힘으로 돈을 벌어본 나는 내버려 두면 얼마든지 새로운 세계를 개척할 자신"이 있던 아들의 생각은 달랐다. "농부의 아들은 반드시 농부의 아들이 되어야 한다는 법이 어디 있나", "조상 대대로 이어 내려오는 가문이라는 따분한 생각과 농민의 굴레를 벗어던지고 망하든 흥하든 보다 광활하고 새로운 세계로의 모험과 도전을 펼쳐보겠다는 데 왜 안 된다는 것인가"라고 생각한 것이 그것이다. 부친에 이끌려 고향으로 돌아와서 농

---

30 《실패는 없다》, p.27.

31 《실패는 없다》, p.36.

사일을 다시 하기는 했지만 그는 "한 번 바깥세상 구경을 한 나는 손톱이 닳도록 일을 해도 콩죽을 면할 길이 없는 농촌에서 썩을 생각은 추호도 없었다"[32]라고 회상한다.

이어 두 번째 가출. "나무 값 삥땅"으로 모은 돈을 가지고 친구 두 사람과 나섰던 길은 십여 일 만에 끝났다. 도중에 만난 양복 입은 신사에게 사기를 당했으며, 결과적으로 여관에서 무전취식 한 셈이 되었다. 거리로 내쫓긴 일행은 무일푼으로 나룻배를 탔다가 따귀를 얻어맞기도 했다. 그렇게 해서 서울로 향하던 중 작은 할아버지 댁(두목리)에 들렀는데, 이미 부친이 다녀가면서 신신당부를 해놓은 후였다.

세 번째 가출은 좀 더 과감한 것이었다. 집에서 키우던 황소 판돈 40원, 삼촌이 송아지 팔아 부친에게 맡겨 둔 돈 30원, 합계 70원을 들고 튀어버린 것이다.[33] 〈동아일보〉를 통해서 알게 된 경성 덕수 부기 학원에 들어가려는 생각이었다. 서울에서 부기 학원을 다니면서 그는 열심히 책을 읽었다. 주로 위인전을 많이 읽었는데, 나폴레옹과 링컨에게서 자신과 비슷한 면들을 발견하기도 했다.

"위인들의 전기를 읽다가 특별히 마음에 와 닿는 구절은 공책에 일

32 《실패는 없다》, pp.36~38.

33 "기회는 두 번 있는 것이 아니다. 이번 기회를 놓치면 나는 영원히 여기서 이대로 썩어야 한다. 아버님 돈은 부기 학원 졸업한 후 취직해서 원금, 이자까지 몽땅 갚아드리면 되잖은가." 《실패는 없다》, p.49.

일이 베껴놓았다가 틈틈이 반복해 읽기를 거듭했다. 첫 새벽에 일어나 밤늦도록 위인전에 도취되어 읽기를 거듭했다."[34]

또다시 집안의 종손인 맏아들을 서울까지 찾아 나선 부친. 아들을 찾기 위해 이미 평양을 다녀온 후였다. 아산의 마음을 돌렸던 것은 부친의 눈물이었다.

"아버님의 눈물을 보는 순간, 내 가슴은 찢어지는 듯 아파왔다. 얼마나 속이 상하시면 그 엄하시던 아버님이 아들 앞에서 눈물까지 보이실까. 불현듯 불효 막급한 자식이라는 죄책감으로 가슴이 죄어들었다."
"아버님이 하염없이 우시는 바람에 나도 그만 설움이 복받쳐서 '헉' 하고 엎어져 울어버렸다."[35]

상업商과 기업企業

가출한 지 두 달 만에 어쩔 수 없이 귀향한 아산은 마음을 잡고

---

34 《실패는 없다》, pp.52–53.

35 《실패는 없다》, pp.53–54. 부친의 다음과 같은 말에는 전통적인 '가(家)'의식이 분명하게 드러나고 있다. "네가 맏아들만 아니면 애비도 너 하고 싶은 대로 내버려 두겠다. 그러나 너는 종손이다. 위로는 조상들 제사 받들어야 하고 아래로는 동생들 거느려 나가야 하지 않겠니. 되지 못한 고집으로 에미, 에비, 네 동생들 거지꼴 만들면 그건 또 얼마나 괴로운 일이냐. 엎지른 물 못 쓸어담듯이 집안도 한 번 삐끗하면 다시는 세워 잡지 못한다. 깊이 생각해라. 평양에서 너를 못 찾고 서울로 오면서 내가 혼자 얼마나 울었는지 모른다."

"제대로 효자 노릇을 하자는 결심"을 하고, "완전히 다른 사람이 되어, 성심성의껏 농사에 진력"했다. 하지만 힘을 다해 지은 농사가 일찍 내린 서리로 엉망이 되어버렸다.

"또다시 흉년이었다."

"흉년이 들면 집집마다 부부싸움이 잦아졌다."

"금슬 좋은 아버님과 어머님도 이상하게 흉년이 들면 싸움이 잦았다. 따질 것도 없이 돈이, 식량이 모자라는 것이 원인이었다."[36]

마침내 그는 다시 한 번 가출을 시도했다. 네 번째이자 마지막 가출이었다.[37] 보통학교 교과서에 나오는 '청개구리의 교훈'에서 힘을 얻었다. 버드나무 가지에 올라가기 위해 몸을 날려 뛰어 올랐다 실패했어도 낙심하지 않고 열 번, 스무 번, 서른 번 계속 뛰어오르기를 계속해 결국은 성공했다는 이야기. "개구리도 성공하는데, 나는 사람의 자식이었다"[38]는 생각으로 다시금 그는 집을 나섰다.

그야말로 빈 손, 적수공권赤手空拳이었다. 충분히 상상해볼 수 있다. 그는 인천 부둣가로 나가 하루 세 끼 밥을 먹기 위해 사람이

---

36 《실패는 없다》, pp.56–57.

37 네 번째 가출. 그러니까 마지막 가출은 어쩌면 '가출'이라는 말에 어울리지 않는 것이라 하겠다. 다시 돌아가지 않을 뿐만 아니라 나름대로 '일가(一家)'를 이루었기 때문이다.

38 《실패는 없다》, p.57.

할 수 있는 일은 무엇이든 닥치는 대로 다 하고, 부두 하역일에서 부터 남의 이삿짐 져 나르기 등 돈이 생기는 일은 궂은일 마른일을 가리지 않았다고 회상한다.

그러다가 "노동을 해도 서울이 더 낫지 않을까 하는 생각"에 서울로 향했다. 서울에서는 안암동 보성전문학교(현재 고려대학교) 교사 신축 공사장에서 돌과 목재 나르는 막노동을 두 달 가까이 했다. 그리고 "용산역 근처 '풍전' 엿 공장(지금의 오리엔트 제과 전신) 정문 기둥에 써 붙인 '견습공 모집'을 보고 덮어들고 들어가" 1년을 일했다. 그러나 "돈이 모아지지 않을 뿐 아니라 기술도 제대로 가르쳐 주지 않았다"[39]고 한다.

하늘은 스스로 돕는 자를 돕는다고 했던가. 인연이 닿아 그는 '복흥상회福興商會'라는 쌀가게의 배달원으로 취직하게 되었다. "하루 세 끼 먹여주고 쌀 반 가마니 월급"이었다. 이후 그는 타고난 부지런함과 성실함에 힘입어, 4년 만에 그 가게를 물려받게 되었다. 주인 아저씨의 외아들이 있었지만 만주까지 돌아다니며 가산을 탕진하는 난봉꾼이었다.

"나는 단 한 푼의 자본금도 없이 그동안 쌓은 신용만으로 일개 배달꾼에서 쌀가게 주인이 된 것이다."

"신당동 길가에 집을 얻어 '경일상회京—商會'로 간판을 새로 달았다.

---

39 《실패는 없다》, pp.58-59.

고향을 등진 후 4년 만의 일이었고, 스물두 살의 나이였다."

"장사는 나날이 번창했다."[40]

복흥상회와 경일상회를 통해서 아산은 '상업商業'을 흠뻑 체험할 수 있었다. 그대로 나아갔으면 대단한 '미곡상米穀商'이 되었겠지만, 그는 다시 한 번 변신하지 않을 수 없었다.[41] "작은 자본을 갖고 시작할 수 있는 사업이 무엇일까"[42] 생각하던 그는 '아도서비스'라는 자동차 수리 공장을 인수하게 되었다. 그렇게 제조업 운영 경험을 쌓게 되었지만, 태평양전쟁과 전시동원 체제는 작은 기업체마저도 그냥 내버려 두지 않았다.

그 같은 경험은 식민지에서 해방과 독립 이후 아산이 '현대자동차공업사'를 설립하는 밑바탕이 되었다(1946년 4월). 이듬해(1947년 5월) 그는 '현대토건사(현대건설의 전신)'를 설립하게 된다. 그리고 1950년 1월, "현대토건사와 현대자동차공업사를 합병, 사옥을 중구 필동으로 옮겨 '현대건설주식회사'로 의욕에 찬 새 출발"을 했다.[43]

---

40 《실패는 없다》, p.63.

41 이는 1939년 일본 제국주의의 전시체제령에 따라 '쌀배급제'가 실시된 것과 직접 관련되어 있다.

42 《실패는 없다》, p. 64.

43 《실패는 없다》, p.73.

4. 유교 윤리와 국가, 그리고 현대적 응용

아산이 살았던 시대는 한마디로 역동적인 변화의 시간이었다. 식민지에서 벗어나 해방과 독립을 쟁취하는가 했지만 곧바로 분단과 6·25로 이어지는, 급격한 정치사적 변동의 시대였다. 대한민국이라는 신생독립국의 '국가건설State Building'이 일차적인 과제였다. 근대화와 산업화가 절실하게 요청되고 있었으며, 그런 시대적 요청 앞에서 그가 택한 길은 '기업'이었다.

하지만 그는 단순한 장사꾼은 아니었다. 전통적인 유교적 소양土을 익혔으며, 농촌의 삶農, 노동자 생활工, 그리고 상업商을 온몸으로 겪었다. 전통적인 사농공상土農工商을 두루 체험한 그는 마침내 '기업인'으로 입신立身하게 된 것이다. 그 과정 속에서 그가 어렸을 때 익힌 유교적 소양은 과연 어떤 위상을 차지하고 있었을까. 다시 말해, 현대를 사는 기업인에게 유교적 소양은 어떤 의미를 가질 수 있었을까.

다음에서는 아산의 유교적 소양과 이해를 토대로 그것이 그의 삶과 활동, 특히 기업 활동, 나아가서는 정치 참여와 어떻게 연결되고 있는지 살펴보고자 한다. 이는 기업 활동과 정치 참여에 대한 그의 인식을 유교적 소양과 관련해 가늠해 보는 작업이라 할 수 있겠다.

유교적 소양과 현대적 해석

아산이 남긴 책들을 보면, 그가 고전에 나오는 용어들, 고사성어故事成語와 한시漢詩 등을 적절하게 구사하면서 자신의 생각을 펼치고 있다는 것을 알 수 있다. 서당에서 수학했던 서적들을 인용하는 것은 물론이고, 그가 직접 배우지는 않았어도 흔히 인구人口에 회자膾炙되는 책에 담긴 구절도 사용하고 있다. 아산은 과연 동양의 어떤 고전을 읽었을까. 필자가 정리해본 바에 따르면 다음과 같다.

- 아산의 한학 및 유교 고전 이해

① 《천자문千字文》, 《동몽선습童蒙先習》, 《명심보감明心寶鑑》
② 《소학小學》, 《대학大學》, 《논어論語》, 《맹자孟子》
③ 《십팔사략十八史略》[44], 《자치통감資治通鑑》[45]
④ 《시경詩經》[46], 무제시無題詩[47], 연주시聯珠詩[48], 당시唐詩, 오언시五言詩, 칠

---

44 증선지(曾先之)가 《사기史記》·《한서漢書》 이하 송(宋)까지의 사서(史書) 18종 중에서 사실(史實)이나 사화(史話)를 읽기 편하게 간략하게 뽑아 엮은 책(7권).

45 북송(北宋)의 사마광(司馬光:1019~1086)이 편찬한 편년체(編年體) 역사서. 그런데 조선 중기 이후에는 그것을 간추려서 정리한《통감절요通鑑節要》가 유행했다. 아산이 접했던 책 역시 《통감절요》가 아니었을까 싶다.

46 아산은 다음과 같은 구절을 언급하고 있다. '불감포호, 불감빙하(不敢暴虎 不敢馮河)'《시경詩經》 "맨손으로 호랑이를 잡지 못하고 걸어서는 황하를 건널 수 없다.'라고 했다. 다행히 우리는 국내 건설업체 중에서 유일하게 미 8군 장비 불하처에 등록된 유리한 입장이었다." (《실패는 없다》, p.89.)

47 특별히 제목을 붙이지 않고 지은 시(詩).

48 칠언 절구로 된 당시(唐詩)를 추려 모은 시집.

언시七言詩,

⑤ 기타: 《회남자淮南子》, 《채근담菜根譚》, 《염철론鹽鐵論》 등.

우선 배움에 들어서는 학동學童들이 읽히는 《천자문》, 《동몽선
습》, 《명심보감》을 들 수 있겠다. 이들은 글자를 읽고 쓰고, 또 짧
은 문장을 익히는 일반적인 교재들로, 조선 중기부터 일제 식민
지 시대에 이르기까지 가장 널리 익혔던 책들이다.

자세히 설명할 것까지는 없지만, 여기서는 《동몽선습》에 주목
하고자 한다. 이 책은 조선 중종 때 박세무(朴世茂, 1487~1564)가
저술한 것으로 《천자문》을 익힌 다음에 반드시 학습하던 것이었
다. 먼저 오륜五倫에 대해서 설명한 다음 역사로 옮아가 중국과 우
리나라의 역사를 서술하고 있다.[49] 이 책은 단군에서 시작해서 삼
한과 삼국, 고려, 조선에 이르기까지 우리나라의 역사를 간명하
나 매우 체계적으로 서술하고 있으며, 우리나라는 국토는 작지만
예악禮樂과 문물이 중국에 비견할 수 있다는 점을 강조해서 자국
의 역사를 긍정적으로 바라볼 수 있도록 해 주고 있다.

이러한 자국 인식은 아산에게도 일정한 영향을 주지 않았을까
한다. 그는 한국인과 한국 민족에 대해서 자긍심을 지니고 있었다.

---

49 내용을 보면, 먼저 부자유친(父子有親)·군신유의(君臣有義)·부부유별(夫婦有別)·장유유서(長幼有序)·붕우
유신(朋友有信)의 오륜(五倫)을 설명했다. 이어 중국의 삼황오제(三皇五帝)에서부터 명나라까지의 역대사실(歷
代史實)과 한국의 단군에서부터 조선시대까지의 역사를 약술했다. 민간뿐만 아니라 왕세자 교육용으로도 쓰였
다. 1759년(영조 35) 영조가 직접 쓴 어제서문(御製序文)과 우암 송시열(宋時烈)의 발문을 실어 중간(重刊)했다.

"나는 우리 한국인에 대해 큰 자부심을 갖고 있는 사람이다. 과거, 현재로 보나 역사, 문화로 보나 아시아에서 우리 민족 이상으로 훌륭한 민족은 없다. 세계 어느 민족보다도 우리는 성실하고 어질고 착하고 그러면서 우수하다."[50]

"우리는 한때 가난하고 어려웠던 시대에 우리 자신의 재질까지, 본성까지 자학했었다. 그러나 천만의 말씀이다. 우리처럼 우수한 민족은 없다."[51]

"나는 대한민국에 태어난 것을 늘 행복하게 생각한다."[52]

다음으로 두 번째 범주의 경서(《소학小學》,《대학大學》,《논어論語》,《맹자孟子》)를 들 수 있겠다. 아산의 독서 목록에는 보이지 않지만《동몽선습》과 더불어 아동교육 교재로 널리 쓰였던《격몽요결擊蒙要訣》에 의하면, 모름지기 읽어야 할 책으로 '오서오경五書五經'을 들고 있다. 저자 율곡(栗谷) 이이(李珥, 1536~1584)는 '오서'를 읽은 다음 '오경'을 읽을 것을 권한다. 오서의 내역을 보면《소학》,《대학》,《논어》,《맹자》,《중용》이다.《소학》을 뺀 네 권을 가리켜

---

50 《실패는 없다》, p.282.

51 《실패는 없다》, pp.277-278.

52 《실패는 없다》, p.326.

흔히 '사서四書'라 한다.[53] '사서삼경四書三經'이니 '사서오경四書五經'이니 할 때의 '사서'가 그것이다.

그런데 아산의 독서 목록에는 율곡 이이가 들었던 '오서' 중 《중용》이 빠져 있다. 《중용》은 성性과 정情, 만물의 생육生育 등 형이상학적 범주를 다루고 있는데, 내용이 어렵기 때문에 율곡 역시 마지막에 읽으라고 권했던 듯하다.[54] '오경'에서는 《시경》에서 인용한 구절을 확인할 수 있다. 성리학 내지 주자학을 기점으로 그 이전의 유학이 '오경' 중심, 그 이후의 유학이 '사서' 중심으로 전개되었다는 점을 감안한다면, 아산의 독서는 역시 주자학에 가깝다고 할 수 있다. 서당 훈장이었던 조부의 유교 인식 역시 그러했을 것이다.

이들 외에도 《십팔사략十八史略》, 《자치통감資治通鑑》 같은 역사서, 다양한 종류의 시詩, 그리고 다양한 책들(《회남자淮南子》, 《채근담菜根譚》, 《염철론鹽鐵論》)을 접했음을 알 수 있다.[55] 상당한 수준의 공부였다고 할 수 있겠다.[56] 필자가 보기에 아산의 유교 공부는 그 무렵 행해지던 유학 경전과 고전에 대한 일반적인 독서 및 공부 범위

---

53 '오경(五經)'은 《시경詩經》, 《예경禮經》, 《서경書經》, 《역경易經》, 《춘추春秋》.

54 율곡은 이렇게 말한다. "다음으로 《중용》을 읽어 성정(性情)의 덕과 지극히 하는 공부와 천지가 제 자리를 얻고 만물이 생육(生育)하는 미묘한 이치에 대해 일일이 그 뜻을 깊이 탐색하여 터득함이 있도록 해야 할 것이다."(次 讀中庸, 於性情之德, 推致之功, 位育之妙, 一一玩索而有得焉)

55 그렇다고 아산이 그들 책을 처음부터 끝까지 다 읽었던 것으로 보이지는 않는다. 거기에 나오는 유명한 문구나 구절을 접했던 것으로 여겨진다.

56 비교를 위해서 덧붙인다면, 현재 아산서원(峨山書院) 인문학 과정, 동양 사상 부문에서는 《천자문》, 《격몽요결》 (혹은 《동몽선습》), 《논어》, 《맹자》, 《대학》 등을 공부하고 있다.

와 거의 일치한다.

그렇게 배웠던 유교 지식을 아산이 자신의 삶 속에서 나름대로 되새김질 했다는 점에 주목할 필요가 있다. 자기의 처지에 맞춰서 현대적으로 해석하고자 한 것이다. 예를 하나 들어보기로 하자. '군자불기君子不器'라는 구절이 있다. 《논어論語》〈위정편爲政篇〉에 나온다. 말 그대로 해석하자면 "군자는 그릇이 아니다" 혹은 "군자는 그릇이 되지 않는다"는 정도. 군자는 일정한 용도로만 쓰이는 그릇과 같은 존재가 아니라는 것. 그러니까 한 가지 재능에만 얽매이지 않고 두루 살피고 원만해야 한다는 것이다. 말이 쉽지는 않다. 그런데 아산은 과감하게 자기 생각을 담아서 다음과 같이 현대적인 해석을 시도한다.

《논어論語》의 〈위정편爲政篇〉에 '군자불기君子不器'라는 말이 있다. '군자란 한 그릇에만 머물러서는 안 되고 어떤 그릇도 되어야 한다'는 뜻으로 알고 있다.

소인은 한 그릇에 그치나 군자는 세모꼴 그릇에서는 세모꼴로, 네모꼴에서는 네모꼴이 되어 어떤 자리에 놓아도 그 책무를 수행할 수 있는 능력의 소유자라는 말이다.

그러나 인간으로서의 원리원칙에는 부동不動의 자세여야 한다.

나는 이것을 이 시대를 사는 우리들이 가져야 할 적응력으로 바꿔 풀이한다.

고정관념의 노예가 되어 있으면 적응력이 뛰어날 수가 없다. 교과서적인 사고방식도 함정이다. 뛰어난 인간은 함정을 슬기롭게 지나간다."[57]

어차피 그는 유학자나 훈고학자가 아니었다. 하지만 '군자불기'에 대해서, 아산은 '고정관념을 버리고 시대에 맞게 슬기롭게 적응해가야 한다'는 식으로 읽었던 것이다. 시대가 달라진 만큼 고전의 구절을 현대적으로 읽고 ― 그는 '현대'를 중시했다 ― 또 현대에 맞게 응용해야 한다고 생각했던 듯하다.

현대적 해석과 관련해서 필자가 주목하고 싶은 것은 바로《대학》과 관련된 부분이다.《소학》다음에 읽는《대학》은 사서의 첫머리에 놓이는 중요한 경서이기 때문이다. 그래서《논어》와《맹자》보다 먼저 읽었는데, 그 핵심은 '궁리窮理, 정심正心, 수기修己, 치인治人의 도리'라 할 수 있다.[58] 다시 말해, 많은 사람들에게 대장부의 이상으로 여겨지는 '수신제가치국평천하修身齊家治國平天下'라는 명제와도 관련이 있다.

당연히 아산은《대학》을 읽었다. 거기에 나오는 명제들에 대해 나름대로 생각해서 자기 것으로 만들고, 나아가서는 그것을 시대적 상황에 맞게끔 적극적으로 활용하고 있다. 그것을 어떻게 알 수 있는가. 다음과 같은 두 가지 예가 좋은 증거가 된다. '격물치

---

57 《실패는 없다》, pp.322-323.

58 율곡 이이 역시 이렇게 적고 있다. "次讀大學及或問, 於窮理正心修己治人之道. ――眞知而實踐之."(다음에《大學》과「惑問」을 읽어, 이치를 궁구하고 마음을 바르게 하며, 자기 몸을 닦고 남을 다스리는 도리에 대해 일일이 참으로 알아서 성실히 실천해야 할 것이다.)

지^{格物致知}'와 '일신^{日新}'에 대해 아산이 가하고 있는 해석이라 해도 좋겠다.

① 《대학^{大學}》에 '치지재격물^{致知在格物}'이라는 말이 있다. '사람이 지식으로 올바른 앎에 이르자면 사물에 직접 부딪혀 그 속에 있는 가치를 배워야 한다'는 뜻이다. 참다운 지식은 직접 부딪혀 체험으로 얻는 것이며, 그래야만 가치를 제대로 아는 사람이다."[59]

② "매일이 새로워야 한다. 어제와 같은 오늘, 오늘과 같은 내일을 사는 것은 사는 것이 아니라 죽은 것이다. 오늘은 어제보다 한 걸음 더 발전해야 하고 내일은 오늘보다 또 한 테두리 커지고 새로워져야 한다. 이것이 가치 있는 삶이며 이것만이 인류 사회를 성숙, 발전시킬 수 있다. 나의 철저한 현장 독려는 우리 직원들과 나, 사회와 우리 국가가 함께 나날이 새로워지기 위한 채찍이다."[60]

두 인용문 중에서 ②부터 보기로 하자. 전거를 특별히 밝히지는 않았지만, 내용을 보면 《대학》에 나오는 "日新, 日新, 又日新"[61](날로 새롭고, 날로 새롭고, 또 날로 새롭다)에 대한 현대적 해석으로 볼 수 있지 않을까.

---

59 《실패는 없다》, p.275.

60 《실패는 없다》, p.98.

61 "湯之盤銘曰: 苟日新, 日日新, 又日新."《大學》.

①은 '치지재격물', 즉 '격물치지'에 대한 것이다.[62]《대학人學》은 흔히 삼강령三綱領〔명명덕明明德, 신민新民, 지어지선止於至善〕과 팔조목八條目〔격물格物, 치지致知, 성의誠意, 정심正心, 수신修身, 제가齊家, 치국治國, 평천하平天下〕으로 구성되어 있다 한다. 격물과 치지는 팔조목에서 첫 번째, 두 번째에 해당한다. 팔조목에서 가장 기본이 되는 중요한 조목이라 할 수 있겠다.[63] 그 연장선 위에 '수신제가치국평천하'라는 명제가 있는 것이다.

기업의 위상과 선비 의식

현대 한국의 경제성장에서 기업이 한 역할, 그리고 그 경제성장에서 아산과 기업 현대가 구체적으로 어떤 일들을 해왔는지에 대해 서술하는 것은 이 글의 범위를 넘어선다.[64] 다만 여기에서

---

62 정확한 출전은 다음과 같다. "古之欲明明德於天下者, 先治其國, 欲治其國者, 先齊其家, 欲齊其家者, 先修其身, 欲修其身者, 先正其心, 欲正其心者, 先誠其意, 欲誠其意者, 先致其知, 致知在格物."(옛날에 명덕을 천하에 밝히고자 하는 자는 먼저 그 나라를 다스리고, 그 나라를 다스리고자 하는 자는 먼저 그 집안을 가지런히 하고, 그 집안을 가지런히 하고자 하는 자는 먼저 그 몸을 닦고, 그 몸을 닦고자 하는 자는 먼저 그 마음을 바르게 하고, 그 마음을 바르게 하고자 하는 자는 먼저 그 뜻을 성실하게 하고, 그 뜻을 성실하게 하고자 하는 자는 먼저 그 지식을 지극히 하였으니, 지식을 지극히 함은 사물의 이치를 궁구함에 있다.)

63 주자는 '격물치지'에 특별히 주목했다. 그래서 경문(經文)을 자기 방식대로 배열했더니 (제5장) 격물치지 부분이 비어 있었다. 그래서 그는 격물치지에 대한 자신의 생각을 보완해 넣었다. 유명한 '격물보전장(格物補填章)'이 그것이다. "此謂知本, 此謂知之至也. 右傳之五章, 蓋釋格物致知之義, 而今亡矣. 開嘗竊取程子之意以補之曰 : 所謂致知在格物者, 言欲致吾之知, 在卽物而窮其理也,蓋人心之靈莫不有知, 而天下之物莫不有理, 惟於理有未窮, 故其知有不盡也,是以大學始教, 必使學者卽凡天下之物, 莫不因其已知之理而益窮之, 以求至乎其極,至於用力之久, 而一旦豁然貫通焉, 則眾物之表裡精粗無不到, 而吾心之全體大用無不明矣,此謂物格, 此謂知之至也."

64 지난날 '아시아의 네 마리 작은 용', '한강의 기적'과 같은 말들을 떠올리는 것으로 충분할 것이다.

필자가 문제 삼고 싶은 것은, 그 같은 기업의 활동에 대해 아산이 어떻게 생각하고 있었는가 하는 점이다. 무엇보다 아산은 기업이 경제발전의 주역이라는 '긍지와 자부심'을 지니고 있었다. 또한 기업 현대에 대해서도, 단순한 장사꾼이 아니라 국가발전과 경제 건설을 사명으로 하는 유능한 인재들의 집단이라는 분명한 자의식을 가지고 있었다.

"우리는 기업을 통해서 우리가 할 수 있는 모든 일을 다 해냈다. 그렇기 때문에 우리는 한국경제발전의 주역이라는 긍지와 자부심을 가질 수 있다."[65]

"나는 '현대'를 통해서 기업이 할 수 있는 모든 일을 다 했다. 경부고속도로가 그러했고 부산항을 비롯한 항만들이 그러했고 발전소들이 그러했으며 오늘날 우리나라 전력의 50%를 공급하면서도 사고 없이 높은 가동률을 내는 원자력 발전소도 '현대건설'의 업적이다. 만약 우리 '현대'가 그 역할을 하지 않았다면 우리 경제는 최소한 10년에서 20년은 뒤떨어져 있을 것이라고 나는 생각한다. 우리 '현대'는 장사꾼의 모임이 아니라, 이 나라의 발전의 진취적인 선도 역할과 경제 건설의 중추 역할을 사명으로 하는 유능한 인재들의 집단이다."[66]

---

65 《실패는 없다》, p.300.

아산은 〈타임〉지가 선정한 '아시아를 빛낸 6인의 경제인'의 한 사람에 추천되기도 했다(1996년). 그리고 타계한 이후(2006년 11월)에는 〈타임〉지에 의해 '아시아의 영웅'으로 선정되기도 했다. 그러니 "20세기 한국의 민족공동체를 만들어 가는 데 선도적 역할을 수행"한 "국민적 영웅"이자 "하늘이 감동한 사람"이라 할 수 있겠다.[67]

그런데 이미 앞에서 본 것처럼, 아산은 조부의 서당을 다니면서 한문 지식과 유교적 소양을 쌓았다. 그 문헌과 내용을 응용한 것을 보면 그의 학문적 소양은 상당한 수준에 이르러 있었다. 더 중요한 것은 현대화된 문맥에 놓인 자신의 입장에서 유교를 이해하고자 했다는 점이다. 그는 고리타분한 한학자가 되려고 하지 않았으며 유교적인 가르침에 그대로 얽매이지도 않았다.

보통학교를 졸업한 후 그는 새로운 세상을 찾아 네 차례에 걸쳐 가출하는 모험과 도전을 감행했다. 그는 부친과 같은 농부가 되는 것을 단연코 거부했다. 이미 농업의 시대가 갔음을 직감적으로 느꼈기 때문일 것이다. 또한 그는 가출을 통해서 노동工과 상업商을 두루 체험했다. 말하자면 전통 시대의 '사농공상士農工商'을 두루 체험했던 셈이다.

그 같은 편력과 경험 끝에 마침내 그가 택한 길은 '기업'이었

---

66 《이 땅에 태어나서》, p.393.

67 《아산을 기리며》에 수록된 〈인간과 이웃을 사랑한 아산〉(이홍구), 〈하늘이 감동한 사람〉(정진홍) 참조.

다. 흔히 기업으로서의 '현대'의 특징을 '중후장대重厚長大'라 하듯이 기업 활동은 국가의 기본적인 인프라건설이나 토대 구축 등과 관련된 것이 많았다. 국가건설의 중대한 일익을 담당했다고 볼 수도 있겠다. 아산으로서는 그런 측면이 제대로 평가받지 못하고 있다는 다소 서운한 느낌을 받았던 듯하다.

"유교儒教 사상이 근본 바탕을 이루고 있는 우리나라는 예로부터 청빈낙도淸貧樂道를 가치 있는 삶으로 생각하여서 군자君子를 존경하고 사농공상士農工商의 맨 마지막에 붙어 있는 '상商'을 천시하는 경향이 아주 강했다. 한 나라의 대통령도 앞장서서 세일즈맨 역할을 할 만큼 기업이 한 나라의 경제를 좌우하는 지금은 인식이 다소 변했다고 는 하나, 그래도 역시 기업을 보는 시각은 마뜩찮은 옆눈질이다."[68]

돌이켜 보면 실제로 그러했다. 조선 시대로부터 물려 받은 전통의 관성 때문인지 '상'의 역할이 제대로 평가받지 못했던 것이다. 심한 경우 기업인들을 아예 영리 추구를 목적으로 하는 '경제적인 동물'처럼 보기도 했다.[69] 그런데 아산은 그렇게 잘못된 인식은 다름 아닌 역대 정부의 잘못이라 한다. 정권이 바뀔 때마다

---

68 《이 땅에 태어나서》, pp.372–373.

69 "우리나라의 생활 사상은 두말할 것도 없이 유교(儒教)가 바탕이라서 그렇지 않아도 청빈낙도(淸貧樂道), 군자(君子)의 삶을 존경하고 기업가는 은연중 옆눈으로 흘기는 우리네들인데, 몇 차례 정변을 치르면서 이제는 국민들이 전체 기업인들을 아예 영리 추구만이 목적인 '경제동물'로만 보는 것이 섭섭한 현실이다." (《실패는 없다》, p.263.)

일반 국민들을 위무하기 위해서 혹은 정권 자체의 약점을 은폐하기 위해서 애꿎은 기업인들에게 '부정 축재와 탈세'라는 명목으로 기업인들을 잡아들여[70] 일종의 '속죄양$^{scape goat}$'으로 삼았다는 것이다.

그는 이렇게 항변하기도 한다. "그동안 우리 기업인들은 눈에 불을 켜고 발바닥이 부르트도록 뛰어 다니면서 악착같이 해외시장을 개척했고, 물불 안 가리고 일했고, 인재 양성도 했다. 그 때문에 오늘날 한국이 이만큼이라도 자립하고 성장, 발전했다는 것에 대해 인색하게 평가해서는 안 될 것이다." 또한, 그렇게 기업이 국가발전에 크게 기여하고도 항상 논란과 비난의 대상이 되었던 것은 "우리나라 경제가 불과 20여 년이라는 짧은 기간에 급성장하면서 국민 생활에 구석구석 큰 영향을 주고 있기 때문이라고 생각한다"[71]라고.

아무래도 그것은 불행한 현대 한국 정치사의 흐름 내지 특성과 무관하지 않을 듯하다. '정부 주도형 성장' 등과 관련해 '정경유착'이나 '특혜'시비와 같은 측면들이 전혀 없었다고는 할 수 없을

---

70 "나는 이 현상의 많은 책임을 국가에 묻고 싶다. 기업이라면 무조건 도매금으로 영리 추구만을 목적으로 한 경제집단 혹은 경제 동물로만 인식시킨 것은 역대 정부였다. 정권이 바뀔 때마다 약방의 감초처럼 빼놓지 않고 했던 것이 부정 축재와 탈세의 죄목으로 기업인들을 모조리 잡아들이는 것이었다. 정치 변란이 일어날 때마다 새 정권은 서민 위안용으로 혹은 정권 스스로의 약점을 은폐하기 위해서 애꿎은 기업인들에게 부정 축재와 탈세의 죄목을 씌웠다. 주먹만한 활자로 신문을 채우게 하고 텔레비전을 동원해서 줄줄이 끌려 들어가는 모습을 보여주면서 국민 시각을 오도(誤導)한 탓으로 우리 기업은 계산할 수 없는 막대한 손실을 입었다고 생각한다." (《이 땅에 태어나서》, p.373)

71 《실패는 없다》, pp.265~266.

것이다. 하지만 '권불십년權不十年'이라 했던가. 어느 순간부터 사정이 바뀌었다. 아무리 강고한 권력도 '민주화'와 더불어 십 년 이상을 지속하기 어렵게 되었다.

불안정한 '정치'보다는 안정적인 '경제'를 선호하는 경향도 나타나기 시작했다. 세상이 그리고 생각이 점차 바뀌었다. 아산이 살아 있을 때 이미 기업가를 흠모의 대상으로 삼는 젊은이들이 나타나기 시작했다. 그런데 그들이 선망한 것은 한국의 기업가가 아니라 어디까지나 미국의 기업가들이었다. 아산으로서는 조금 서운했던 듯하다. 그는 "미국의 경제 발달사를 아는가"하고 묻는다. "그들은 서부 개척이다, 철도 부설이다 하면서 총으로 사람 죽이기를 다반사로 했었고, 금융가의 지하에서는 위조증권을 마구 찍어냈었다는 것도 알아야 한다"[72]고 했다. 수많은 인디언들이 희생당했으며, 자기들끼리도 서로 죽였다는 점을 지적하기도 했다.

"그것에 비교하면 한국의 기업은 선비들이 일으키고 이루어 낸 것이다. 우리 기업에서 권총 들고 설친 이는 단 한 사람도 없다. 우리는 부아가 터지면 기껏 상대편 집에 돌이나 몇 개 던지고 말 정도이다."[73] 역시 "우리의 기업은 선비들이 일으키고 이루어 낸 것"이라 한다.[74] "호랑이 담배 먹던 시절이라고 하겠지만 우리 기업인들의 경쟁은 미국 기업의 그것과는 비교도 할 수 없게 선

72 《실패는 없다》, p.263.

73 《실패는 없다》, p.264.

비적이었다"[75]라는 것이다.

아쉽게도 아산은 그 부분에 대해 좀 더 상세한 논의를 전개하지는 않았지만, 필자가 보기에 이는 아주 중요한 발언이다. 메시지는 분명하다. 한국의 기업은 선비들이 일으키고 이루어 냈다는 것, 뒤집어 말한다면 선비들이 한국의 기업 활동을 추진했다는 것이다. 한국의 기업인들은 단순히 전통 시대의 '장사꾼' 내지 '상인商'에 머물러 있는 것이 아니라, 일종의 현대 사회에서의 '선비'로서 선비 의식을 가지고 국가와 민족의 발전을 위해서 기업 행위를 해왔다는 것이다. '선비'로서의 강한 자의식을 표현한 것이라 해도 좋겠다.[76]

이런 입장에서 바라본다면 기업은 선비들의 일터이기도 하다.[77] 이를 통해 아산이 기업으로서의 '현대'를 가리켜 "장사꾼의 모임이 아니라, 이 나라의 발전의 진취적인 선도 역할과 경제 건설의 중추 역할을 사명으로 하는 유능한 인재들의 집단"[78]이라 한 의도를 정확하게 이해할 수 있겠다.

---

74 《이 땅에 태어나서》, p.375.

75 《이 땅에 태어나서》, p.376.

76 이는 다음과 같은 도식으로 정리해볼 수 있겠다. 기업인 → 현대 사회에서의 선비 → 국가와 민족의 발전에 기여 → 한국경제발전의 주역이라는 긍지와 자부심

77 그는 이렇게 말한다. "기업은 인간을 위한 인간의 단체이다. 이기심을 버린 담담한 마음, 도리를 알고 가치를 아는 마음, 모든 것을 배우려는 학구적인 자세와 향상심 (…) 이러한 마음을 가지고 있는 집단이라야 올바른 기업의 의지, 올바른 기업의 발전이 가능하다고 생각한다." 《실패는 없다》, p.345)

78 《이 땅에 태어나서》, p.393. "우리 현대는 장사꾼의 모임이 아니다. 이 나라 발전의 진취적인 선도 역할과 경제건설의 중추가 사명인 집단이 우리 '현대'이다." 《실패는 없다》, p.300)

정치 참여와 대통령 선거

아산의 일생에서 빼놓을 수 없는 한 자락이 '정치'에 입문해 14 대 대통령 선거에 출마했던 사실이다. 이미 고희古稀를 넘긴 나이였으며 타계하기 9년 전의 일이었다. 1992년 그는 통일국민당을 창당해 제14대 국회의원이 되었으며, 이어 대통령 선거에 출마했다. 그러나 그의 정치 체험은 그다지 길지 않았다.

갑작스러운 정치 참여 결정에 먼저 가족들이 반대했던 듯하다. "하던 기업이나 계속 하지 다 늦게 시궁창 정치판에는 왜 뛰어들려고 하느냐는 만류"였다. 실패했을 경우 돌아올 불이익이나 정치적인 보복을 우려했던 것이다. 실제로 신랄한 비판이 없지 않았다.

> "많은 사람들은 내가 돈만으로 부족해서 권력까지 탐을 내는 가당찮은 욕심을 부린다고 했다."[79]

> "많은 사람들이 나의 정치 참여 결심을 돌출 행위로 치부하거나 과욕, 또는 노망으로까지 매도했다."[80]

---

79 《이 땅에 태어나서》, p.421. 솔직하게 말하자면 당시 필자 역시 비판적인 생각을 지니고 있었으며, 실제 선거에서도 그를 지지하지 않았다. '경제'(기업)와 '정치'는 서로 다른 영역이라 생각했기 때문이다.

80 《이 땅에 태어나서》, p.426.

거센 비판에도 불구하고 그는 끝내 자신의 결심을 굽히지 않았다. "정치 개혁도 선진 경제도 통일 한국도 자신이 있었"지만, 선거에서 국민들은 그를 선택해주지 않았다.[81] 역시 '정치'의 문법은 달랐던 것이다.

> "혹자는 나의 대통령 출마에서의 낙선을 두고 '시련은 있어도 실패는 없다'고 주장하던 내 인생의 결정적 실패라 하는 모양이지만, 나는 그렇게 생각하지 않는다. 쓰디쓴 고배苦杯를 들었고 보복 차원의 시련과 수모도 받았지만 나는 실패한 것이 없다.
> 오늘의 현실을 보자. 5년 전 내가 낙선한 것은 나의 실패가 아니라 YS를 선택했던 국민들의 실패이며, 나라를 이 지경으로 끌고 온 YS의 실패이다. 나는 그저 선거에 나가 뽑히지 못했을 뿐이다.
> 후회는 없다."[82]

필자는 그의 정치 참여가 한국정치사에서 어떤 의미를 갖는지에 대해 논의할 수 있는 역량도, 의지도 없다. 다만 스스로 선거에 나갔지만 뽑히지 못했을 뿐 실패한 것은 아니며 후회는 없다는 그의 토로를 읽었을 때, (선거에서 그를 지지하지 않았지만) 문득 전해져

---

81 대통령 선거에서 그는 김영삼, 김대중 후보에 뒤이어 3위를 차지했다. 그가 얻은 것은 3,880,067표(16.3%), 당선자 김영삼(민주자유당) 후보는 9,977,382표(42.0%), 김대중(민주당) 후보 8,041,284표(33.8%)를 얻었다. 이후 정계 은퇴를 선언했으며, 이듬해(1993) 통일국민당 대표최고위원직을 사임, 이어 국회의원직도 사직하고 탈당했다. 이후 기업 활동에만 전념했다.

82 《이 땅에 태어나서》, p.428.

오는 무언가가 있었다. 굳이 말하자면 《맹자》〈공손추 상〉편에 나오는 '호연지기浩然之氣', 그리고 〈등문공 하〉편에 나오는 '대장부大丈夫' 같은 것이라 하겠다.[83]

이제 이 글의 관심사와 관련한 두어 가지 측면에 대해 논의하는 것으로 이 절을 마무리하고자 한다. 우선 무엇이 성공한 기업인으로 하여금 '시궁창 정치판'에 뛰어들게 만들었는가, 그리고 그러한 정치 참여를 통해 그는 과연 무엇을 구현하려고 했는가 하는 점이다.

무엇보다 대표적인 기업인으로서 접하지 않을 수 없었을 정치권의 민낯에 대한 회의와 불만이 가장 일차적인 계기가 아니었을까. 존경할 만한 인격을 갖춘 정치인도 없는데다 '성금이라는 명목의 정치자금' 요구와 마구잡이로 행해지는 '세무조사' 등도 무관하지 않았을 것이다.[84] 이에 대해 그는 스스럼 없이 털어놓고 있다.[85]

"기업을 하면서 수많은 정치 지도자, 정치인들을 만났지만 마음으로

---

83 1998년 6월과 10월, 84세의 그가 각각 소 500마리와 501마리를 데리고 판문점을 넘어서 북한으로 가는 거대한 장관(壯觀)을 보면서도 역시 어떤 틀을 넘어서는 호방(豪放)한 기개(氣槪) 같은 것을 느낄 수 있었다. 기 소르망 (Guy Sorman)은 "20세기 최후의 전위예술"이라 논평하기도 했다.

84 아산은 고(故) 박정희 전 대통령에 대해서는 "사심이라고는 없었던 뛰어난 지도자"로 인정하고 있다. (《이 땅에 태어나서》, p.253.) 또한 "박정희 대통령이 정권을 잡은 과정이나 장기 집권은 바람직하지 못했으나 그래도 그가 우리 산업을 근대화시킨 공적은 누구도 부정 못한다."고 하기도 했다. (《실패는 없다》, p.292.)

85 이른바 '5공 청문회' 때도 그는 솔직하고 담백한 답변으로 많은 사람들에게 강한 인상을 안겨준 바 있다. 그의 발언을 통해서 저간의 사정을 충분히 짐작할 수 있었기 때문이다.

존경할 만한 정치인다운 정치인을 만났던 기억이 별로 없다. 그런 수준의 사람들이 모여서 하는 정치였기 때문에 외국 언론으로부터 '포니 수준을 못 따라오는 한국의 정치 수준'이라는 말을 들을 수 밖에 없었던 것이다."[86]

"성금이라는 명목의 정치자금은 정권이 바뀔수록 단위가 커져갔는데 큰 불편 없이 기업을 꾸려가려면 정부의 미움을 받지 않아야 하기 때문에 때마다 지도자한테 뭉텅이의 돈을 바쳐야 하는 이 나라가, 나라이기는 한 것이냐는 한심스러운 생각을 참 많이도 했다. 그렇게 돈을 거둬가면서도 뭔가 조금만 비위에 거슬리면 타 기업과의 형평성도 무엇도 아무것도 없이 느닷없는 세무조사로 쳐들어왔다."[87]

조금 더 나아가 본다면 그는 기업에 대한 편견을 바로잡고 싶었을 것이다.

"결국은, 그때그때 떳떳할 수 없었던 정권의 필요에 의한 속죄양으로 너무 여러 번 기업을 단죄 받게 했던 것이 우리나라 국민들의 기업에 대한 편견의 주범이라고 나는 생각한다. 큰 기업은 덮어놓고

---

86 《이 땅에 태어나서》, p.422.

87 《이 땅에 태어나서》, p.424.

부정 축재와 정경유착의 본산지라는 부정적인 편견도 잘못된 정치가 만들어놓은 것이고, 기업이 크는 것을 기업경영자 한 사람이 엄청난 부자가 되는 것으로 받아들이게 만든 것도 어리석은 정치의 산물이다."[88]

또한 정부와 정치권의 눈치 보지 않고 원하는 대로 기업하기 좋은 환경을 만들고자 하는 바람도 없지 않았던 듯하다. 현실적으로 6공화국 이후 기업 활동이 어려워진 것 역시 한몫했을 것이다.[89]

그러다 마침내 현실정치를 더 이상 두고 볼 수만은 없다고 생각하게 되었던 듯하다. 그는 "크게 비약해야 할 21세기를 눈앞에 두고 잘못된 정치 탓으로 비약은 커녕 나라를 점점 수렁으로 빠뜨리고 있는 한심한 정치 현실을 모르는 척 하고 있을 수 없었다. 더 이상의 시행착오를 해서는 안 되었다. 정권도 새로워져야 했고 정치도 달라져야 했다"[90]고 회상한다. 정치 참여를 걱정하는 가족들에게 아산은 이렇게 말했다.

"옛날에 짚신 한 켤레 신고 맨몸으로 고향을 떠난 사람인데, 우리가

---

88 《이 땅에 태어나서》, p.365.

89 "권력을 막강한 힘만으로 알고 막강한 책임에 대한 인식은 전혀 없는 집단의 정치 아래서 기업을 하면서 살아내기란 보통 어려운 일이 아니었다. 갖가지 비리에 얼룩진 전두환 씨의 5공이 끝나고 6공 노태우 정권이 들어서는 더더구나 기업 활동이 힘들어졌다." (《이 땅에 태어나서》, p.423)

90 《이 땅에 태어나서》, p.423.

망한다고 해도 구두는 신고 살 수 있을 것이다. 나라 꼴이 이 모양인데 그냥 앉아서 정치 욕이나 하며 내 안전만 도모하는 것이 소위 사회 지도층이라는 사람들이 할 일이냐? 시궁창을 시궁창인 채로 내버려 두면 언제까지나 시궁창일 수밖에 없다. 누군가 소매를 걷어붙이고 나서서 청소할 사람이 필요하고, 그걸 내가 해보겠다는 것이다. 우거짓국 먹고 살 각오를 해 둬라. 죽으면 맨몸으로 가는 게 인생인데 망한다고 해도 아까울 것 없다."[91]

그 같은 생각과 각오하에 정치에 뛰어들기로 했던 아산에게는 나름대로 '정치지망생'으로서의 '꿈과 목표'가 있었던 듯하다. 그는 이렇게 말하고 있다. "우리의 경제성장을 가능케 했던 근로자의 의욕과 기업인의 열의, 국민의 희망을 한데 모아 정치를 개혁해서 선진 한국, 통일 한국을 완성해보고 싶었던 것이 나의 꿈이자 목표였다."[92]

'통일 한국'과 관련해서는, 잘 알려진 대로 아산은 금강산 개발 사업을 추진하기도 했다. 1998년 '통일소'라 명명한 소 500마리를 끌고 판문점을 통과해서 북한을 방문했으며(6월 16일), 이어 2차로 소 501마리를 끌고 가서 당시 김정일 국방위원장을 면담, 남북협력사업 추진을 논의하기도 했다. 그 같은 이벤트는 강한

---

91 《이 땅에 태어나서》, p.425.

92 《이 땅에 태어나서》, p.426.

인상을 남기며 국제적인 주목을 끌기도 했다. 자신이 했던 말처럼, 통일 한국에 나름대로 기여하고자 했다는 것은 누구도 부인할 수 없을 것이다.

그렇다면 이미 고희古稀를 넘긴 나이에도 불구하고 과감하게 정치 참여에 나섰던 데에는 과연 어떤 요인들이 작용했을까. 그리고 무엇이 그런 과감한 결단을 가능하게 해주었을까. 여러 논의가 가능하겠지만, 필자가 보기에 어려서 습득한 유교적인 소양과도 무관하지 않은 듯하다. 지금도 많은 한국인들에게 익숙한 유교 윤리의 명분론, 구체적으로는 '수신제가치국평천하' 명제를 새삼스레 떠올려보지 않을 수 없다. 다시 말해서 '치국'과 '평천하', 즉 나라를 다스리고 천하를 평안하게 한다는 유교적인 이상과 명분이 바야흐로 작동하기 시작했다고 볼 수도 있지 않을까.

5. 맺음말—선비 정신과 기업가

식민지 시대에 농촌에서 태어난 아산은 일찍이 서당 교육을 통해서 유교적 소양士을 갖출 수 있었으며, 동시에 농촌의 삶農을 여실히 체험했다. 농촌에서 더 이상의 비전을 읽어 내지 못한 그는 네 차례 가출을 감행하여 노동자工, 상업商 종사자로서의 생활을 경험해보기도 했다. 전통적인 의미의 사농공상을 다 체험했던 그로서는 시대의 흐름이 어디로 가고 있는지, 혹은 자신이 어디로 나아가야 할지 거의 본능적으로 느꼈던 듯하다. 그가 자신의 길로 선택한 것은 바로 '기업'이었다.

전통적인 농경 사회로부터 근대화, 산업화 시대로 나아가는 흐름 속에서 아산은 기업인으로 입신立身했다. 그는 더 이상 전통적인 사고나 방식으로는 안 된다는 것을 깨달았다. 연이은 가출 시도로 자신의 행동이 '불효막급不孝莫及'이라는 생각을 하기도 했지만, 결과적으로 그의 선택은 '대효大孝'와 통하는 것이었다.[93] 그로서는 시대의 흐름을 읽고 낡은 것으로부터 벗어나고자 했으며, 완전히 새로운 것의 구현을 추구했던 것이다. '현대'라는 이름을 선택한 것이 상징적이라 하겠다.

새로운 시대에 걸맞는 앞서가는 조직으로서의 기업 활동을 택했다고 해서 그가 어렸을 적 읽었던 동양 고전과 유교 사상을 잊어버린 것은 아니었다. 특히 평상시 보다는 어떤 굴곡이나 위기의 시기에 그가 남긴 글들을 보면 그가 고사성어나 한시 등을 적절하게 구사하고 있음을 알 수 있다. 이는 그가 동양 고전의 구절들을 생각해내고 깊이 음미함으로써 삶의 지혜를 얻어냈던 것으로 여겨지며, 또 옛 성현의 말씀을 언제나 현대적으로 해석하고 응용하는 모습을 보여준다.

---

93 "소식을 끊고 있다가 첫 편지를 드린 것은, 집을 나온 지 3년쯤 지나 1년 월급이 쌀 20가마가 됐을 때였다. 1년 월급이 쌀 20가마라는 말에 아버님이 꽤 놀라셨나 보다. 금방 보내주신 답장에 "네가 출세를 하기는 한 모양이구나. 이처럼 기쁜 일이 어디 있겠느냐"고 말씀하셨으니까."—((이 땅에 태어나서), p.33.); "서산 농장은 그 옛날 손톱이 닳아 없어질 정도로 돌밭을 일궈 한 뼘 한 뼘 농토를 만들어가며 고생하셨던 내 아버님 인생에 꼭 바치고 싶었던, 이 아들의 뒤늦은 선물이다.", "나는 내 아버님을 이 세상 누구보다도 존경하고 사모한다."((이 땅에 태어나서), pp.5-6.)

기업 활동을 통해 그는 신생독립국 대한민국의 일차적인 과제였던 '국가건설State Building'에 기여할 수 있었다. '근대화'와 '산업화'의 역군으로 활약했던 것이다. 그는 기업이야말로 새 시대 경제발전의 주역이라는 긍지와 자부심을 지니고 있었으며, '현대'에 대해서도 단순한 장사꾼이 아니라 국가발전과 경제건설을 사명으로 하는 유능한 인재들의 집단이라는 분명한 자의식을 가지고 있었다.

아울러 한국의 기업은 다른 나라의 기업들과는 달리, 다름 아닌 '선비士'들이 일으키고 이루어낸 것이라 생각했다. 다시 말해 선비들이 한국의 기업 활동을 추진해왔다는 것이다. 그는 한국의 기업인들은 단순히 전통 시대의 '장사꾼' 내지 '상인'에 머물러 있는 것이 아니라 '선비'로서 선비 정신〔의식〕을 가지고 국가와 민족의 발전을 위해서 열심히 일했다고 생각했다. '선비'로서의 강한 자의식을 표현한 것이라 해도 좋겠다.

전통적인 문맥에서의 '선비' 내지 '사'를 현대에 대입시키면 곧 '기업인'이라는 식으로, 그가 과감히 현대적 해석을 시도했다고 해도 좋겠다. 그 같은 현대판 선비들은 선비 정신, 즉 기업가정신을 가지고 국가와 민족의 발전에 기여했다는 것이다. 지난날 한국 경제발전의 주역이라는 긍지와 자부심 역시 그로부터 비롯된 것이라 하겠다. 그렇다면 '기업'은 곧 선비들의 일터이기도 하다. '현대'를 가리켜 단순한 장사꾼의 모임이 아니라, 이 나라 발전의 진취적인 선도 역할과 경제 건설의 중추 역할을 사명으로 하는 유능한 인재들의 집단이라 한 것 역시 그런 맥락에서 이해할 수 있다.

'선비' 정신을 지닌 기업가라는 점을 감안한다면, 아산의 정치권에 대한 비판과 현실정치 참여에 대해서도 조금은 다른 각도에서 바라볼 수 있지 않을까 한다. '선비'라는 자의식을 가졌다면 정치에 대한 관심이나 정치 참여는 그다지 낯선 것은 아니다. 선비는 본래 정치에 관심을 갖는다. 지금도 많은 사람들에게 '수신제가치국평천하'라는 《대학》의 명제는 너무나도 익숙하다.

하지만 아산이 애초부터 정치에 참여하고자 했던 것은 아니다. 고희를 넘긴 나이에도 불구하고 현실정치에 참여하게 된 배경에는 무엇보다 현실 정치권에 대한 그의 신랄한 비판이 자리잡고 있다. 시달리다 못해, 그리고 참다 못해 결국 '그렇다면 이제 내가 나서서 바로 잡아보고 싶다'는 바람을 가진 것이다. 그런 결단을 내리게 된 데에는 여러 요인이 복합적으로 작용했겠지만, 아직도 우리에게 익숙한 유교 윤리의 흔적(명분론), 구체적으로는 '치국'과 '평천하', 즉 나라를 다스리고 천하를 평안하게 한다는 유교적인 이상과 명분이 작동하고 있었던 것은 아닐까 한다.

현실정치와 정치권에 대한 아산의 비판, 그리고 그가 품었던 정치적 목표에 대해서는 개인의 입장과 시각에 따라 얼마든지 다르게 평가할 수 있다. 또 그의 비판과 생각에 공감할 수 있다 하더라도 반드시 아산이어야 했는가 하는 의문이 제기될 수도 있다. 그럼에도 당시 정치권에 대한 비판을 넘어 현실 정치에 참여해 한심한 정치판과 정치권력을 과감하게 바꿔보고자 했던 아산의 강력한 열망 그 자체의 진정성은 쉽게 부인할 수 없을 듯하다.

발전국가와 기업

– 아산의 '인정투쟁'

왕혜숙(연세대학교)

학력
연세대학교 인문학부(영문학/사회학) 졸업, 연세대학교 대학원 사회학과 석사 및 박사.

경력
대만 외교부 Taiwan Fellowship(2011), POSCO 청암재단 아시아지역전문가Fellowship(2011), 국립대만대학교 사회학과(2011), 캐나다 UBC(the University of British Columbia) 한국학연구소(the Centre for Korean Research) 방문연구원(2008), 현 연세대학교 동서문제연구원 연구교수.

저서 및 논문
〈한국의 발전국가와 정체성의 정치: 박정희 시기 재일교포 기업인들의 민족주의 담론과 인정 투쟁〉, 경제와 사회, 통권 107호, 2015.
〈가족 인정 투쟁과 복지정치: 한국의 의료보험 피부양자 제도의 변화 과정을 중심으로〉, 한국사회학, 47(4), 2013.
〈죽음의 순간에야 확인되는 가족의 문화적 경계: 9.11 테러와 천안함 사건을 중심으로〉, 사회와이론, 통권 20집, 2012.

1. 서론

오늘날 업계에는 특정인 중심의 가족적 기업군이 형성되어 이른바 무슨 그룹이니 하여 무리하게 여러 종류의 기업을 산하에 거느리고 있는 사례조차 있다. 그 결과 (…) 오랜 인습과 타성에 젖어 기업자산을 소수의 특정인과 그 가족의 손에 집중하려는 폐단이 남아 있으며(박정희).[1]

우리나라의 경우 민간기업주의의 우수성을 말로는 강조하면서도 한편으로 그에 대한 비판이 있는 것은 지나친 경쟁을 막아 규모의 경제를 달성하는 것이 보다 능률적이라는 생각과 기업의 사회적인 책임에 중점을 두는 생각이 혼재하고 있는 데 연유하고 있습니다(정주영).[2]

지난 세기 한국의 경제발전 과정에서 대규모 기업집단, 즉 재벌들의 역할에 대한 평가는 어떠했는가? 기존 연구들은 한국의 발전국가와 재벌의 관계를 어떻게 보아왔는가? 한쪽에서는 한국의 경제발전은 국가가 일방적으로 주도한 것이었으며, 재벌은 그

---

1 1974년 5월 29일 '기업공개와 건전한 기업 풍토의 조성을 위한 대통령 특별지시'의 일부(박정희 대통령 인터넷 기념관. http://www.516.co.kr/board/bookboard/boardread.asp?idx=60&boardtype=A&curpage=1&imgtype=a, 접속일: 2007년 9월 19일).

2 1978년 9월 8일 고대 최고경영자교실 교육과정 특강 내용 발췌(정주영, 1985, p.154).

저 국가가 마련한 계획을 실행에 옮긴 종이호랑이^{paper tiger}이거나 또는 국가의 경제발전 전략과 지원에 기생했던 존재로 그려 왔다(Kim, 1988). 반면 다른 한쪽에서는 재벌을 기업가적 정신으로 무장하고 능동적으로 국가 발전이라는 목표를 위해 국가와 협동했던 파트너로 그려왔다(류석춘·왕혜숙, 2008). 이렇듯 재벌을 보는 상반된 시각에도 불구하고 기존 연구들은 하나의 공통점을 가지는데, 바로 과거 발전국가와 재벌들 사이의 협조 관계를 부각시킨다는 점이다. 즉 강제된 것이었든, 자신의 이익 때문이었든, 혹은 정말 국가 발전에 대한 깊은 이해를 공유했든, 재벌은 발전국가의 정책과 비전에 동조하면서 협조했으며, 바로 이것이 재벌의 성장은 물론 한국의 급속한 경제발전을 가능하게 한 원인이라고 한목소리로 강조한다.

그러나 과연 발전국가와 재벌의 관계는 항상 협조적이었을까? 이들의 관계는 그 어떤 갈등도 없이 항상 일관되게 조율된^{orchestrated} 관계였을까? 본 연구는 바로 이러한 질문에서 시작한다. 앞서 제시된 두 인용문에 나타난 박정희와 정주영의 극명한 입장 대립은 국가와 재벌이 서로의 존재를 어떻게 인식하였는가를 둘러싸고 첨예한 갈등과 긴장이 존재했음을 암시한다. 그렇다면 협력만큼이나 갈등의 측면도 있었던 것이 실제 당시의 발전국가와 재벌의 관계였다면, 이들은 무엇 때문에 갈등을 했던 것일까? 그리고 그럼에도 불구하고 이들의 갈등이 거시적인 경제발전에 부정적인 영향을 주지 않을 수 있었던 이유는 무엇인가?

본 연구는 이에 대한 답을 찾기 위해 발전국가와 재벌의 갈등의 도덕적 차원에 주목해 볼 것이다. 이를 위해 아산 정주영의 도덕적 정체성과 인정 투쟁에, 그리고 발전국가가 활용했던 경제의 도덕화 메커니즘에 주목하고자 한다. 당시의 발전국가와 재벌은 서로에게 국가 발전에 대한 헌신이라는 책임과 의무를 강제하고 내면화시키기 위해 여러 가지 담론 장치들을 고안, 동원하여 상호 압력을 행사하였으며, 이것이 바로 앞서 본 발전국가와 재벌 사이에 존재했던 갈등의 본질이라 할 수 있다. 또한 본 연구는 이러한 도덕적 갈등이 있었기에, 양자는 국가 발전을 위해 상호 협력할 수 있는 규범적 기반이 되는 일반화된 호혜성이라는 가치를 내면화할 수 있었으며, 그 결과 전반적인 경제성장이 가능했다고 주장하고자 한다.

　　본 연구는 이러한 도덕 투쟁이 과거 발전국가의 형성과 심화 과정에서 어떻게 구체적으로 전개되고 있는지를 살펴보기 위해, 발전국가를 상징하는 정치 지도자인 박정희와 한국의 기업인을 대표하는 인물인 정주영, 두 인물의 관계를 심층적으로 조명해보고자 한다. 발전국가의 등장 이전 이미 대규모 기업집단으로 발판을 다지고 있던 여타 기업들과 달리, 현대는 발전국가의 형성 및 성장과 궤를 같이한 기업이다.[3] 현대가 어떤 기업보다 발전국가와 협력자인 동시에 동반자 관계를 형성했던 기업이라고 사후

3　현대가 상위 10대 재벌 순위에 등장한 것은 1970년대 중반이 되어서이다(공병호, 1993).

적으로 평가받는 것도 이러한 이유이다. 이렇게 볼 때 발전국가의 등장과 함께 사업상 불이익을 받아야 했던 기업인들이나 발전국가로부터 커다란 혜택을 받은 바가 없는 기업인들이 보일 수 있는 일방적인 반감이나 인색한 평가와 달리, 정주영은 발전국가에 가장 우호적인 태도를 가졌을 것으로 상정되는 기업인이라 할 수 있다. 그런 만큼 정주영과 발전국가 사이의 갈등과 저항은 남다른 의미를 가진다.

먼저 본 논문은 2장에서 발전국가와 재벌의 관계에 대해 수행되었던 기존 연구들을 살펴보고자 한다. 이를 통해 과거 경제발전에 대한 논의들에서 국가와 재벌의 관계의 협조적인 측면만이 과도하게 부각되어 왔음을 밝히고, 발전국가와 재벌의 관계를 더욱 입체적으로 파악하기 위한 개념과 방법론을 제시할 것이다. 이를 기반으로 3장에서는 정주영이 발전국가에 대해 어떠한 태도를 견지했는지를 살펴보고, 그가 발전국가에 대해 가졌던 불신과 반감을 인정 투쟁의 관점에서 규명해 볼 것이다. 3장이 주로 정주영이 내면적으로 가졌던 자기 정체성에 대한 설명이라면, 4장은 실제 정주영이 정체성 인식을 기반으로 발전국가와 어떠한 갈등과 경쟁의 관계를 형성했는가를 보고자 한다. 나아가 이러한 불신과 경쟁의 관계가 발전국가의 도덕화 메커니즘에 의해 신뢰 관계로 변화해가는 역설적 과정을 살펴볼 것이다.

2. 기존 연구-발전국가와 기업의 역할

만들어진 신화로서
발전국가와 기업의 파트너십

국가 중심적 논의 즉 발전국가론은 한국을 포함한 동아시아의 경제성장을 설명해 온 지배적인 시각이다. 이들 논의는 하나의 공통점을 갖는데, 다름 아닌 '강한 국가'의 시장개입(Wade, 1990; Johnson, 1985; 김일영, 2003; Chang, 2006) 혹은 권위주의 국가의 '강압적 자원동원 메커니즘(조희연, 1998; 김동노, 1999; 최장집, 2002)'이 한국 자본주의의 발전을 가능하게 했다는 설명이다.[4] 이러한 시각들은 과거 경제발전 과정에서 발전국가가 재벌을 포함한 시장 전체를 강하게 지도·통제했던 측면을 강조한다. 이러한 국가 우위 관점에서 보면 발전국가 시기의 한국의 기업집단, 즉 재벌은 단순한 발전국가의 도구 또는 자율성 없는 '종이호랑이paper tiger'로만 다루어진다(Chibber, 2003, p.83). 기업들은 생존을 위해 국가의 산업정책에 적응해야만 했으며, 국가의 발전 전략에 대한 협조가 당시 기업들이 현재의 재벌로 성장할 수 있었던 유일하지는 않을지라도 핵심적인 메커니즘으로 파악된다(Kim,

---

4 여기서 '강한 국가(strong state)'라 함은, '자율적(autonomous)'인 동시에 '능력이 있다(capable)'는 두 가지 개념이 결합된 것으로, 이는 결국 "사회의 지배적 집단들로부터의 반대를 무릅쓰고 자율적으로 스스로 세운 과업과 목표를 성취할 수 있는 국가"라고 정의된다(Weiss, 2002[1998], p.61).

1988).

그러나 한국의 경제발전에서 국가의 역할과 공헌을 부각시키는 논의는 몇 가지 한계를 노정한다. 첫 번째로 시장에 개입할 수 있을 정도로 강한 국가가 이 시기에만 가능했던 이유를 설명하지 못한다. 동일한 기준에서 약한 국가로 분류되는 이승만 정권과 장면 정권과의 비교에서 보면(류석춘, 2006), 왜 박정희 정권만이 유독 시장과 기업들을 통제할 정도로 강한 행정적 지도력을 갖출 수 있었는지는 여전히 공백으로 남는다. 이는 단순히 박정희 개인의 리더십이나 유교의 강한 국가 전통만으로 설명할 수 없는 부분이다. 두 번째로 이 시각은 국가 외부에 있는 시장이나 시민사회와 같은 영역의 공헌을 상대적으로 저평가 내지 무시하는 한계를 갖는다.

이러한 한계는 거시적인 발전 전략의 성공을 위해서는 비단 강한 국가뿐만 아니라 강한 사회의 존재 여부가 핵심적이라는 문제의식과 연결된다. 이러한 맥락에서 많은 연구들은 강한 사회, 특히 강하고 역량 있는 시장 행위자인 기업집단의 역할에 주목해왔다. 이들은 과거 한국의 기업들이 단순히 국가에 의해 동원되는 수동적인 존재가 아니라, 국가의 경제발전 프로그램에 적극적으로 반응하고, 나아가서 그러한 프로그램이 사회 내로 잘 침투하여 보다 효율적이고 보다 효과적으로 작동할 수 있도록 적극적인 역할을 수행해 온 주체로 상정한다(류석춘·왕혜숙, 2008). 그리고 이를 가능케 했던 한국의 기업들의 독자적이고 자율적인 동원과 협력 메커니즘을 어떻게 파악하는가에 따라 두 가지 학문적 입장으로 나눌 수 있다. 하나는 재벌이라는 독특한 조직구조가 갖는 효율성에 주목하는 제도주의 학파이며, 다른 하나는 기업인들이 내면화하고 있던 가치와 규범에 주목하는 사회자본 이론이다.

한국의 대규모 기업집단, 즉 재벌은 국내는 물론 국제적으로 상당히 논쟁적인 연구 대상이다. 그러나 재벌에 대한 접근 방식과 관점은 다분히 제한적이었는데, 예컨대 재벌이라는 기업집단의 지배구조와 발전 전략, 친족 중심 경영 체제의 효과 등과 같은 내부적 관점(공병호, 1993; 조동성 외, 2003; 장세진, 2003; 김은미·장덕진·Granovetter, 2005; 핫토리, 2007) 혹은 국가 및 금융 자본과의 발전연합 구도라는 제도적 환경에 주목하는 외부적 관점(Amsden, 1989; Wade, 1990; Kim, 1988; 조희연, 1998; 이병천, 2003; Shin & Chang, 2003)들이 지배적이었다. 이들 연구는 모두 재벌이라는 독특한 기업구조가 가지는 경제적 효과 그리고 그러한 효과가 나타날 수 있었던 제도적 환경들을 주요 연구 대상으로 다루어 왔다.

전자의 관점에서 기업을 하나의 적극적인 시장 행위자로 상정하는 연구들은 기업을 불완전한 시장조건에서 이익 극대화(거래비용 최소화)를 추구하는 위계적 조직으로 인식한다(Williamson, 1988). 이는 신고전경제학에서 상정하는 '효용 극대화를 목표로 하는 개인 행위자'를 기업조직이라는 '집합적 행위자'로 대체한 것이라 할 수 있다. 이러한 관점에서 재벌의 산업구조나 지배구조corporate governance는 발전국가가 조성한 시장환경에 대한 합리적 대응의 결과로 해석되며(류석춘, 1997; 조동성 외, 2003; Shin and Chang, 2003; Chang, 2006), 이러한 기업구조와 자본 동원 메커니즘은 한국의 급속한 산업화를 가능하게 한 핵심요소라고 주장된다.[5]

이러한 제도주의적 설명은 특히 한국의 경제발전 과정에서 재벌이라는 기업조직이 지녔던 제도적 이점들이 최대의 효과를 낳을 수 있었던 이유를 설명해준다. 즉, 정부는 전략적인 산업정책을 구성하고, 은행들로 하여금 전략 산업에 대출해 주도록 지도하였다. 그리고 재벌은 계열사 간 상호 결합된 주식 보유, 대출 보증, 여타의 상호 보조를 통해 계열사들의 신용을 더욱 확대하였다. 이러한 '국가-은행-재벌' 연계는 규모의 경제가 중요하고 거대 규모의 자본 동원이 필요했던 중화학공업 분야에서 특히 높은 효율성을 발휘하였다(Shin & Chang, 2003).

그러나 이들의 설명은, 재벌이라는 기업구조가 한국의 발전모델에만 적용되는 독특한 요소가 아니며, 비록 그 규모와 경제 지배력은 나라마다 다를지라도 유사한 형태의 기업집단이 개발도상국은 물론 선진 경제체제에서 일반적으로 나타나는 산업구조상 특징이라는 사실을 간과한다(Coase, 1937; Williamson, 1975; 1988; Granovetter, 1985; Chandler, 1990). 이러한 문제는 한국의 전

---

5 이들 관점에서 한국의 재벌이라는 기업집단은 위계라는 비시장적인 메커니즘을 통해 서로 거래하며, 중앙 집중적으로 조율되는 계열사 간 다각화를 주요 특징으로 한다. 이러한 기업형태가 가지는 장점은 크게 세 가지로 요약되는데, 첫째 기업집단은 종합은행의 기능과 마찬가지로 자본을 증대시키는 메커니즘의 기능을 한다. 두 번째로 기업집단 구조는 계열사들의 소형자본시장으로서 기능한다. 세 번째로 그룹 차원에서 중앙 집중화된 의사결정은 사업을 위한 자원들을 절약하게 해준다(유홍준 · 정태인, 2001).

례 없는 경제발전이라는 결과물을 단순히 재벌이라는 기업지배 구조가 가졌던 제도적 이점으로만 환원하여 설명할 수 없다는 한계를 암시한다.

더불어 이들 연구는 한국의 재벌과 같이 개발도상국의 산업화 과정에서 해외시장을 개척하며 수출 주도 산업화를 실행에 옮기는 진취적인forward-looking 성격을 가진 산업 계급 또는 기업가 집단의 존재가 중요한 역할을 함을 주장한다. 물론 이러한 성격의 산업 자본가 계급의 존재는 물론 중요하다. 그러나 모든 개발도상국의 자본가 계급이 반드시 진취적이고 민족주의적인 지향을 보인다고 단정하는 것은 민족주의 이데올로기에 불과하다(Chibber, 2004). 합리적이고 진취적인 자본가 계급이 오히려 수입 대체 산업화를 선호하며 근대국가의 산업 발전에 핵심적인 저항 세력으로 기능했던 인도의 사례는 물론, 1950년대 수입 대체 산업화에 주력하였던 한국 기업들의 존재가 이를 역설한다(Chibber, 2003).

이러한 비판들은 비단 진취적이고 합리적인 자본가 계급과 기업집단의 존재 여부뿐만 아니라, 이들이 어떠한 지향과 동기를 가지고 있는가가 경제발전의 결과를 말해주는 핵심적 요소임을 환기시킨다. 그렇다면, 한국의 경제발전 과정에서 재벌들의 동기는 무엇이었을까? 그들은 무엇 때문에 발전국가의 산업정책에 적극적으로 협조하였던 것일까? 즉, 한국의 경제성장을 가능케 했던 한국 사회의 독자적이고 자율적인 동원과 협력 메커니즘은 과연 어떤 동기에 기초한 것인가? 이러한 질문에 대해 사회자본의 관점에서 대답을 찾는 시도들에 주목할 필요가 있다.

과거 발전국가와 재벌의 관계를 정치자금과 특혜로 유착된 시장적 교환의 관계로 파악하는 발전국가론과 제도주의 경제학과 달리, 사회자본 이론의 연구들은 발전국가와 재벌의 관계는 '일반화된 호혜성generalized reciprocity'을 핵심으로 하는 사회자본이 매개하는 관계였다고 주장한다(Lew, 2013, pp.102-103).[6] 이 입장에서 볼 때, 당시 국가와 재벌들은 국가 공동체의 이익 극대화라는 규범적 목표와 상호 신뢰를 공유하고 있었으며, 그렇기에 재벌들은 이 목표를 향해 기업이나 개인의 이익을 희생하고, 손해를 감수하면서도 국가의 산업정책에 참여했다는 것이다(류석춘·왕혜숙, 2008, p.149). 즉, 사회자본 연구들은 국가와 기업들 사이의 공유된 일반화된 호혜성이라는 사회자본이 국익 그리고 공동체의 발전이라는 목표를 위한 상호협력을 가능하게 했음을 주장하고 있다(Woolcock, 2002[1998]).

그러나 이러한 연구는 재벌은 물론 국가를 포함하는 당시의 주요 시장 행위자들이 국가 발전 그리고 공동체 발전을 위한 헌신이라는 도덕적 동기를 자연스럽게 내면화하고 있었다는 전제를 가지고 있다. 그러나 이는 지나치게 사후적이고 과잉사회화된 가

---

6 도덕적인 교환의 동기를 기준으로 호혜성은 세 가지 종류로 나누어진다(Sahlins, 1972). 첫째는 불완전한 시장에서 나타나는 기회주의적 행동과 같이 자신만이 이익 극대화를 목표로 하는 '부정적 호혜성(negative reciprocity)'이다. 둘째는 교환에 참여자는 당사자 모두 즉 상대방과 자신의 이익을 동시에 고려하는 '균형잡힌 호혜성(balanced reciprocity)'이다. 그리고 셋째는 교환의 대상이 되는 상대방을 비롯하여 일반화된 타인의 이익을 우선적으로 고려하는 '일반화된 호혜성(generalized reciprocity)'이다.

정이다(Granovetter, 1985). 이러한 관점은, 공동체를 위한 헌신이라는 규범과 가치의 공유 없이 단순한 시장적 교환관계였던 이승만 정권과 기업가들의 관계가(류석춘, 2006), 박정희 시기에 들어왜 갑자기 일반화된 호혜성을 공유하는 관계로 돌변했는가를 설명하지 못한다. 더불어 이 관점은 국가와 재벌의 관계가 국익이라는 공동의 목표를 내면화한 협동적인 관계였음을 부각시킴으로써, 사실상 이들이 현안에 따라 갈등적인 긴장 관계를 유지하기도 했다는 역사적 사실을 보지 못하게 한다. 이러한 한계를 극복하기 위해서는 과거 한국의 경제발전 이면에 존재하는 발전국가와 기업들의 협동뿐만 아니라 갈등의 변증법적 관계를 입체적으로 조명하기 위한 대안적인 시각이 필요하다.

대안적 시각
: 도덕 경제와 인정 투쟁

본 연구는 일반화된 호혜성의 관점에서 한국의 발전국가와 재벌의 관계에 대한 재해석을 시도한 사회자본 논의를 따르고자 한다. 즉, 본 연구는 이들의 관계를 각자의 이익 극대화를 목적으로 하는 시장적 거래 관계가 아닌, 국가 또는 사회라는 공동체의 이익 극대화라는 목표를 공유했던 상호 협력 관계로 파악하고자 한다. 그러나 본 연구는 앞서 지적한 사회자본 논의의 선험적 가정, 즉 이들의 상호 협력이 일반화된 호혜성이라는 규범을 자연스럽게 내면화하고 있었기에 가능했다는 가정에는 반대한다. 오히려 이러한 가치와 규범의 내면화는 도덕적 갈등을 통해 서로에게 강 요된enforceable 결과 생성된 것이라 주장하고자 한다. 즉, 국가는 재벌로 하여금 단순히 개별 기업의 이익을 위해 활동하는 경제적 행위자가 아닌 사회 전체의 이익을 위해 활동하는 사회적 행위자로 만들기 위해 여러 도덕적 장치들을 고안, 이용하였다. 동시에 재벌들 역시 국가와 한국 사회를 향해 자신들이 경제적, 정치적 이익만을 좇는 존재가 아닌 국익을 위해 봉사하는 존재로서의 도덕적 지위를 인정받고자 끊임없이 투쟁하였다.

이렇듯 발전국가와 재벌 집단 사이의 갈등의 차원에 주목해보는 시도는 두 가지 함의를 가진다. 첫째로, 양자 사이에 갈등이 존재했다는 것은 재벌이 국가의 산업정책에 대해서 저항하거나 강하게 수정을 요구할 수 있는 존재였음을, 즉 재벌이 단순이 강력한 발전국가에 의해 동원되고 강제된 종이호랑이가 아니라 때로는 국가에 저항하기도 하고 또는 국가로 하여금 특정한 정책을 수행하도록 압력을 행사하는 능동적인 역할을 담지했다는 점을 보여줄 수 있는 근거가 될 것이다. 이는 기존의 한국의 발전국가에 대한 설명을 지배했던 강한 국가 테제를 반박하는 의미를 갖는다.

발전국가와 재벌의 갈등이 갖는 두 번째 함의는 사회 갈등의 도덕적 문법을 규명해줄 수 있다는 점이다. 호네트는 사회적 갈등과 저항이 단순히 경제적 이해뿐만 아니라 상호인정의 내재된

규칙들이 훼손될 때 발생한다는 사실에 기반하여, '인정 투쟁' 개념을 통해 사회적 갈등의 도덕적 차원에 주목하고자 하였다(호네트, 2011, pp.296-298). 여기서 '인정 투쟁'은 '표현, 해석, 의사소통의 사회적 양식에 뿌리 내린 문화적 부정의cultural injustices'를 바로잡는 것으로, 이때 문화적 부정의에는 문화적 지배cultural dominance, 불인정non recognition, 그리고 경멸이 포함된다(Fraser, 1997).

특정 개인이 자신이 속한 사회에서 자신의 정체성을 인정받고자 한다는 점에서 인정의 정치는 '정체성의 정치'이기도 하다(Taylor, 1994). 내가 누구이며 누구일 수 있는지에 내용을 부여하는 것은 타자와 맺는 상호주관적intersubjectivity 관계에 의존한다. 결국 정체성이란 인정의 문제를 핵심으로 삼는 것이고 정체성은 인정 투쟁의 과정에서 획득되기 때문이다(Honneth, 1996, pp.126-127; Markell, 2008). 여기서 인정 투쟁은 비천하게 여겨진 집단의 손상된 정체성과 문화적 산물들에 문화적 또는 상징적 변경을 가하여 상향적으로 재평가될 수 있도록 하거나, 문화적 다양성에 긍정적 의미를 부여하는 것을 목표로 한다(Frazer, 1997).

인정 투쟁 개념에 내재된 도덕적 갈등은 세 가지 함의를 갖는다. 첫 번째로 앞서 설명했듯이, 사회갈등이 반드시 물질적, 경제적 이익과 관련되어 발생하는 것이 아니라는 점을 의미한다. 두 번째로 사회갈등이 물질적, 경제적 이익과 관련되는 경우조차도 행위자들은 자신들의 주장을 정당화하기 위해 도덕적 담론을 동원하여 규범적 외피를 필요로 한다는 점이다.[7] 마지막으로, 인정 투쟁의 과정 자체가 주체를 도덕적으로 변화시키는 과정이라는 점이다(왕혜숙, 2013). 이는 인정에 대한 요구와 동기가 당장의 투쟁을 추동시키지만, 투쟁 과정 자체가 역으로 행위자들의 동기와 정체성 자체를 변화시킬 수 있기 때문이다(호네트, 2011, p.308).

본 연구는 이러한 세 가지 함의를 아산 정주영과 박정희의 사례에 적용하여 해석을 시도할 것이다. 구체적으로, 본 연구는 아산과 발전국가가 어떤 갈등을 나타냈는지 그 사례들 찾아볼 것이다. 그리고 이 갈등이 물질적인 이익 때문에 발생한 것이 아닌 아산이 가지고 있던 기업인으로서의 자기 정체성과 지위를 사회와 국가로부터 인정받고자 했던 도덕적 동기에서 발생하였음을 밝힐 것이다. 두 번째로, 아산이 자신이 주장하는 정체성을 인정받기 위해 어떠한 전략적 담론을 활용하고 있는지를 그 핵심코드를 추출하여 분석해볼 것이다. 세 번째로 이러한 도덕적 차원의 인정 투쟁의 결과 박정희와 정주영 상호 간에 일반화된 호혜성의 규범이 형성, 내면화되었음을 보여주는 증거들을 찾아보고자 한다. 이를 통해 이들이 서로에게 어떠한 방식으로 도덕적 지위를 인정했는지를 살펴보고, 또 그러한 신뢰에 기반한 상호인정 관계의 결과, 정주영이 자신과 기업 이익을 초월하여 국가와 공동체 전체의 이익과 공공선을 위해 이루어진 사업의 사례들을 찾아볼 것이다.

---

7 두 번째 함의에 대한 연구 사례로는 왕혜숙(2013), 왕혜숙·김준수(2015) 등을 참고할 것.

앞서 설명한 바에 따라, 발전국가와 기업의 관계에서 목도되는 도덕경제와 인정 투쟁을 살펴보기 위해, 우선 3장에서는 정주영의 자서전을 중심으로 그가 발전국가에 대해 가졌던 불신과 갈등의 차원을 규명해보고, 이러한 불신이 박정희 정권이 기업인들에게 일방적으로 부여했던 부정적인 정체성(정경유착, 부정 축재)에 의해 그가 가지고 있던 도덕적으로 우월한 기업인의 정체성이 훼손됨으로써 발생하였음을 밝힐 것이다. 4장에서는 정주영이 발전국가와의 현실적 갈등들의 원인과 성격을 어떻게 파악하고 있는지를 살펴보고, 이를 기업인의 긍정적인 정체성(선비, 애국애족)을 형성하고자 했던 인정 투쟁으로 해석해 볼 것이다. 더불어 발전국가가 어떠한 방식으로 재벌집단 및 기업들에게 일반화된 호혜성이라는 규범을 내면화시키면서 이들을 도덕적 경제 행위자로 전환시키고자 노력했는지 살펴볼 것이다. 특히 이러한 노력 가운데, 발전국가가 어떻게 민족주의적 아젠다를 설정하고, 이들을 기업인이 아닌 도덕적 행위자로 자리매김함으로써 정체성을 갱신시켜주는 도덕적 장치들, 구체적으로 "전시적 의례display rituals"를 활용하였는지를 살펴볼 것이다. 그리고 이러한 전시의례와 지위인정의 과정에서 아산이 다른 기업인들과는 차별화되는 어떠한 도덕적 지위와 정체성을 새로이 획득하고 있는지를 살펴볼 것이다.

3. 정주영의 도덕적 정체성과 지위인식

정치에 대한 불신과 혐오

발전국가와 재벌이 처음부터 신뢰와 협동의 규범을 상호 내면화한 관계로 시작하지 않았다는 점은, 아산 정주영의 증언에서 가장 극명하게 드러난다. 특히 아산은 발전국가 시기를 포함하여 모든 정치인, 관료들에 대한 지독한 불신을 여러 차례 피력한 바 있다. 그의 굴곡진 생애사의 경험들에서 그가 처음으로 정치인에 대한 불신을 가지게 된 것은 6·25 전쟁 당시 부산 피난에서 시작된다. 그는 한 대위의 비인간적인 면모를 목도한 이후 군인에 대한 불신을,[8] 그리고 전쟁 소식을 듣기 위해 들른 민주당 사무실에서 한여름 "웃통을 벗고 앉아 맥주를 마시며 바둑을 두고 있었던" 정치인들에 대한 환멸을 갖기 시작한다(정주영, 1991, p.77; 1998, pp.59-60).[9]

이렇게 시작된 그의 정치에 대한 불신은 생애 궤적에 따라 더욱 강화되는 경로를 걷는다. 특히 전두환 정권에서 자신이 순수

8　"목포에 배를 대었을 때인데 대위가 멸치를 말리고 있던 어부한테 거두절미하고 다짜고짜 그 멸치를 배에 실으라고 명령했다. 순박한 어부가 전부는 안 되고 반만 가져가라고 통사정을 하는데도, 대위 녀석은 인정사정 없이 어부를 두들겨 패고 기어이 그 멸치를 다 뺏어 실었다(정주영, 1998, p.59)."

9　당시 정주영은 동생과 함께 민심 동요를 막기 위해 해안선 도시와 섬들을 돌아다니며 연설을 하던 터였다(정주영, 1998, pp.59-60). "우리 같은 아무것도 아닌 사람도 나라에 작은 애국이라도 한답시고 일선 부대로 신문 배달도 하고, 뱃멀미에 토해가면서 섬마다 돌아다니며 목청을 돋구기도 하는데, 전쟁 중에 맥주 마시며 바둑 두고 있는 그 정치가들에게서 나는 최초의 환멸을 느꼈다."

한 의도로 관여하였던 일해재단이 "전두환 대통령의 야심에 의해 변형, 변질(정주영, 1998. p.311)"되었던 경험이나, 이로 인해 5공 청문회에 증인으로 출석해야만 했던 기억들, 강제적인 기업 통폐합의 과정들은 그의 정치에 대한 불신을 강화시키는 계기가 된다. 아래에 인용된 정주영의 언급은 그의 정치와 정치인 집단 일반에 대해 가지고 있던 불신을 여실히 보여준다.

> 기업을 하면서 수많은 정치 지도자, 정치인들을 만났지만 마음으로 존경할 만한 정치인다운 정치인을 만났던 기억이 별로 없다. (…) 내가 지금까지 보아온 우리나라의 지나간 권력들은 무분별, 무경우, 무경험이 대부분이었다.[10]

물론 그의 정치에 대한 불신은 정치인들의 무능력과 정권의 부정부패뿐만 아니라, 민간 기업에 대한 정부의 지나친 간섭 때문이기도 하다. 이는 그가 지속적으로 관(官) 주도 경제의 폐해를 비판하고, 민간 주도 경제를 강력하게 주장해 온 배경이기도 하다(정주영, 1998, pp.378-379). 이렇게 볼 때 아산의 정치에 대한 불신은 기업인들의 자율성을 침해하고 자유로운 이윤 추구 활동을 저해하며 민간 기업(시장)의 역할을 축소시킨 정부 정책에 대한 경제적 차원의 불만으로 해석될 수도 있다. 그러나 아래 인용문들

---

10 정주영, 1998, pp.422-423.

은 그의 정치에 대한 불신의 근본적인 원인이 무엇인가를 명시적으로 보여준다. 특히 이는 개인 정주영이 아닌 기업가 정주영의 정치에 대한 불신의 근원이 어디서 배태되었는지를 가늠할 수 있는 대목이다.

> 떳떳할 수 없었던 정권의 필요에 의한 속죄양으로 너무 여러 번 기업을 단죄 받게 했던 것이 우리나라 국민들의 기업에 대한 편견의 주범 (…) 큰 기업은 덮어놓고 부정 축재와 정경유착의 본산지라는 부정적인 편견도 잘못된 정치가 만들어 놓은 것.[11]

> 기업이라면 무조건 도매금으로 영리 추구만을 목적으로 한 경제 집단 혹은 경제 동물로만 인식시킨 것은 역대 정부였다. 정권이 바뀔 때마다 약방의 감초처럼 빼놓지 않고 했던 것이 부정 축재와 탈세의 죄목으로 기업인들을 모조리 잡아들이는 것이었다. 정치 변란이 일어날 때마다 새 정권은 서민 위안용으로 혹은 정권 스스로의 약점을 은폐하기 위해서 애꿎은 기업인들에게 부정 축재와 탈세의 죄목을 씌웠다. 주먹만한 활자로 신문을 채우게 하고 텔레비전을 동원해서 줄줄이 끌려 들어가는 모습을 보여주면서 국민 시각을 오도한 탓으로 우리 기업은 계산할 수 없는 막대한 손실을 입었다고 생각한다.[12]

---

11 정주영, 1998, p.365.

12 정주영, 1998, pp.372–373.

여기서 그는 한국 사회에 팽배한 기업에 대한 부정적인 편견이 잘못된 정치가 만들어낸 것이라고 규정한다. 즉, 그의 정치에 대한 불신은 단순히 정치와 관련된 부정부패 때문도, 정부의 과도한 시장개입 때문도 아니다. 정치변혁이 있을 때마다 "인민재판 제1호처럼(정주영, 1991, p.258, 366)" 기업들을 탈세 혐의와 부정부패 명목으로 조사했던 정권들이 반기업적 정서를 의도적으로 만들어낸 주범이라고 판단하고 있기 때문이다. 이러한 맥락에서 볼 때, 특히 박정희 정권은 정주영에게 있어서 가장 큰 불만의 대상이라고 볼 수도 있다. 박정희는 역사상 처음으로 반기업적 정서를 정책 담론으로 구체화한 정치인이라 할 수 있기 때문이다.

장면 정부에 이어 등장한 박정희 정권은 농촌 인구로부터 정치적 지지를 얻기 위해, 공개적으로 강한 반기업적, "반도시적 어조anti-urban tone"를 천명하였다(Davis, 2004, p.81). 그는 당시 심각했던 농촌의 문제들, 예를 들며 만성적인 농가부채와 농업 부문의 비효율성 등이 탐욕스러운 자본가들의 방탕하고 무절제한 소비 때문이며, 거대 은행가와 고리대금업자들이 농촌의 굶주림을 통해 부를 축적하고 있다는 당시 농부들의 인식을 공유했다.[13] 즉, 박정희는 여느 농민과 마찬가지로, 농산품 가격에 대한 투기를 통해 이득을 보던 자본가와 고리대금 계급usurious classes과 귀한 외

---

13 이는 단순히 정치적 수사일 수도 있으나, 그가 한반도 최초의 농촌 중간계급 출신 정치 지도자였기 때문이기도 하다(Davis, 2004, p.86).

환을 소비와 사치성 수입에 탕진했던 도시 기반 수입대체 산업가들에 대한 신랄한 증오를 갖고 있었다(Davis, 2004, p.98).

특히 박정희는 이승만 정권 시절에 대규모 자본을 통제했던 은행가들과 기업가들을 신뢰하지 않았다. 그가 보기에 거대 기업가들과 고리대금업자들은 엄청난 현금을 보유하고 이를 통해 가격변동차를 이용해 돈을 버는 사람들이었다. 부정 축재자들의 체포와 그들의 자산 몰수는 이를 잘 보여주는 정치적 사건이다. 특권층인 거대한 투기 자본가들에 대한 박정희의 반감은 그 외의 여러 정책들, 예를 들면 금융산업에 대한 정부의 직접적인 통제를 강화하고(은행 국유화) 해외무역과 수출에 있어서 참여 조건을 강화하는 등의 대기업들의 규모 확장을 막기 위한 수단들을 사용하였다.[14]

이렇듯 기업인들을 모두 부정 축재자로 규정하고, 또 그것으로부터 정권의 정당성과 정부의 시장통제에 대한 정당화를 추구했던 박정희 정권이 정주영에게 달가울 리 없었다. 그 역시 "4·19로 새 정부가 들어서자 부정 축재다, 정경유착" 등의 이유로 곤욕을 치러야 했기 때문이다(정주영, 1991, p.99). 정주영은 당시 기업인 등급으로 건설업자에 불과해 연행될 정도는 아니었지만, 정부 공사를 많이 수주했다는 이유로 권력형 부정 축재자 명단에

---

14 이러한 설명은 현재 비판받는 대기업의 문어발식 확장 경향이 발전국가 시기에 형성된 특성이라는 주장과 전면 배치된다. 실제 대기업들이 확장 시작한 것은 1980년대부터라 할 수 있으며, 오히려 이 시기 대기업들의 사업 확장은 철저히 통제되었다(Chang, 2006).

올라 세무조사를 받았다(정주영, 1991, p.263).[15] 결국 그에게 있어서 박정희 시기는 '부정 축재자', '정경유착' 등 한국 사회가 기업인들에 대해 가지고 있는 부정적 정체성이 본격화된 시기였다.

정주영의 기업인 정체성
: 기업하는 선비

이렇듯 박정희 정권이 정치적 이유로 인해 한껏 고조시킨 반기업적 정서와 부정적인 기업인 이미지는 아산이 평소 가지고 있던 자신의 정체성과 지위의식과 전면적으로 배치되는 것이었다. 정주영은 자신을 포함한 기업인들을 이윤을 좇는 장사꾼이 아니라 도덕적으로 우월한 정체성과 지위를 가진 존재로 인식하고 있었다. 아래 인용문들은 그가 기업인으로서 가지고 있던 정체성을 여실히 보여준다. 여기서 아산은 스스로를 상업에 종사하는 사람이라기보다는 "사士", 즉 국가의 발전을 위해 나라의 살림을 맡고 있는 선비로 규정짓고 있다.[16]

---

15 "정주영의 현대건설 60년 영욕 14: '군인들이 공사판 용어를 알겠어?'" 미주중앙일보, 2008. 7. 31. (http://m.koreadaily.com/news/read.asp?art_id=663323&referer=).

16 실제 정주영은 마을 서당 훈장님이던 조부로부터 3년의 서당교육을 받는다(정주영, 1991, p.19; 1998, p.15). 이 기간 그는 소학, 대학, 자치통감, 오언시, 칠언시 등을 익혔으며, 여섯 살부터 아홉 살까지 계속된 유교 교육은 일생을 살아가는 데 있어서 자신의 지식의 큰 부분이 되었다고 진술한다(정주영, 1991, p.22; 1998, pp.23~24). 물론 그의 자서전에서는 상(商)을 천시하는 유교 문화에 대해서 비판적 입장을 보이기도 하며, 스스로를 때로는 노동자, 농부로 묘사하는 등 사농공상(士農工商)의 모든 정체성이 혼재되어 나타난다.

우리의 기업은 선비들이 일으키고 이루어낸 것이다. (…) 우리 기업인들의 경쟁은 미국 기업의 그것과는 비교도 할 수 없게 선비적이었다.[17]

기업이란 국가 살림에 쓰이는 세금의 창출에 큰 몫으로 기여하면서, 보다 발전된 국가의 미래와 보다 풍요로운 국민생활을 보람으로 알고 일하는 집합체이지, 어느 개인의 부를 증식시키기 위해 혹은 폼 내기 위해 있는 것이 아니다.[18]

국가의 이익보다 기업 이익을 우선시한다거나 정신적 가치보다 물질적인 만족이 우선인 사고방식으로 기업을 운영하는 사람은 절대로 대성할 수 없다.[19]

우리 현대는 장사꾼 모임이 아니다.[20]

경영자는 국가와 사회로부터 기업을 수탁해서 관리하는 청지기일 뿐이다. 큰 기업을 운영하면서 애국애족하지 않는 기업가는 없다.[21]

17 정주영, 1998, pp.375-376.

18 정주영, 1998, p.364.

19 정주영, 1998, p.365.

20 정주영, 1998, p.393.

21 정주영, 1998, p.371.

돈만을 목적으로 하는 고리 대금이라든지, 은행 이자만을 받아서 재산을 불린다든지 하는 것은 진정한 자본주의가 아니다. 그것은 악성 자본주의이다.[22]

흥미로운 것은, 그가 모든 기업인들이 자신처럼 공동체를 위해 헌신한다고 주장하는 것은 아니라는 점이다. 오히려 그는 자신과 같은 애국애족을 하는 선비 기업인과 그렇지 않은 기업인들을 의도적으로 구분하고 있다. 즉, 스스로를 도덕적으로 '정화'하기 위해, 상대적으로 다른 기업인들을 '오염'시키는 전략을 활용하고 있다(Alexander and Smith, 1993). 이는 그의 진술들에 전제되어 있는 기업인의 정체성을 둘러싼 '성과 속'의 지배적 이항코드를 분류한 그림 1에서 극명히 드러난다.

그림 1 정주영의 자서전에 나타난 기업인을 둘러싼 이항 코드

성(聖)		속(俗)
선비 애국애족/청지기 자력으로 성장 진정한 자본주의	vs.	장사꾼 개인 부 증식/경제동물 정권과 결탁하여 성장 악성 자본주의

---

22 정주영, 1998, p.400.

정주영은 이러한 성과 속의 이항코드를 활용하여 기업인들을 분류하고, 이를 기반으로 자신을 다른 기업인들과 차별화하는 전략을 사용한다. 즉 "성"의 영역에 속하는 기업인들은 "애국애족을 위해 나라의 살림을 사리사욕 없이 관리하는 청지기이며, 이러한 기업인들로 구성된 자본주의야말로 진정한 자본주의"이다. 반면, "속"스러운 기업인들은 "사적인 이익만을 추구하는 장사꾼으로, 정권과 결탁하여 성장하며, 이자를 받아 재산을 불리는 악성 자본주의"를 만들어낸다. 아산의 표현을 빌면, "남의 산업을 훔치거나 모방해서 치부한 기업인", "매점매석으로 부를 축적한 이", "신용, 정직, 성실로 기업 발전을 도모하지 않고 선전과 호도로 위장, 치부하려 했던 기업인", "기업 활동 대신 고도 성장 과정에서 나타나는 인플레를 악용, 투기와 특권, 합병과 편법, 사채놀이로 부를 이룬 졸부"(정주영, 1991, p.275)가 바로 그와 대척점에 서 있는 속의 기업인들의 전형적인 사례이다. 이러한 이항 대립에 의해 자신과 다른 기업인들을 차별화하는 전략은 아래의 언급에서 극명하게 나타난다. 여기서 그는 정권의 도움 없이 자력으로 정직한 방법에 의해 성장한 자신과 같은 성스러운 기업인과 속스러운 기업인의 대표적 인물로 김우중을 극명히 대비시키고 있다.

김우중 회장과 나는 산업을 발전시켜온 기본 정신과 그 과정이 완전히 다릅니다. (…) 나는 이날까지 어느 공장이고 땅을 마련하는 데서부터 시작해 말뚝을 박고 길을 닦아서 그 위에 내 손으로 내가 지어서 시작하지 않은 공장이 없었고, 또 이날까지 불경기로 어렵다거나 누가 돈을 많이 준다거나 해서 중간에 팔아넘긴 것도 단 하나가 없을 뿐 아니라, 이날까지 실패한 공장도 없는 사람이오. 김 회장은 지금 이 자리에 같이 있지만 어느 것 하나도 나처럼 지은 공장이 없소. 서울역 앞 본사 건물 대우 빌딩 하나가 있는데 그것도 정부 것을 수의계약으로 사서 만든 것이고, 이 사람은 수단이 좋아 인수 기업들도 전부 경쟁 입찰이 아닌 수의계약으로 차지한 것인데, 이제 시국이 변하니까 권력을 업고 또 뭘 어째 보려는가 본데 나는 그런 방식을 증오하오.[23]

그러나 문제는 그 스스로가 가지고 있던 다른 기업인들과 차별화되는 정체성과 달리, 한국 사회에서 "성"스러운 기업인들마저 "속"스러운 기업인들과 같은 취급을 당하고 있다는 것이었다. 그리고 바로 이러한 원인이 정치에 있는 것으로 규정한다. 결국 그가 보여준 정치와 정치인에 대한 불신은 비단 정권의 특정 정책 방향이나 효율성의 문제에 대한 것이 아니다. 오히려 전술한 그의 개인사적 배경에서 도출된 정치에 대한 뿌리 깊은 불신과 뒤엉켜, 그는 자신을 포함한 건실한 기업인들이 한국 사회로부터 제대로 된 지위 인정을 받지 못하고 있는 근본적인 책임을 정치

---

23 정주영, 1991, pp.187–188.

에 묻고 있는 셈이다.

나아가 아산은 자신과 같은 성스러운 기업인들의 지위를 속스러운 기업인들은 물론 "무분별, 무경우, 무경험이 대부분"인 정치인들보다도 우월한 지위에 놓고 있었다. 아래 언급들은, 정권 또는 국가 주도의 경제발전은 한계가 있으며, 기업인을 포함한 시장의 협력 없이는 불가능할 뿐만 아니라 기업인들의 기여가 필요조건임을 강조하고 있다. 앞서 아산이 관(官) 주도 경제의 문제점을 비판해왔던 맥락에서 볼 때, 이러한 언급들은 정부에게 시장 주도권을 뺏기지 않고 시장 자율성을 지키려는 기업인의 경제적 투쟁으로 해석될 수도 있다. 동시에 이는 기업인이 도덕적인 차원에서도 우월할 뿐만 아니라, 경제운용과 관련된 현실적 역량에 있어서도 정치인을 능가함을 주장하는 것이다.

경제인의 협력 없는 나라발전은 있을 수 없다.[24]

정권으로 국민을 먹여 살릴 수는 없다. 정권이 산업을 운영하는 나라는 공산주의 국가밖에는 없다.[25]

기업은 기업인의 창의에 의해 성장하는 것이지 권력에 의해 성장하

---

24 정주영, 1998, p.330.

25 정주영, 1998, p.373.

는 것이 아니다.[26]

정리해 보면, 아산이 주장하고 있는 자신을 포함한 이상적인 기업인의 정체성은 "기업하는 선비"로 집약될 수 있을 것이다. 즉, 전통적인 신분의식과 규범에 기반하여 근대적인 경제활동을 주도하는 인물이라 할 수 있다. 흥미로운 것은, 그의 정체성 인식이 기어츠가 근대적 경제의 조직화 초기 단계에서 목도한 전통적인 지배계층의 역할과 자기 정체성과 상당히 유사한 성격을 보인다는 점이다. 기어츠는 인도네시아의 한 지역의 경제발전을 이끌고 있는 집단이 새로운 질서에 의해 대체되고 위협받던 소수의 전통적 지배계층이라는 점에 주목한다(Geertz, 1963, p.120). 근대 국민국가의 성립과 함께 통합된 중앙정부가 등장하면서 자신들이 전통적으로 지역정치에서 누리던 특권이 사라지자, 이들은 자신들의 약화된 정치적 영향력을 회복하기 위한 하나의 수단으로 기업을 조직한다. 그리고 기업활동을 통해 기업주로서 지역민을 고용하고, 복지를 제공함으로써 그들이 전통적으로 수행해오던 후원자patron 역할을 복원 또는 유지해가고 있다는 사실을 발견한다(Geertz, 1963, p.113). 이들에게 있어서 기업이란, 변화된 환경에서 자신들의 기존의 역할과 전통적인 주도권을 유지, 정당화하

---

26 정주영, 1998, p.370.

는 새로운 방식이었던 셈이다(Geertz, 1963, p.112).[27] 이는 경제활동이 단순히 경제적인 이윤 동기 외에도 정치적, 규범적, 도덕적 동기에 의해 추동될 수 있음을 보여준다.

아산이 그의 자선전에서 보여주는 정체성 역시 이들과 상당히 유사한 인식을 보여준다.[28] 그 역시 기업인을 유교 전통의 지배계층인 선비와 동일시하면서, 전통적인 정체성과 근대적인 기업활동을 결합시키고 있다. 또한 인도네시아의 전통적 지배계급들이 근대국민국가에 의해 훼손된 정치적 영향력을 경제활동을 통해 복원하려 하였던 것처럼, 그 역시 발전국가에 의해 훼손된 자신의 도덕성을 기업보국을 통해 복원하려 시도한다. 그가 강조하는 기업활동의 동기 역시 개인의 부의 축적이 아니라, 국가 공동체의 이익을 정당한 방식으로 창출하고, 관리해야 한다는 도덕적, 규범적 동기라 할 수 있다.

---

27 이러한 동기는 다음의 발언에서 잘 드러난다. "They've taken the government away from us; all right, we'll capture the economy(Geertz, 1963, p.119)".

28 기어츠는 모든 후발 산업국가가 경제적인 이륙(take-off) 단계에서 마주치게 되는 근대적 경제 조직화의 문제에 대해 두 가지 유형의 경로를 제시하는데, 그것은 homo economicus(peddler mentalities)와 homo politicus(professional manager mentality) 유형이다(Geertz, 1963, pp.131-132). 전자는 전통적 계층 질서로부터 상대적으로 자유로운 자수성가형 개인 기업가들(peddler)로 구성된 개별적 경제활동을 중심으로 시장이 발전하는 경로이며, 후자는 전통적 정치 엘리트(prince)들이 기존의 사회계층적 질서와 규범을 활용하여 대단위의 기업을 조직화하며 발전하는 경로이다.

4. 정주영과 발전국가의 관계

발전국가와의 도덕적 갈등

앞서 3장에서는 아산이 내면적으로 가지고 있던 기업인의 도덕적 정체성과 발전국가의 등장과 함께 폄하된 정체성 사이의 갈등을 살펴보았다. 이제 자신의 폄하된 정체성을 바로잡고자 하는 인정 투쟁은, 그가 내면적으로 가지고 있던 기업인의 도덕적 우월함을 주장하는 것을 넘어, 현실적인 차원에서 자신이 사업활동을 통해 얼마나 국가 발전에 기여하는가라는 입증과 경쟁의 차원으로 전환된다. 결국 기업인이 자신의 왜곡된 정체성을 수정하고 자신의 지위를 사회적으로 인정받을 수 있는 유일한 방법은 국익을 위한 사업을 하는 것은 물론, 가장 효율적인 방법으로 더 나은 성과를 내는 것이기 때문이다. 이러한 현실적 차원의 경쟁으로 전화된 인정 투쟁은 다른 기업들은 물론 정부와도 수많은 갈등과 경쟁을 불러일으킨다.

"수많은 정부 발주 공사를 하면서 현대건설만큼 정부나 건설업계와 충돌했던 건설업체는 없을(정주영, 1998, p.103)" 정도로 아산은 때로는 무모할 정도로 정부정책에 반기를 들고 저항하였다. 특히 1967년도 소양강댐 건설을 둘러싸고 벌어진 일본공영 회사 및 정부 관료들과의 갈등이 한 사례이다. 건설 도중, 건설 비용면에서 압박을 느낀 정주영은 일본공영 회사가 설계했던 콘크리트

중력댐을 사력댐으로 계획을 변경하는 결정을 내린다. 이는 일본 회사는 물론 건설부와 수자원개발공사 등의 정부기구와도 갈등을 초래할 것이 불 보듯 뻔했다. "마찰과 충돌이 현대건설에 이로울 것 없는데 뭐하러 자꾸만 긁어 부스럼을 만드"냐는 기업 내부의 우려처럼 "관의 권위를 무시했다는 반감을 사기에 충분한 무모함"이었다(정주영, 1991, p.104).

여기서 아산이 설계 변경를 결정한 것은 목전의 손해에 대한 경제적 계산 때문으로 보일 수도 있다. 분명 이것은 하나의 계기였다. 그러나 이는 계기일 뿐 근본적인 동기는 국내 기업과 국내 기술진에 대한 무시, 일개 청부업자로 치부하는 모욕에 대한 저항이라 할 수 있다. 그는 이러한 무시와 경멸에 대항해 국내 기업도 순수한 국내 기술력으로 그리고 더 저렴한 비용으로 성과를 낼 수 있다는 능력을 인정받고자 했다. 즉, 그는 "건설업자로서 조금이라도 국가 예산을 절약"함으로써 "나라의 발전을 위해 그만큼 기여"한다는 인정을 받고자 했던 것이다(정주영, 1998, p.105). 아래의 인용문은 바로 이러한 갈등에 내재되어 있었던 인정 투쟁의 동기를 그의 입을 통해 명징하게 보여준다.

정부가 현대를 껄끄러워하는데도 끊임없이 연구하고 모색한 예산 절감 대안을 제시해서 국가에 보탬을 주었기 때문에, 우리는 거듭된 정치적인 격변 속에서 어떤 정부가 들어서도 결국은 국가 발전을 위해 꼭 필요한 현대로 인정받으며 성장을 지속할 수 있었다.[29]

특히 그가 가장 불신했던 관료집단은 가장 치열한 경쟁 대상이었다. 1967년 어느 날 박정희는 정주영을 청와대로 불러 경부고속도로 건설 계획안과 최저 소용경비를 산출해 줄 것을 요청한다. 당시 아산과 박 대통령은 한강 인도교 준공석상과 울산에서 잠시 만난 사이가 전부였다. 박 대통령이 민간 건설업체로 현대건설을 선택한 이유는 태국 고속도로 건설 경험이 있다는 이유였다. 그러나 박 대통령이 정주영에게만 단독으로 계획을 지시한 것은 아니었다. 건설부, 경제기획원, 재무부, 서울특별시, 육군공병감실에 동시에 고속도로 건설 계획안을 제출하도록 지시하였다(정주영, 1991, p.108). 이는 일종의 경쟁이었다.

이 경쟁에서 정주영은 관료, 전문가를 포함한 다른 경쟁자들보다 가장 합리적인 경비를 제시함으로써 민간업자로서 공사를 맡게 된다. 그럼에도 경험이 없는 현대라는 기업에게 고속도로 건설을 맡기는 것에 대해 공화당, 경제 장관들은 물론 언론과 학계의 반대는 수그러들지 않았다. 게다가 이 사업은 당초 계획과 달리 공사 과정에서 여러 난제들이 속출하면서 흑자는커녕 완공 날짜를 지키는 것조차 어려운 상황에 봉착했다. 그럼에도 현대건설은 공기 단축과 공사비 최소화를 위한 노력 끝에 "우리나라 재원과 우리나라 기술과 우리나라 사람의 힘으로 세계 고속도로 건설사상 가장 짧은 시간에 이루어진 길"을 완성한다(정주영, 1991,

---

29 정주영, 1998, p.106.

pp.109~110).

특히 기업공개를 놓고 벌어졌던 박정희와 정주영의 의견 대립은 특별한 의미를 갖는다. 박정희 대통령은 기업이 국가의 지원과 국민의 부담으로 육성·성장된 만큼 국민의 기업으로서, 사회적 공기로서 기업의 사회적 책임을 항상 자각하고 국가와 국민에게 보답할 것을 기회 있을 때마다 촉구해왔다. 그 일환으로 정부는 1972년 12월 기업공개를 의무화하고 공개법인에게 각종 특혜를 부여하는 〈기업공개촉진법〉이 제정된다.[30] 특히 채권자의 희생과 정부의 재정상의 부담을 무릅쓰고 앞서 단행된 8·3조치의 혜택을 받은 기업과 경제단체들은 기업공개 등을 통하여 국민경제에 보답하겠다고 결의를 밝힌 바 있었다.

그 후 2년 가까이 기업공개가 의도대로 이루어지지 않자 곧이어 1974년 5월 29일 "기업공개와 건전한 기업풍토 조성에 대한 특별지시 5개 조항" 소위 5·29 조치와 1975년 8월 8일 "기업공개 보완시책"을 발표한다. 이 조치에서 박정희 대통령은 비공개 기업의 가부장적 제도가 인재 양성과 노사 갈등 해소에 걸림돌이 되는 점과 국제경쟁에서 살아남기 위해서는 소유와 경영의 분리가 시급한 점에 비추어 기업의 공개를 강력히 지시했다.[31] 또한

---

30 이 법은 기업공개를 통해 기업의 재무구조를 개선하고 간접금융에 편중된 기업자금조달 체제를 직접금융으로 유도하는 한편 국민의 기업참여를 통하여 국민경제의 건전한 발전을 조무하기 위하여 제정된다. 특히 주요 내용은 기업의 사회적 윤리성을 강조하는 법 정신이 기조를 이루고 있다(한국증권업협회, 2003, p.238).

31 대통령 지시문 중에도 "(…) 오늘날 업계에는 특정인 중심의 가족적 기업군이 형성되어 이른 바 무슨 그룹이니 하여 무리하게 여러 종류의 기업을 산하에 거느리고 있는 사례조차 있다. 그 결과 (…) 오랜 인습과 타성에 젖어

재벌에의 지나친 부의 집중과 소위 문어발식 기업의 확장에 경종을 울리고 그 시정을 촉구했다.[32]

그러나 기업에 대한 소유와 통제권을 유지하고자 했던 대부분의 재벌들에게 기업 내부의 지배구조 공개를 의무화하는 기업공개는 국가는 물론 다른 행위자에게 자신의 통제권을 넘기는 위험한 행위로 인식되어졌다. 박 대통령이 재임시 가장 신뢰한 기업인 중 한 사람이었던 정주영조차도 국가의 이러한 주식시장 참여 의무화 제도에는 반응을 보이지 않았다. 그 이유는 무엇일까? 1970년대로 넘어오면서 이제 정부 정책에 전면적으로 반기를 들만큼 경제력을 키웠기 때문일까? 아니면 아무리 정부가 지시해도 손해 보는 장사는 하지 않는다는 기업인의 본능이 작동해서였을까?

당시 기업의 사회적 책임이 강조되면서 일반 여론과 정부가 기업공개를 강력하게 요구하자, 정주영은 "기업공개를 하게 되면 이윤은 일부 가진 자들에게 돌아가게 되고 기업 이윤의 사회환원이라는 큰 뜻을 이루기 어렵게" 된다는 이유를 들며 끝까지 기업공개를 거부했다.[33] 대신 그는 1977년 현대건설의 개인 주식

기업자산을 소수의 특정인과 그 가족의 손에 집중하려는 폐단이 남아 있으며 (…) 기업의 건실한 발전을 크게 저해하고 있는 설정이다"고 기술되어 있다(1974년 5월 29일 '기업공개와 건전한 기업 풍토의 조성을 위한 대통령 특별지시). 그는 대기업의 기업주나 2세 기타 가족들의 분수에 넘치는 행위가 있을 때에는 기업에 대한 국민들의 위화감으로 '국민총화'가 저상될까 염려해서 조용히 그러나 단호하게 시정시켰다.

32 그 당시 대통령은 경제에 관한 보고나 회의 때 그룹이라는 말을 듣기 싫어했고 그때마다 "그룹은 무슨 그룹"하며 경제장관들이나 청와대비서들에게 불쾌감을 나타냈다(조우석, 2009, p.140).

33 정주영 사이버 박물관: http://www.asanmuseum.com/

50%를 내놓고 아산사회복지 사업재단을 설립했고, 매년 약 50억 원의 배당 이익금으로 사회복지 사업을 하도록 지시한다(정주영, 1998, pp.239-240). 특히 이 사례는 단순히 발전국가가 요구한 정책에 대한 저항을 넘어서, 복지원칙에 대한 이념적 갈등으로 해석될 수 있다.[34] 그는 기업 이윤의 사회환원과 복지 증진을 위해서 정부가 제안한 기업공개보다 더 효율적이고 실효성 있다고 판단하는 자신만의 방법을 실행에 옮긴 것이다. 결국 이는 무엇이 사회적 약자를 위한 더 나은 복지와 재분배 방식인가, 그리고 무엇이 더 효과적으로 기업의 사회적 책임을 이행하는 방식인가를 둘러싼 아산과 정부의 경쟁이었던 셈이다. 그리고 아산이 이 경쟁에서 얻고자 했던 것은 자신의 방법이 더 국익에 부합한다는 사회적 인정임에는 이론의 여지가 없다.

아산과 발전국가와의 갈등 사례들을 보면, 그 원인이 국익을 기준으로 한 경쟁을 통해 자신의 도덕적 정체성, 즉 "성"스러운 기업인으로서의 정체성을 인정받고자 했던 그의 욕구에서 기인함을 알 수 있다. 이러한 사례들은 그가 발전국가의 도움으로 또는 정권과의 결탁으로 성장한 "속"스러운 기업인이 아닌, 발전국가와의 갈등을 무릅쓰면서 성장한 "성"스러운 기업인으로 변화

---

34 흥미로운 점은, 사실 박정희 대통령과 아산의 복지에 대한 원칙은 상당히 유사했다는 점이다. 박정희 대통령이 의료보험의 실시에 주저했던 이유에 대한 논의를 보면, 박 대통령은 일반 근로자를 대상으로 하는 의료보험에 미온적이었는데, 그 이유는 경제사정이 상대적으로 나은 근로자보다는 저소득층에게 의료혜택을 보장하는 의료보호제도가 우선적으로 실시되어야 한다고 생각했기 때문임을 알 수 있다(의료보험연합회, 1997, pp.78-79). 이렇게 볼 때 기업공개에서 실제 사회환원보다는 재벌들의 경제력 집중에 대한 제어라는 정치적 의도가 더 지배적이었음을 알 수 있다.

되어 가는 과정을 보여준다.[35] 그 스스로 회고했듯이, 단순한 쌀가게 주인이 아닌 "국가, 사회로부터 기업을 수탁해서 관리하는 청지기"로의 정체성의 변화는(정주영, 1991, p.261), 정체성이 인정 투쟁의 과정에서 획득되며(Honneth, 1996, pp.126-127 ; Markell, 2008) 그렇기 때문에 인정 투쟁의 과정 자체가 주체가 도덕적으로 변화되어가는 과정임을 그대로 보여준다(호네트, 2011, p.308).

발전국가의 도덕화 메커니즘

앞서 정주영이 어떠한 자기 정체성을 주장했으며, 이를 위해 때로는 발전국가와 갈등을 초래할 수밖에 없었음을 살펴보았다. 그렇다면 정주영은 발전국가 또는 박정희라는 정치인에 대해서는 어떻게 평가하고 있을까? 이 질문이 더욱 흥미로운 것은, 정권에 대한 뿌리 깊은 불신과 우월적 지위의식은 정주영이 평생 가지고 있었던 것임에도 불구하고, 아래의 언급에서 보듯이 그는 아이러니하게도 박정희에 대해 우호적인 평가를 하고 있기 때문이다.

비록 군사 쿠데타로 정권을 잡았다는 지울 수 없는 약점을 가진 지

---

35 이는 "어떤 기업이든 자력으로 발전한 것이 아니라 권력과 결탁해서 성장했다는 평가는 원치 않을 것이다. (…) 나는 자력으로 컸다는 평가를 받고 싶었다. '정권과 결탁' 운운하는 사회와 여론의 오해가 싫었다(정주영, 1991, p.99)", "우리 현대를 공화당 정권의 비호 아래 크게 성장한 것으로 안다(정주영, 1998, p.364)"는 회술 등에서도 찾아볼 수 있다.

도자이기는 했지만, 나는 박정희 대통령의 국가 발전에 대한 열정적인 집념과 소신, 그리고 그 총명함과 철저한 실행력을 존경하고 흠모했다. 사심 없이 나라만을 생각하던 대통령을 도와 한 푼이라도 적은 예산으로 소기의 목적을 달성시키는 목표 외에 나에게 다른 생각은 아무것도 없었다.[36]

한 가정, 한 기업, 한 국가의 위기 극복, 또는 일대 약진의 계기를 만드는 것은 평범한 기업자, 평범한 국가 지도자에게는 기대하기 어렵다. 현철한 기업인의 창의력과 용기 있는 지도자의 결단이 상부상조하면서 사리사욕 없이 하나의 공동 목표를 향해서 줄기차게 매진함으로써만 얻을 수 있는 열매이다.[37]

피차 가난한 농사꾼의 아들로 태어나 우리 후손들에게는 절대로 가난을 물려주지 말자는 염원과 무슨 일이면 '하면 된다'는 소신에 공통점이 있었던 그분과 나 사이에는, 말로 표현하지 않으면서도 서로 인정하고 신뢰하는 부분이 많았다. 개인적인 혜택을 받은 것은 없으나 나는 현대의 성장 자체를, 경제발전에 역점을 두고 강력하게 추진한 박정희 대통령의 덕분으로 생각한다.[38]

---

36 정주영, 1998, p.122.

37 정주영, 1991, p.135.

38 정주영, 1991, p.184.

위 언급들에서 볼 수 있듯이, 그는 박정희를 다른 정치인들과 차별화되는 도덕성과 능력을 가진 정치인으로 인정한다. 그러나 앞서 아산이 박정희 정권이 의도적으로 형성한 부정적인 기업인 정체성에 강하게 저항하였다는 점은 물론, 자신이 타인의 오해처럼 박정희 정권의 도움으로 성장한 것이 아니라는 점을 누차 강조하였다는 점을 상기하더라도, 그가 보여주는 박정희에 대한 높은 평가는 모순적으로 보일 뿐이다. 아산의 주장대로, 그가 박정희 정권으로부터 어떤 경제적, 정치적 이익을 본 것이 아니라면, 도대체 무엇 때문에 유독 박정희에 대해서는 우호적인 태도를 보이는 것일까?

앞서, 박정희는 역사상 처음으로 반기업적 정서를 정책 담론으로 구체화한 정치인이라 설명하였다. 그러나 엄밀히 말해 반기업 정서는 역대 정치인, 대통령들이 모두 활용했던 담론이라 할 수 있다. 이승만 정권의 농지개혁, 장면 정부의 부정 축재자 구속 등에서 알 수 있듯이, 대규모의 자본가에 대한 반감을 정치적으로 이용하였다는 것은 박정희 정권만의 특수성은 아닌 셈이다. 그러나 박정희 정권의 담론 전략의 차이는 모든 기업인들을 "속"의 존재로 치부한 것은 아니라, 정주영과 마찬가지로 "성"과 "속"의 이항대립코드에 따라 기업인들을 분류하였다는 점이다. 즉, 박정희에게 있어서 "성"스러운 기업인은 "나라의 경제발전을 위해 수출주도 산업화에 매진하며 국가의 정책과 협력하는 기업인"이었으며, 반면 "속"스러운 기업인은 "부정한 방법, 즉 과거 정권과 결탁하여 내수시장에서의 독과점을 통해 성장한 수입대체 산업가들과 고리대금업자들"이었다.

물론 이는 박정희 정권이 추구했던 산업정책을 정당화하기 위해 인위적으로 만들어진 이항대립코드이다. 즉 박정희 정권이 계획했던 수출주도 산업화는 물론 금융산업에 대한 국가의 통제 정책을 뒷받침하기 위해 성스러운 기업인 정체성을 만들어낸 것이다. 이에 따라 박정희 정권은 과거 이승만 정권과 결탁하여 적산불하의 혜택을 입어 성장한 기업들, 수입대체 산업화에 주력한 기업들, 그리고 금융기업들을 도덕적으로 폄훼하는 한편, 해외시장을 목표로 한 제조업체, 중화학공업 또는 방위산업 분야의 기업들에게는 도덕적 우월성을 부여하는 고도의 정치적 의도가 담긴 담론들을 만들어낸다.

나아가 이러한 이항대립코드에 준하여, 성스러운 기업들과 속스러운 기업들을 선별하기 위한 지위경쟁과 이 경쟁에서 사회적 인정을 받은 기업들을 적극적으로 도덕화하는 "전시적 의례display rituals"들을 마련한다. 이러한 지위경쟁과 전시적 의례를 통해 기업들은 사적 이익을 추구하는 탐욕스러운 자본가를 넘어서 국가와 사회 전체의 발전에 이바지하는 산업역군으로 도덕적으로 합리화하고자 하였다. 물론 이러한 제도들은 기업인들에게 도덕적 지위를 부여함으로써 필요할 경우 국익이라는 미명하에 자신들의 이익을 희생하면서 정부의 정책에 더욱 협조하도록 만들고자 하는 고도의 정치적 의도를 가진 것임에는 틀림없다. 그러나 여기서 핵심은 이러한 과정이 물리적 강압이 아닌 도덕적 의례를 둘러싼 자발적인 경쟁 메커니즘에 의해 추동되었다는 점이다.

특히 박정희 정권은 수출에 공헌한 기업에 상을 주는 제도를 통해 기업들 사이에서 지위경쟁을 이끌어 내었는데, 이러한 지위경쟁과 전시적 의례의 대표적인 예로 산업훈장을 들 수 있다 (류석춘·왕혜숙, 2008). 물론 이 제도는 전혀 새로운 것은 아니었다. 한국의 훈장제도는 대한제국 시대인 1900년 일곱 가지의 훈장을 제정한 칙령인 훈장조례에서 비롯했으며, 일제강점기에는 일본의 훈장제도가 대신 사용되기도 했다. 1948년 대한민국정부가 수립된 이후에는 건국공로훈장령(1949.4.27), 무궁화대훈장령(1949.8.13), 무공훈장령(1950.10.19)·포장령(1949.6.6) 등의 각종 훈장 및 포장이 종류별로 공포, 시행되었다.[39]

그러나 박정희는 오래된 제도에 새로운 상징과 의미를 부여하였다. 이전의 국가훈장은 주로 국가의 안보나 존립과 관련된 영역에서 기여를 한 인물에게만 수여되었다. 그러나 1963년 12월 14일 기존의 훈장령 및 포장령을 통합하여 최초로 상훈법을 공포·시행하면서, 박정희는 산업 부문에 대한 훈장을 이례적으로 신설함으로써, 산업 부분에 대한 경쟁을 지위경쟁으로 전화시키고, 산업발전(특히 수출)에 이바지 한 이들에 대한 전시적 의례를

---

39 이후 이 법은 모두 세 차례 개정(1967년, 1970년, 1973년)을 거쳐 현재의 상훈제도로 정착되었다.

제도화한다. 이외에도 박정희는 '수출의 날,'[40] '상공의 날'[41] 등을 국가기념일로 지정한다. 이 두 기념일 모두 수출주도 산업화가 본격화되는 1964년도에 지정되었다는 것은 특별한 의미를 갖는다. 이는 수출 실적이 단순히 한 기업가나 기업의 이익에만 국한된 문제가 아니라, 모든 국민과 국가 전체가 지켜보고 있는 국가적 관심사라는 의미를 부여하였다. 이러한 산업훈장 및 기념일 제도들은 경제를 도덕화, 사회화했던 한국의 발전국가만의 독특한 사례라 할 수 있다.

이렇듯 박정희는 민족주의적 아젠다를 설정하고 기업인들을 국익을 위해 봉사하는 도덕적 행위자의 정체성을 갱신시켜주는 도덕적 장치들을 활용하였다. 그리고 이 전시의례에서 아산은 1976년 수출 3백만불상, 1978년 동탑산업훈장, 1981년 국민훈장 동백장, 1988년 국민훈장 무궁화장 등을 받으면서 높은 지위를 인정받는다. 즉 그는 해외시장에서의 수출 성과를 기준으로 하는 지위경쟁에서 참여하고 그로부터 수출주도 산업화와 산업

---

40 '무역의 날'은 무역의 균형 발전과 무역입국의 의지를 다지기 위해 제정한 법정기념일이다. 우리나라가 처음으로 수출 1억 달러를 달성한 1964년 11월 30일을 기념해 이 날을 '수출의 날'로 지정해(국무회의의결 제756호) 매년 기념일 행사를 치러 오다가, 1987년부터 '각종 기념일등에 관한 규정'에 따라 무역의 날로 명칭을 변경했다. 2011년 12월 5일 우리나라가 세계에서 아홉 번째로 무역규모 1조 달러를 달성함에 따라 이를 기념하여 2012년부터는 '무역의 날'을 12월 5일로 변경하여 기념하고 있다. 주관부처는 산업통상자원부이다(한국무역협회 홈페이지 http://tradeday.kita.net/, 검색일: 2015년 4월 26일).

41 '상공의 날'은 지속적인 경제성장을 위하여 상공인의 역할을 강하고 상공업의 진흥을 촉진하고, 재외 상공인의 애국심 고취와 국내 상공인의 유대를 강화하기 위해 1964년 5월 12일 처음 지정하여 시작하였다. 이후 1973년 3월 30일 상공인의 날(10.31), 발명의 날(5.19), 중소기업의 날(5.14), 계량의 날(10.26), 전기의 날(3.30) 등 상공관련 5개 기념일을 통합하여 행사일은 '3월 20일'로 변경하고 유공 상공인에 대한 정부포상을 실시하였고, 다시 1984년 9월 22일 3월 셋째주 수요일로 날을 변경하여 지금에 이르고 있다. 주관부처는 산업통상자원부이다(행정자치부 홈페이지 http://www.mogaha.go.kr/trt/sub/a06/b08/nationalHoliday_4/screen.do#w, 검색일: 2015년 4월 26일).

입국의 역군이라는 도덕적 지위를 인정받는다. 바로 이것이 아산이 발전국가와의 갈등을 초래하면서까지 얻고자 투쟁하였던 바를 박정희가 충족시켜 주었다는 것을 짐작하게 하는 대목이다. 즉, 박정희가 아산에게 경제적 이익, 정치적 권력을 주었기 때문이 아니라 바로 도덕적 지위를 인정해 주었기 때문이며, 이것이 아산이 유일하게 신뢰한 정치인으로 박정희를 꼽는 이유인 동시에 발전국가와의 협력을 가능하게 했던 이유라 할 수 있다. 아이러니하지만, 아산의 기업인으로서의 정체성을 왜곡한 것도 박정희였지만, 동시에 그를 성스러운 기업인으로 갱신시켜준 것 역시 박정희였던 셈이다.

1963년부터 1969년까지 청와대 대통령 비서실 정무비서관으로 근무했던 주관중朱冠中 씨는 다음과 같은 메모를 남긴 바 있다.

박 대통령은 지식인들을 나름대로 활용하는 기준이 있었다. 자신은 방향을 정하는 사람이고, 가고자 하는 방향으로 나아가는 방법을 제공하는 지식인들을 가까이하려 했다. 경제인들에게도 비슷한 시각으로 대했다. 정주영 현대그룹 회장은 이런 측면에서 박 대통령을 충분히 만족시키는 사람이었다.[42]

이 메모를 보면, 박정희는 아산을 지식인들과 동등한 지위로

42　조갑제, 2006, p.76.

대우했음을 알 수 있다. 아산은 박정희 정권의 핵심적 산업정책이었던 수출주도 산업화에서 가장 큰 기여를 한 것은 물론, 정부의 여러 사업에 있어서도 가장 효율적으로, 즉 최소의 비용으로 최단 기간에 최대 성과를 산출해 내는 능력을 가지고 있었기 때문이다. 그리고 이러한 국익에 대한 기여를 기준으로 한 경쟁을 통해 그는 국가발전에 이바지하는 기업인이라는 도덕적 지위를 획득한다. 즉 아산은 박정희가 가지고 있던 "성"스러운 기업인의 코드에 가장 완벽하게 맞아떨어지는 인물이었던 셈이다.

그리고 실제 아산은 박정희가 자신에게 인정한 정체성, 즉 이윤을 초월하여 국익에 봉사하는 기업인이라는 도덕적 정체성에 부합하는 인물이 되기 위해 또는 이를 증명하기 위해, 기업 이익을 초월한 무리한 사업을 담당하기도 한다. 불신과 갈등에서 출발한 결과, 아산은 상대방과 공동체의 이익을 먼저 고려하는 일반화된 호혜성이라는 규범을 내면화한 것이다. 특히 방위산업이 이러한 사례라 할 수 있다. 방위산업은 기술적으로 어렵고 투자도 많이 드는 분야로 당시 정부로서는 자연히 대기업에 부탁할 수밖에 없었다. 그러나 방위산업담당 수석비서실의 간곡한 권유에도 불구하고 무기에 대한 국내 수요에는 한계가 있고 제품에 대한 검사는 매우 엄격한 반면 이윤은 낮을 것이 틀림없을 것이라는 판단하에 국내 대기업들은 투자를 꺼렸다. 결국 현대, 대우, 기아 등의 총 84개 업체만이 기업의 손익을 초월한 애국심에서 방위산업에 참여했다(김성진, 1994, pp.103-104; 김정렴, 1997, p.107).

또한 아산은 박 대통령의 '곤란한' 부탁을 해결해주기도 했다. 1971년 12월 박정희는 아산에게 서울 은평구 진관내동부터 판문점까지의 40㎞의 도로를 40일 안에 만들어달라는 부탁을 한다. 1972년 초 북한 대표들이 판문점을 통해서 온다는데 개성-판문점 도로는 시멘트로나마 포장돼 있었으나, 우리 측 도로는 포장이 되어있지 않았다. 현대건설은 즉각 공사에 착수해 단 40일 만에 도로와 교량 등을 모두 완성시켜 박 전 대통령의 체면을 살렸다. 그리고 박 대통령은 이 도로를 '통일로'로 명명했다(《문화일보》, 2005년 8월 19일).

위에 언급된 몇몇 사례는 아산이 기업 이익을 초월하여 참여했던 사업들의 일부분이다. 특히 이들 가운데 조선소 건설은 일반화된 호혜성이 의도치 않게 성공적인 결과를 가져온 대표적인 사례라 할 수 있다. 2차 경제개발5개년계획 동안 정부는 제철, 종합기계, 석유화학, 조선을 국책 사업으로 육성한다는 방침을 세웠다. 이에 따라 이미 시작된 포항제철에서 생산하는 철을 대량으로 소비해줄 사업이 필요했다. 이러한 배경에서 당시 김학렬 부총리는 정주영에게 조선소 건설을 권유하게 된다. 현대에 부탁하기 전에 삼성에서 거절당했다는 설이 있을 만큼, 당시 한국 경제의 여건과 국내 기업들의 규모로는 감당하기 어려운 산업이었다.

그럼에도 아산이 조선업을 시작한 것은, 그 스스로도 회고했듯이 그의 자발적 선택이라기보다는 박 대통령의 의지와 집념에 의한 것이었다(정주영, 1998, pp.163-167). 물론 아산도 조선업 진출에 뜻이 없었던 것은 아니다. 그러나 당시 국가의 여력이나 현대의 형편상 조선소 건설은 시기상조라고 판단하고 있었다. 그러나 박정희의 강압에 가까운 요청으로 참여를 결정한다. 기업 이윤을 포기하고 국가기반시설 확충이라는 목표를 위해 시작한 결과, 조선사업은 현대기업의 핵심적 사업부문으로 성공을 거둔다. 이는 퍼트남(Putnam, 1993, p.289)이 말한 일반화된 호혜성의 특성인 "단기적 이타주의와 장기적 개별 이익 추구의 조합", 즉 당장의 자신의 이익 포기가 장기적 관점에서 더 큰 이익으로 되돌아오는 개념을 여실히 보여주는 살아있는 사례이다.

이러한 발전국가와 기업인들 사이 상호 불신에 터한 갈등과 경쟁이 있었기에, 국가는 사회를 착취하는 약탈국가로도 그리고 자본가 계급의 집행위원회로도 전락하지 않으면서 사회 전반의 경제성장을 이끌어 낼 수 있었다. 동시에 기업인들 역시 국가의 강압에 의해 수동적으로 동원되는 종이호랑이가 아니라, 적극적으로 국가가 제도화한 지위경쟁에 참여하여 자신들의 생산성 향상이 사회 전체의 이익으로 환원될 수 있는 선순환을 만들어내는 역할을 담당할 수 있었다(류석춘·왕혜숙, 2008).

5. 결론

흥미롭게도 아산 정주영의 사례는 발전국가와 재벌 사이의 갈등이 단순히 기업지배에 대한 이해관계 때문이 아니며, 그 이면에 있는 도덕적 고려가 존재함을 암시한다. 즉, 이들의 갈등은 자신의 이익을 극대화하기 위한 과정에서 협상의 실패로 나타난 것이 아니었다. 본질은 자신의 기업인으로서의 정체성을 사회에 인정받고자 하는 도덕적 요구에서 비롯된 것이라 할 수 있다. 물론 이 시기 모든 국가-기업 사이의 갈등이 이러한 도덕적 차원으로 해석될 수는 없을 것이다. 그럼에도 본 연구는 기업이 단순히 종이호랑이처럼 수동적 존재는 아니었음은 물론, 기업이 단기적 이익 극대화만을 좇는 경제적 행위자만으로 볼 수 없다는 점을 재조명해보고자 하였다.

더불어 발전국가 시기 한 기업인이 보여준 인정 투쟁은 '도덕 경제'의 개념을 한국에 적용할 수 있는 단초를 제공한다. '도덕 경제' 개념은 주로 전근대사회의 독특한 특성을 설명하기 위해 주로 사용되어져 왔다. 즉, 도덕 경제는 미시적인 차원에서 개인의 사적 이익에 반하는 비합리적인 경제행위들을 설명하기 위해 고안된 개념이거나(Geertz, 1973), 또는 거시적인 차원에서 근대적인 정당성과 합리성이 결여된 전통적인 또는 카리스마적 권위를 설명하기 위해 사용되어져 왔다(Weber, 1961〔1923〕). 모스(Mauss, 1967)가 관찰했던 선물경제의 특성을 지닌 원시 부족사회나 스콧(Scott, 2004[1976])이 주목했던 비합리적 농민들과 관대한 지주들의 관계로 특징지어지는 농촌 사회와 같이, 도덕 경제 개념은 주로 전근대적이고 비서구적 경제 환경에만 적용되어 왔다. 다시 말해, 도덕 경제는 민주적 근대국가 또는 자본주의적 시장이 발달하지 않은 조건들에서만 기능하는 것으로 묘사되어 왔다(Wilk & Cliggett, 2007). 그러다보니 이러한 관찰들은 대부분 도덕 경제를 근대적 제도들, 예를 들면 자본주의적인 시장과 합리적 관료제의 등장과 함께 사라질 유산으로 간주해왔다.

그러나 본 연구가 살펴본 사례는 이러한 예측과 전면적으로 배치된다. 왜냐면 한국의 경제발전은 오히려 이러한 도덕 경제의 소멸이 아닌 도덕 경제의 적극적 활용을 통해 가능했기 때문이다(Lew, 2013, pp.178-181). 즉, 한국이 지난 세기 보여준 산업화와 민주화에 있어서의 놀라운 성공은 국가와 시장이 적극적으로 도덕 경제를 조직화해냈기 때문에 가능하였다. 이는 한국의 경제발전 과정에는 전형적인 국가 이론이나 자유주의 시장경제 이론만으로 평가될 수 없는 차원이 존재함을 함의한다.

이러한 사례를 오직 한국의 경제발전 과정에만 적용될 수 있는 특수성으로 치부할 수는 없을 것이다. 오히려 도덕 경제 개념은 근대적 시장경제 상황에 보편적으로 적용될 수 있는 일반적 함의를 갖는다. 이미 다수의 학자들은 도덕적 가치가 근대적 자본주의에서 여전히 중요한 역할을 담당함을 인식하고 있기 때문이다(Zelizer, 2011; Gintis, Bowles, Boyd & Fehr, 2005; Zak, 2008). 이렇게 볼 때 본 연구가 살펴본 발전국가와 재벌의 관계 그리고 박정희와 정주영의 사례는, "시장과 위계(Williamson, 1973)" 또는 "교환과 재분배(Polanyi, 2001〔1944〕)"라는 원칙 외에도 호혜성과 같은 도덕적 가치가 여전히 경제를 관장하고 통합하는 대안적인 원칙으로 기능하고 있음을 여실히 보여준다.

서울올림픽

- 아산의 정치외교사

김명섭(연세대학교), 양준석(연세대학교)

김명섭

학력
연세대학교 정치외교학과 졸업, 연세대학교 대학원 정치학 석사, 파리1 팡테옹─소르본 대학교 박사.

경력
한국국제정치학회 국제정치사 분과위원장, 국제학술지Geopolitics 편집위원, 연세대학교 이승만연구원 원장.
현 연세대학교 정치외교학과 교수.

저서 및 논문
《전쟁과 평화: 6.25전쟁과 정전체제의 탄생》(서강대 출판부, 2015), Northeast Asia and the Two Koreas(공저, Yonsei Univ. Press, 2008), 《한국외교사와 국제정치학》(공저, 성신여자대학교 출판부, 2005), 《대서양문명사》(한길사, 2001).

양준석

학력
한국외국어대학교 문학사, 연세대학교 대학원 정치학 석사 및 박사.

경력
대한민국역사박물관 한국외교 사료조사 프로젝트 연구원, 현 연세대학교 이승만연구원 전문연구원.

저서 및 논문
〈한국 지역담당 외교조직의 변천과정 연구〉, 연세대학교 박사학위논문, 2015.
〈한국외교사에서 아프리카와 중동〉, 한국정치학회보, 46(5), 2012(공저).
〈1967년 "동백림사건" 이후 한독관계의 긴장과 회복〉, 한국정치외교사논총, 35(1), 2013(공저).

* 이 글은 김명섭, 양준석의 《국제정치논총》 제54집 4호(2014)에 게재된 논문에 기초하여 대폭 수정, 증보하였음.

1. 서론

1988년 서울올림픽은 한국 현대사뿐만 아니라 세계 현대사에 큰 영향을 미쳤다.[1] 1980년 모스크바올림픽, 1984년 로스앤젤레스올림픽이 공산진영 대 자유진영 간 대치 상태에서 '반쪽 올림픽'이 되었던 것에 비해 1988년 서울올림픽에는 소련 및 소련진영의 국가들이 대거 참가하여 역대 올림픽들 중 최대 규모를 기록했다.[2]

서울올림픽 유치가 논의되던 초기에는 국내에서도 부정적 견해가 많았다. 그러나 1988년 올림픽 개최에 즈음해서는 한국 상품의 품질 개선과 한국 상표의 세계적 홍보, 무역자유화를 추진하는 계기, 국민 의식의 선진화, 국민의 자부심 고취 등에 관한 긍정적 평가들이 많아졌다.[3] 서울올림픽이 개최된 후에는 대한민국의 발전 동력이 된 세 개의 역사적 매듭들 중 하나였다는 평가까지 나왔다. "첫째가 이승만 대통령에 의한 대한민국 정부의 수립이요, 그 둘째가 6·25 남침에서 국토를 수복한 유엔의 참전

---

1 IOC가 공식적으로 인정하고 있는 1988년 서울올림픽 참가국 수는 159개국이다. 그러나 주최 측인 서울의 기록에는 160개국으로 되어 있다. 브루나이는 운동선수 없이 관계자 1명이 서울올림픽 개막식에 참가했다. IOC, *Official Report: Games of the XXIVth Olympiad Seoul 1988, Volume 2: Competition Summary and Results* (http://library. la84.org/6oic/OfficialReports/1988/1988v2.pdf), p.154.

2 김명섭, 〈코리아, 러시아, 유라시아 : 거대변동과 장기지속의 지정학〉, 《한국과 국제정치》, 제26권 1호, 2010, p.19.

3 金鍾基, 〈올림픽과 都市: 올림픽 開催의 經濟發展 效果〉, 《都市問題》 23권 (1)호 (1988), pp.34–38. 서울올림픽은 총수입 8,410억 원, 총지출 5,890억 원으로 2,520억 원의 흑자를 기록했다. 정찬모, 〈서울올림픽과 한국의 국가 발전〉, 《체육사학회지》, 제6권 (1)호 (2001), p.3.

이요, 끝으로 셋째가 한국의 존재와 능력을 세계에 과시한 서울 올림픽의 개최다. 이것이 없었다면 오늘의 한국이 존재할 수 없다."[4] 이처럼 서울의 올림픽 유치에 대해서는 시간이 지남에 따라 긍정적 평가가 증대되어 왔다.[5] 2002년 한·일 월드컵 개최와 2018년 평창 동계올림픽 개최권 획득 등은 1988년 서울올림픽 개최에 대한 긍정적 평가에 기반한 것이었다.[6]

그러나 1981년 독일 바덴바덴에서 개최된 IOC(International Olympic Committee, 국제올림픽위원회)총회에서 서울이 올림픽 개최권을 획득하기 이전에는 서울의 올림픽 개최에 대해 소극적이고 부정적 견해가 많았다. 1981년 이전까지 국제적으로는 물론이고 국내적으로도 부정적 견해가 우세했던 서울의 올림픽 개최권 획득이 성공할 수 있었던 이유는 무엇이었을까? 아산 정주영을 포함한 민간 수준에서의 활동은 올림픽 개최권 획득 성공에 어떤 영향을 미쳤을까?

4 이원홍, 〈아산과 나〉, 아산 정주영과 나 100인 문집 편찬위원회, 《아산 정주영과 나: 100인 문집》, 아산사회복지 사업재단, 1997, p.321.

5 1988년 서울올림픽에 대한 긍정적 평가에 관해서는 홍순호, 〈'올림픽'의 국제정치학〉, 《국제문제》, 212–220호 , 1988년 4월–12월; 김종기 외, 《서울올림픽의 의의와 성과》, 한국개발연구원, 1989; 박호성, 〈국제 스포츠 활동과 사회통합의 상관성, 가능성과 한계〉, 《국제정치논총》 제42집 2호, 2002, p.107; 김하영, 임태성, 〈서울올림픽이 한국의 정치·외교적 변동에 미친 영향〉, 《한국체육학회지》, 제33권 (2)호, 1994; 유호근, 〈냉전기 스포츠 외교의 역사적 전개과정: 한국의 사례를 중심으로〉, 《글로벌정치연구》 제2권 (2)호, 2009, pp.178–181. 서울올림픽이 냉전에 미친 영향에 관련해서는 강규형, 〈한국과 1980년대 냉전체제: KAL기 격추, 서울올림픽, 그리고 2차 냉전을 중심으로〉, 하영선, 김영호, 김명섭 공편, 《한국외교사와 국제정치학》, 성신여자대학교 출판부, 2005, pp.355–382.

6 부산아시안게임과 대구유니버시아드대회에서 남북한이 동시 입장하는 등 서울올림픽이 남북한 관계 진전에도 기여했다는 주장에 관해서는 Hyunjoo Cho, *International Sporting Events, Nationalism and Sport Diplomacy: The Evolving Relationships between North and South Korea from 1978 to 2007*, PH.D Thesis, Loughborough University, 2013, pp.280–282.

이 연구는 정주영을 포함한 유치 관계자들의 기록과 새로운 증언, 그리고 선행 연구들을 활용하여 이러한 물음에 답해보고자 한다.[7] 선행 연구들과는 달리 이 연구에서는 2012년 대한민국 외교부 외교사료관에서 공개한 올림픽 유치 관련 문서, 국가기록원 소장의 안전기획부, 대한체육회, 행정조정실 문서, 대한민국 국회의 국회회의록, 그리고 서울올림픽대회조직위원회 기록 등을 활용할 것이다. 이를 통해 대한민국 정부가 올림픽 유치를 위해 IOC위원들의 전 세계 지역 포진 상황들을 목록화하고, 서울 유치에 대한 국제적 반응을 상세하게 분석한 기록들을 새롭게 분석할 것이다. 아울러 미국 우드로우 윌슨센터Woodrow Wilson International Center의 냉전사프로젝트에 의해 발굴되고 있는 문서들 중 관련 내용들을 교차분석할 것이다.

서울의 올림픽 유치 과정에 대한 사료들을 분석함에 있어서 이 연구는 크리스토퍼 힐Christopher R. Hill이 올림픽 정치olympic politics를 분석하는데 사용한 다음과 같은 세 가지 분석 수준[8]을 시계열적으

---

7 Alfred Erich Senn, *Power, Politics, and the Olympic Games* (Champaign, IL: Human Kinetics, 1999); Kevin Young and Kevin B. Wamsley, *Global Olympics: Historical and Sociological Studies of the Modern Games* (Bingley, UK: Emerald JAI, 2005); Allen Guttmann, *The Olympics, a History of the Modern Games* (Urbana and Chicago: University of Illinois Press, 1992); Christopher R. Hill, *Olympic Politics* (Manchester, UK: New York: Manchester University Press; New York, 1996); 박경호, 옥광, 박장규, 〈한국 스포츠외교의 태동: 서울올림픽 유치의 유산〉, 《체육사학회지》 제16권 (2)호, 2011, p.48; 서울올림픽대회조직위원회, 《서울올림픽대회와 SLOOC 7년의 발자취》, 서울올림픽대회조직위원회, 1989. 개인기록으로는 유치 활동에 참여했던 서울올림픽민간추진위원장 정주영(鄭周永), 전 서울시장 정상천(鄭相千), 전 서울시 부시장 이상연(李相淵), 전 체육부장관 박세직(朴世直), 전 대한체육회 부회장 최만립(崔萬立), 전 한국올림픽위원회(KOC) 부위원장 전상진(全相振), 서울올림픽유치대표단대변인 이원홍(李元洪), 전 대한항공사장 조중훈(趙重勳) 등의 회고록이 있다.

8 Hill, 1996, pp.1–2.

로 응용한다. 첫째, 국내적 수준the domestic level. 국내 스포츠 관련 행위자들의 작동 방식은 국제정치 또는 개별국가들 수준에서의 방식과 같은 절차로 진행되는데, 권력을 위한 욕구와 협상, 동맹 결성, 운luck 등 비슷한 절차가 작동된다. 둘째, 국가적 수준the level of individual countries. 스포츠와 정치는 긴밀히 연결되며, 정부는 국외에 국가 이미지를 홍보하기 위해서, 그리고 자국에서의 도시 조건을 향상시키고, 인종적 화합 등의 사회·정치적 목표를 획득하기 위해 스포츠를 이용한다.[9] 셋째, 국제적 수준. 전 세계적 주목을 받는 올림픽은 국제정치와 긴밀히 연관되어 있으며 국제적 수준의 분석을 필요로 한다.

2. 서울올림픽 유치 구상

1960년대 초 본격적 경제개발계획에 착수한 이후 한국은 연평균 10%의 고도 경제성장을 이루었고, 중화학공업 제품이 총 수출에서 차지하는 비율은 1978년 39.3%에서 1979년 43.3%로 증대되었다.[10] 이러한 고도 경제성장을 배경으로 1978년 아시아 최

---

9 이에 관해서는 다음 논문을 참고. 조문기, 〈2008년 베이징 올림픽 슬로건의 중화민족주의적 성격에 관한 연구〉, 《한국스포츠사회체육학회지》 제31호, 2007.

10 〈輸出은 國民經濟에 어떻게 奇與했나〉, 《每日經濟新聞》 1981년 2월 9일. 한국의 발전국가형성에 관해서는 다음을 참조. 김일영 저, 김도종 엮음, 〈1960년대 한국 발전국가의 형성과정〉, 《한국 현대정치사론》, 논형, 2012, pp.189-225.

초로 서울의 태능 국제 사격장에서 개최된 제42회 세계사격선수권대회는 올림픽 유치 구상을 가능하게 했다.[11] 1979년 7월에 들어서 문교부가 '올림픽유치기본계획'을 밝히며 정부 수준의 방침을 제시하고자 했다. 1988년도 대회 유치를 선언해야 1990년대 후반에 가서라도 올림픽 유치를 성사시킬 수 있다는 관측 보도가 나왔다. 또한 1988년도에는 아시아 지역에서 열리는 게 바람직하다는 IOC의 지배적 의견을 소개하며 정부의 올림픽대회 유치 의지를 지지하는 기사가 실리기도 했다. 또한 아시아 지역의 개최가 유력시되면서 베이징과 나고야가 유력한 후보 도시로 주목받고 있는데, 베이징은 중화인민공화국이 IOC에 가입하고 있지 않아 유동적이라고 보았다. 베이징이 빠진다면 서울이 나고야를 제칠 가능성도 제시되었다.[12]

1979년 4월 잠실 실내 체육관이 준공되었고, 같은 달 29일 세계여자농구선수권대회 결승전이 있었다. 이 결승전 후 박종규 대한체육회장과 정상천 서울 시장은 올림픽 서울 유치를 공론화했다.[13] 1979년 4월 ANOC(Association of National Olympic Committee, 국가올림픽위원회 총연합회) 창립총회 및 IOC집행위원회에 참가한 대표단과 각 국 위원들과의 접촉은 서울올림픽 유치

11 박재구, 곽형기, 〈제42회 세계사격선수권대회의 한국 유치와 체육사적 의미〉, 《한국체육사학회지》 제15권 제1호, 2010년 2월, pp.97-109.

12 이조연, 〈文敎部, '88誘致계획' 구체화, 서울올림픽 실현될까〉, 《京鄕新聞》, 1979년 7월 6일.

13 서울특별시 시사편찬위원회 편, 2013, pp.19-21.

의 기틀이 되었다.[14] 1979년 5월 체육회 관계자는 "서울특별시가 올림픽을 유치한다면 88년도의 제24회 대회가 시기적으로 가장 적절할 것"이라고 전망했다.[15] 7월에 들어서 문교부가 '올림픽유치기본계획'을 밝히며 정부 수준의 방침을 제시했다.[16]

1979년 9월 국민체육심의회의 건의를 박정희 대통령이 결재했다. 서울시는 1979년 9월 1일 1988년 제24회 올림픽을 유치하기로 결정하고 1981년 9월 IOC총회를 목표로 유치 신청서 제출에 착수했다.[17] 최초 유치 구상과 결정에 관해서 정주영은 올림픽유치의 필요성에 대한 인식과 논의는 박정희 정부 집권 시기 후반부터 있었고, 제24회 올림픽을 서울로 유치하겠다는 정부 발표도 1979년 박정희 대통령이 했다고 밝혔다.[18]

하지만 올림픽 유치를 결정했던 대통령이 시해당한 1979년

14 박세직, 《하늘과 땅, 동서가 하나로: 서울 올림픽, 우리들의 이야기》, 고려원, 1990, p.36. 박종규는 박정희 대통령에게 "첫째, 경제 고도 성장의 새로운 기점 형성. 둘째, 남북대결의 실질적 해결의 계기로, 올림픽 유치는 한국의 경제적 성장을 세계가 인정하는 것이고, 북한의 제3세계에 대한 공세를 봉쇄하게 되는 것, 셋째, 선진국의 대열에 끼어들 수 있는 시발점이 될 수 있을 것"이라는 이유로 올림픽 유치를 강력히 주장하였다. 박세직, 1990, pp.36-38.

15 〈體育會 관계자, 88年大會가 적절〉, 《東亞日報》 1979년 5월 17일. 이하 인용구문의 맞춤법 사용은 원문의 의미 전달을 위해 필요한 경우 원문의 표기를 그대로 따른다.

16 이조연, 〈文敎部, '88誘致계획' 구체화, 서울올림픽 실현될까〉, 《京鄕新聞》, 1979년 7월 6일.

17 〈서울市 88年올림픽 서울開催〉, 《東亞日報》, 1979년 9월 1일.

18 정주영, 《이 땅에 태어나서 : 나의 살아온 이야기》, 솔, 1998, p.265. 전 서울시 부시장 이상연도 "올림픽을 위한 유치와 개최는 전두환, 노태우 대통령 재임기간이지만, 발상은 박정희 대통령 때부터 시작되었다"고 회고한다. "1979년 전반에 정상천 시장이 88올림픽유치계획을 공포하고 1981년 2월 박영수 시장 때 유치계획서를 제출"했다는 것이다. 서울특별시 시사편찬위원회 편, 《서울역사구술자료집 임자, 올림픽 한 번 해보지》 (서울: 서울특별시 시사편찬위원회, 2013), p.75. 박정희정부는 '체력은 국력'이라는 구호 아래 국제경기대회의 개최 등 시책을 마련했다. 스포츠와 국가주도 산업화의 상관성에 관한 박정희의 인식에 관해서는 박호성 (2002), pp.97-98.

10·26사건[19]과 신군부 세력에 의한 12·12, 그리고 1980년 5·18 광주민주화운동 등의 국내 정치적 격변으로 인해 서울은 1981년 2월 26일에 가서야 공식 개최 신청서를 IOC에 제출할 수 있었다.[20] 그러나 서울은 1981년 2월 올림픽유치 신청서를 IOC에 제출한 이후, 같은 해 5월까지 본격적인 유치 활동을 시작하지 못한 채 나고야에 비해 압도적 열위에 있었다.[21] 서울은 각국 IOC 위원들을 상대로 한 유치 활동 착수 시점도 늦었던 데 비해 나고야는 약 1조 5천억 엔의 예산 확보를 위한 거국적 모금 운동을 시작한 상태였다.[22] 1980년 7월 14일에는 세계사격대회를 유치했던 박종규 대한체육회장이 물러나고, 제26대 대한체육회장에 취임한 조상호 회장이 유치 문제를 재검토했다.[23]

1980년 8월 전두환은 소극적 유치론을 질타하고, "전임 대통령이 결심해 국내외에 공표한 일은 별다른 이유 없이 변경할 수 없다"며 적극적 유치 활동을 명했다.[24] 이에 따라 한국은 1981년

---

19 이상연은 "1979년 10·26사태는 올림픽 유치를 어렵게 했습니다 (…) 안하는 쪽"으로 되었다가 조상호 체육회장 취임 후 재개되었다고 하였다. 서울특별시 시사편찬위원회 편 (2013), p.76.

20 전상진, 《서울 올림픽 성공스토리》, 홍진, 2011, p.19.

21 일본올림픽위원회(JOC)는 1979년 나고야의 올림픽 유치를 결정한 후 정열적 유치 활동을 전개하여 대부분의 IOC 위원들을 나고야에 초청했고, '일본황족' 출신의 일본IOC위원이 각국을 순방했다. 또한, 1964년 도쿄 하계올림픽, 1972년 삿포로 동계올림픽의 성공적 개최는 IOC위원들에게 인상적으로 각인된 상황이었다.

22 〈88올림픽 서울誘致어렵다. 서울시 올해豫算에 반영 안 돼〉, 《東亞日報》, 1980년 2월 6일.

23 박세직 (1990), p.42.

24 국가기록원, "서울올림픽대회," http://archives.go.kr/next/search/listSubjectDescription.do?id=000663 (검색일: 2014. 8. 27). 정상천은 10.26사건 이후에도 서울시내 공사가 지속되었으며, 박 대통령 시해사건 후 서울시에서 올림픽 개최를 잠정 보류했다는 소문에 대해서 "서울시 준비단에서 계속 준비하고 있었어. 내가 유치를 선언한 사

2월 26일 유치 신청서류를 스위스 로잔Lausanne의 IOC본부에 제출했다. 당시 올림픽 유치 목적은 평화애호국 이미지를 세계에 부각시키고, 동구권 외교 경로를 모색하기 위해서였다.[25] 하지만 신청서를 제출하고도 나고야와의 유치 경쟁에서 이길 수 있겠는가, 그리고 이러한 큰 이벤트를 감당할 수 있겠는가 하는 소극적 견해가 개진되었고, 진퇴양난의 상황이 이어졌다.[26]

1981년 4월 16일 국무총리실 주최 관계인사협의회에서 서울과 나고야의 장단점이 비교되었다. 서울의 장점은 일본과 달리 한국이 올림픽대회를 개최한 적이 없다는 점, 나고야와 달리 서울은 일국의 수도라는 점, 후진·중진국의 지지를 기대할 수 있다는 점, 나고야에 비해 체육 시설이 우위에 있을 수 있다는 점 등이 개진되었다. 약점으로는 국토 분단, 공산권의 반대, 일본보다 국제 사회에서의 영향력이 약하다는 점 등이 거론되었다.[27]

적극적 유치론자들은 정부의 유치 방침을 이유 없이 철회하는 것은 국가 위신의 손상을 초래할 수 있다는 점, IOC총회 개최까지 적극적으로 외교 활동을 전개하면 가능성이 있다는 점, 재정적 측면에서도 7년의 기간에 걸쳐 연차별로 준비하면 실현성이

———
람이고, 그래서 중단시키고, 보류시키고, 그런 일 없어요"라고 반박했다. 서울특별시 시사편찬위원회 편, 2013, pp.23-26.

25 외무부 문화교류과, 〈88년 올림픽 서울 유치교섭〉, 정문 750-970, 1981년 5월 25일, 〈1988년도 서울 올림픽대회: 유치 활동, 1981, 전2권, V.1 유치교섭〉, No. 13464, 분류번호: 757.4.

26 전상진, 2011, p.22.

27 국무조정실 기획차장, 〈第24回올림픽 誘致에따른 問題奌檢討〉, 1981. 4, 관리번호: BA0883718.

있다는 점 등을 강조했다. 이에 비해 소극적 유치론자들은 다른 국가사업에 우선순위를 두어야 하며, 국토 분단과 일본보다 낮은 국제적 지위로 인해 총회 득표 결과가 불리하다는 점, 따라서 무리하게 진행하는 것보다 유치 신청 철회의 명분을 찾는 것이 유익하다는 점 등에 관한 의견을 개진했다.[28]

1981년 4월 27일 제2차 올림픽유치대책 회의 이후 정부는 유치 철회의 명분을 찾자는 결론을 내렸다.[29] 김택수[30] IOC위원의 의뢰에 따라 김집 KOC위원이 JOC위원들을 만났으나 한국 측 제의는 거절당했다.[31] 거절당한 한국 측 제안 내용은 "서울이 88 올림픽의 유치 신청을 철회하는 대신 86아시안게임의 서울 개최를 일본 측이 보장해 주고" 철회 명분을 가질 수 있도록 일본이 "서울올림픽의 유치 신청을 철회하도록 종용하는 사절단을 서울로 파견"하는 내용이었다.[32] 유치 신청을 철회하기 위한 출구 전략이 존재했던 것이다. 바덴바덴IOC총회를 앞둔 7월 말까지 올림픽 유치 활동은 국토 분단 현실, 국제종합경기대회 개최 경험 부족 등 "갖가지 부정적 망령에 가위가 눌려 그 누구도 앞장서서

---

28 국무조정실 기획차장, 관리번호: BA0883718.

29 노태우, 《노태우 회고록. 上卷, 국가, 민주화 나의 운명》, 조선뉴스프레스, 2011, p.269.

30 제3공화국 체육계에서 김택수의 역할에 관해서는 다음을 참조. 권오륜, 〈체육철학: 제3공화국과 김택수의 스포츠 내셔널리즘〉, 《움직임의 철학: 한국체육철학회지》 제12권 (2)호, 2004.

31 노태우, 2011, p.270.

32 이방원, 《서울 꼬레아》, 행림출판, 1989, pp.157-160.

추진하려는 이가 없는 상태"였다.[33] 힐은 1981년 5월까지 한국에
서는 확정된 결정 사항이 없었다고 보았다. 당시 스포츠 전문가
들의 압도적인 견해는 서울이 경험 부족으로 나고야보다 불리한
위치에 있었다. 무엇보다 서울이 평양과 대치 상태의 도시라는
것, 평양 정부를 지지하는 공산진영의 격렬한 반대가 있을 것으
로 예측되었다.[34]

이러한 분위기 속에서 스포츠 시설을 살피기 위해 IOC조사단
이 서울을 방문했다. 1981년 3월 30일 미국NOC의 돈 밀러Don F.
Miller, 영국NOC의 리처드 팔머Richard Palmer는 시설이 훌륭하여 올림
픽 개최에 어려움이 없다고 언급했다. 4월 캐나다, 멕시코, 이탈
리아 위원으로 구성된 IOC조사단도 남서울 종합운동장과 인천
의 보조 경기장 시설이 세계 수준급이며, "정부·서울시·체육회
의 손발이 맞아 놀라운 조직력과 뛰어난 운영 솜씨"가 있다고 높
이 평가했다.[35] 6월 아드리안 폴렌Adriaan Paulen 국제육상연맹회장은
서울의 경기 시설이 우수한 반면 나고야 시설은 계획 단계에 불
과하다는 보고서를 올림픽위원회에 제출했다.[36] 이 보고서는 적
극적 유치론자들에게 큰 힘을 실어 주며,[37] 정부 차원에서 올림픽

---

33 박세직, 1990, p.46.

34 Hill, 1996, p.166.

35 〈NOC위원들, IOC조사단 來韓〉, 《東亞日報》, 1981년 4월 4일.

36 〈88년 오륜 경기施設 日보다 韓國이 優秀, 國際陸聯회장〉, 《東亞日報》, 1981년 8월 4일.

37 전상진, 2011, p.22.

유치를 추진할 수 있는 합의의 틀을 마련하는 데 기여했다.[38]

  적극적 유치론에 힘을 실어 준 또 다른 요인은 아산 정주영을 핵심으로 한 민간 수준의 올림픽 유치 관련 사업 계획이었다. 1981년 5월 서울올림픽 민간추진위원장이 된 정주영은 8천억의 올림픽 경비 조달과 캐나다의 적자 올림픽 사례 등에 유념하여 경기장, 숙소 등은 민간 시설들을 동원하고, 대학이나 각 도시의 경기장들을 규격에 맞게 개수해서 활용하자는 아이디어를 내놓았다. 선수촌, 프레스센터, 기자촌 등은 민간 자본을 끌어와 미리 건축하여 팔면 정부의 특별한 예산 없이 해결된다는 것이었다.[39] 이러한 구상은 재정 부담의 우려를 약화시켰고, 1981년 3월에서 6월까지 IOC조사단이 내놓은 긍정적 평가와 함께 소극적 유치론이 적극적 유치론으로 전환되는 계기가 되었다. 서울의 올림픽 유치 결정 이후 1981년 10월 박영수 서울시장의 국회보고에서 선수촌 건설 준비와 관련하여 "민간 자본에 의한 아파트를 건립하여 올림픽을 치른 후 분양함으로써 국민의 주택난 해결에 충분히 활용할 수 있을 것"이라고 말한 것은 올림픽 시설 구상에 반영되었음을 보여준다.[40] 정주영은 유치 활동 기간에 전시장에

---

38 국내적 비준을 위한 합의의 집합인 윈셋(win-set)의 개념에 관해서는 Robert D. Putnam, "Diplomacy and Domestic Politics: The Logic of Two-Level Games", *International Organization* 42-3, Summer, 1988, pp.427-460.

39 정주영, 《시련은 있어도 실패는 없다: 나의 삶 나의 이상》, 제삼기획, 2009, pp.194-195.

40 大韓民國國會事務處, 〈第24回國際올림픽大會서울誘致에관한報告〉, 〈第108回 國會會議錄 第12號〉, 1981年 10月 4日.

낼 홍보 영상, 책자 준비를 위한 대략 1억 8천만 원의 예산을 다음 해 예산으로 변제해 주는 조건으로 입체하여 영화를 제작하기도 하였다.[41]

3. 한국과 일본의 국가적 유치 경쟁

사마란치(Juan Antonio Samaranch) 위원장 시기 IOC의 국제적 영향력은 크게 성장했고, IOC 멤버십[42]은 일국을 넘어서는 영향력을 갖게 되었다.[43] 1981년 4월 스위스 로잔의 IOC집행위원회 및 GAISF(General Association of International Sports Federations, 국제경기연맹총연합회) 연석회의에서 나고야는 도쿄올림픽의 경험을 살려 훌륭한 유치 보고를 했고, 분위기는 일본 쪽으로 기울었다. 당시 서울은 유치 의사만 밝혀 놓은 상태로 정부의 확실한 방침이 서지 않아 대표단을 보내지도 않았다. 그로 인해 회의장에서는 한국을 "신청국에서 아예 빼버리자"는 주장이 나오기조차 했다.[44]

---

41 정주영, 2009, p.194.

42 IOC위원은 IOC에 파견된 한 나라의 대표가 아니라, 모든 국가에 파견된 국제올림픽위원회(IOC)의 대사가 되어야 한다는 것이 올림픽의 창시자 쿠베르탱의 철칙이었다. 올림픽위원회가 한 나라의 체육활동의 주축을 이룰 경우 정치권력의 영향으로 이런 영속성이 무너질 우려가 다분히 있다고 파악했다. 張泳國 편, 《3000년을 뛴다 : 고대 올림피아에서 서울의 한강까지》, 韓國放送事業團, 1982, pp.235-237.

43 Young, 2005, p.11.

44 전상진, 1989, p.33: 김운용, 〈김운용이 만난 거인들, 사마란치 IOC 종신명예위원장-서울의 올림픽 후보지 탈락 위기 막았다〉, 《일요신문》 2010년 1월 31일.

이런 상황에서 한국 외무부는 제3차 올림픽 관계 장관회의 결과에 따라 IOC위원들이 있는 국가 주재 공관에 '적극적인 로비'를 명했다.[45] IOC위원의 성향과 지지를 파악하기 위해 각국 대사들이 교섭을 시작했다. 당시 한국은 국력에 비해 공관이 많은 상태였고,[46] IOC위원 81명 중 61명은 주재 공관을 통한 접근이 가능했다.[47] 이상연 역시 "정부가 올림픽 유치를 결정한 후 각국 공관에 지시가 내려졌고, 외교관들이 각국 IOC위원들을 방문, 설득하는 등 체계적 움직임이 시작되었다"고 밝혔다.[48]

외무부가 조사한 26명의 IOC위원들 중 서울을 지지하는 의사를 시사한 위원들은 중화민국(1992년 이후 대만), 스페인, 뉴질랜드, 파키스탄, 파나마, 터키, 이태리, 콜롬비아 등의 위원들 정도였다.[49] 1981년 6월 29일 네덜란드의 커델[C. Kerdel] 위원은 "올림픽 개최지는 정치적 고려나 또는 친소관계로 결정되는 것이 아니라 경기 시설과 환경 등 객관적인 타당성에 따라 결정되는 것"이

---

45 노태우, 2011, p.271.

46 전상진은 5·16 이후 한국의 외교망은 국력대비 많은 투자를 통해 확장되었고, 일본도 없었던 카메룬에까지 대사관을 설치한 것을 강조했다. 북한의 외교 활동을 저지하기 위한 목적에서 외교망이 확충되었고, 수출지역 다변화를 위해 비동맹 국가인 중동·아프리카 신생국가들에게까지 국제적 네트워크가 확대되어 있었다. 전상진은 이것이 아프리카·중남미의 위원들이 서울을 지지하게 하는 기반이 되었다고 주장했다. 서울특별시 시사편찬위원회 편, 2013, pp.38-39.

47 서울특별시 시사편찬위원회 편, 2013, p.37.

48 서울특별시 시사편찬위원회 편, 2013, p.78. 이상연은 또한 다음과 같이 회고했다. "총리실에서 중간 점검한 결과 호의적인데는 동그라미, 반반인 데는 삼각형, 아닌 곳은 가위표를 쳤어요. 그런데 대부분이 삼각형이야. 잘하면 동그라미로 돌아설 가능성도 있다는 것이지요."

49 〈1988 올림픽 아국유치에 대한 IOC 위원 반응〉, 정문 750-1182, 1981. 6. 22.

라며 지지 의사를 불투명하게 밝혔다.[50] 6월 29일 노르웨이 얀 굴브란첸Jan Gulbrandsen 올림픽부위원장은 "서울 지지를 위해서는 더 구체적인 검토가 필요하며 나고야시가 유치 활동을 매우 활발히 전개하고 있다"고 하였다.[51] 7월 3일 노르웨이의 아르네 모렝Arne Morren 위원은 한국이 동구권과 관계가 없어 정치적으로 어려울 것이라 하였다.[52] 7월 1일 핀란드위원은 일본은 대부분의 IOC위원들의 경비를 부담하면서 나고야에 초청, 적극적 유치 활동을 전개한다고 함으로써 나고야가 서울보다 경쟁에서 앞서가고 있다고 관측했다.[53] 7월 7일 오스트리아IOC위원은 신청서를 검토한 후 독자적 입장에서 결정할 것이라고 하였다.[54]

그런가 하면 1981년 7월 4일 프랑스의 모리스 에르조그Maurice Herzog 위원은 한국은 올림픽 경기를 유치할 수 있는 능력이 있으며 지지 의사를 밝혔다.[55] 처음에 소극적이었던 에르조그 위원이 서울 지지로 돌아서게 된 배경에는 대한항공 총수이자 한불경제협력위원회 회장이었던 조중훈의 역할이 있었다. 그는 에르조그 위원을 "세 번이나 찾아가는 삼고초려 끝에야 우호적인 대답"을

50 외무부 문화교류과, 〈올림픽 서울 유치문제〉, HOW–0920, 1981년 9월 12일, 〈1988년도 서울 올림픽대회: 유치 활동, 1981, 전2권, V.1 유치 결정, 9. 30〉, No. 13465, 분류번호: 757.4.

51 〈88년 올림픽 유치〉, NRW–0640, 1981. 7. 1, No. 13465.

52 〈올림픽 유치 교섭〉, NRW–0706, 1981. 7. 4, No. 13465.

53 〈주핀대사가 외무부장관에게〉, FNW–0639, 1981. 7. 1, No. 13465.

54 〈주오지리대사가 외무부장관에게〉, AVW–0714, 1981. 7. 8, No. 13465.

55 〈주불공사가 외무주장관에게〉, FRW–07030, 1981. 7. 4, No. 13465.

받아낼 수 있었다.[56] 7월 13일 빌리 다우메[Willi Daume] 독일위원은 사업상 수차례 방한하여 한국에 호의적인 입장이었으며, 한국의 경제력과 국력으로 보아 개최에 문제가 없고, 평화애호국으로서의 지위 향상과 동서교차의 의의에서 서울 유치가 바람직하다고 하였다. 다만, 소련·동구권이 결속하여 한국이 모스크바올림픽을 보이콧한 것을 이유로 친소 비동맹 제3세력의 협조를 얻어 방해 공작할 가능성이 있으므로 소련권의 방해 공작이 없도록 협조하겠다고 하였다.[57] 유럽의 IOC위원들은 일본의 성공적 올림픽 개최 경험과 나고야의 활발한 유치 활동, 그리고 동구권 국가들과 미약한 한국의 외교 관계 등을 서울의 올림픽 유치에 불리한 요소들로 보았다.

1981년 7월 10일 베네수엘라에서 개최된 PASO(Pan American Sports Organization, 범미스포츠연합회)총회는 중요한 전환점이 되었다. 4월 GAISF에 참석하지 않았던 한국은 PASO총회에 전상진 KOC부위원장과 조갑동 주볼리비아참사관을 파견했다. 이들은 주요 인사들을 접촉했는데, 사마란치 IOC위원장은 서울을 방문한 조사단으로부터 개최 능력과 운동 설비 등 준비가 잘되어 있다는 보고를 들었다. 그리고 적극적 유치 활동을 지속할 필요가 있다고 조언했다. ANOC회장인 마리오 라냐[Mario Vázquez Raña]는

56 趙重勳, 《내가 걸어온 길》, 나남출판, 1996, pp.200-205.

57 〈88년 올림픽서울 유치 교섭〉, GEW-0780, 1981. 7. 13, No. 13465.

서울이 더 적극적으로 유치 활동을 펼칠 것을 강조하며, ANOC 총회에서 나고야의 참석 여부에 상관없이 서울에 발언 기회를 주겠다고 약속했다.[58]

캐나다의 리처드 파운드Richard Pound 위원은 나고야의 적극적 유치 활동과 한국의 정치 문제로 서울이 유치에 성공하기 어렵다는 의견을 표명했다. 또한 공산권의 반응이 중요하여 "현재 투표한다면 60표 이상이 나고야를 지지할 것"이라고 보았다. 이에 전상진 대표는 서울의 시설 우위, 선진국 IOC위원과 다수 개발도상국 위원들의 지지 기대, 체육 분야에서 공산국가와의 교류를 통한 비공식관계 증진 상황 등을 설명했다.[59] 에콰도르의 아쿠스틴 아로요Aqustin C. Arroyo 위원은 서울 유치를 열렬히 지지한다고 밝혔다. 그는 한국이 작은 나라이고 올림픽 미개최국이라는 사실, 그리고 한국대사(김이명)가 자기를 대여섯 번이나 찾아와 지지 요청을 한 것에 감동하여 한국 유치의 대변인 역할까지 할 용의가 있다는 입장을 밝혔다.[60] 우루과이의 호세 베라시에트로Jose D.Vallarino Veracierto 위원은 한국 대표의 자료를 통해 한국을 알게 되어 남미의 IOC위원들 모임에서 서울 유치를 지지하는 입장을 개진했다.[61] 이탈리아의 줄리오 오네스티Giulio Onesti 위원은 공산 측 반응이 개

---

58 〈88올림픽 유치를 위한 제18차 PASO총회 참가보고서〉, 81-789, 1981. 7. 20, No. 13464, p.83.

59 GEW-0780, p.84.

60 GEW-0780, p.85; 전상진, 2011, p.29.

61 전상진, 1989, pp.571-577.

최지 결정에 중대한 영향을 줄 것으로 예상했다.[62]

　PASO총회에 참석한 전상진 대표단의 활동 결과는 다음과 같이 정리된다. 첫째, 서울시의 88올림픽 개최 능력과 시설에 대한 긍정적 인식을 확인했던 반면, 서울 유치 활동의 진정성에 대한 의구심, 공산 측의 부정적 반응이라는 문제점을 파악했다.[63] 둘째, 서울 대표가 8월 밀라노ANOC총회에서 공식적으로 제안 설명을 할 수 있는 기회를 획득했다. 셋째, PASO총회에 나고야가 불참한 것이 유리하게 작용했다. 나고야는 2월에 개최된 로잔 국제경기연맹회의에 서울이 불참한 것을 서울의 유치 의사 철회로 간주하여 PASO총회에는 대표단을 파견하지 않았다.[64] 나고야가 불참한 가운데 서울은 더욱 활발하고 자유로운 유치 활동을 전개할 수 있었다. 이와 관련 멕시코의 길레르모 산체스Guillermo Montoya Sanchez NOC사무총장은 한국이 1981년 7월 PASO에 도움을 청한 것은 커다란 기회로 작용했고, 서울에 대한 훌륭한 소개가 이루어짐으로써 최종 결정에서 미주대륙의 지지표들을 확보할 수 있었다고 회고했다.[65]

　1981년 7월 30일부터 8월 1일까지 이탈리아 밀라노에서 개최된 ANOC총회를 통해서 한국은 국가적 수준의 지원에 또 한 번

62　GEW-0780, p.88.

63　GEW-0780, pp.90-91.

64　전상진, 2011, pp.26-27; 이방원, 1989, p.191.

65　전상진, 1989, pp.580.

박차를 가했다. 내부적으로 중화인민공화국에 대해서는 아시아의 스포츠지도자로서 대부 역할을 강조하며, "표 대결 시 중립을 지켜줄 것을 요청"했다. 몽골에 대해서는 "북한과의 정치적 관계를 이해하나, 스포츠 차원에서 시설, 경험면에서 우월한 한국 유치 입장"을 강조하며, "총회 시 북한의 총회꾼 역할을 지나치게 하지 못하도록" 할 것을 계획했다. 공산권 IOC위원들에 대해서는 선별적으로 접촉하여 한국의 입장을 설명할 것 등의 ANOC총회 대책이 마련되기도 했다.[66]

조상호 KOC위원장은 치밀하게 ANOC총회 연설문안을 준비했고, 연설 당일 많은 박수를 받았다.[67] 이에 반해 일본 대표는 "2~3분 동안 형식적이고 성의 없는 연설을 해 참석 대표들 사이에 빈축"을 샀다.[68] 이후 한국대표단은 각국 위원들을 접촉, 분석했는데, 총 40개국 50명의 위원들과 접촉, 이중 17명의 위원들로부터 긍정적 반응을 확인했다. 이들은 스페인, 이탈리아, 프랑스, 터키, 포르투갈, 미국, 멕시코, 콜롬비아, 페루, 아르헨티나, 케냐, 튀니지, 뉴질랜드, 대만, 오스트레일리아 소속 위원들이었다.[69] 그러나 네덜란드와 폴란드의 위원들은 한국의 정치문제에

---

66 〈밀라노 ANOC 총회협조요청〉, 대체국 제344호, 1981. 7. 14, No. 13464.

67 이방원, 1989, pp.192–193.

68 최만립, 《도전은 끝나지 않았다: 한국 스포츠외교의 산증인 최만립이 전하는 30년 스포츠외교실록》, 생각의 나무, 2010, p.118.

69 〈ANOC 한국대표단 활동보고〉, MIW–0801, 1981. 8. 3, No. 13464.

우려를 표명했다.[70] 리비아는 서울 유치에 호의적이며, 아프리카 빈곤국들을 위해 체재비와 여비 부담을 경감시킬 수 있는 대책을 강구하여 바덴바덴에 오면 아프리카의 지지를 획득하는데 도움이 될 것이라는 조언을 했는데, 서울은 실제로 빈곤국 선수들의 올림픽 참가에 도움이 되는 방안을 마련했다.[71]

1981년 7월 31일 사마란치 위원장은 서울이 개최지로 결정될 경우 공산국가들의 참가는 문제가 없을 것이고, 서울이 훌륭한 개최 후보지라는 보고를 받았으나, 처음 신청한 국가가 바로 유치에 성공하기는 어렵다는 부정적 견해도 함께 표명했다.[72] 공산권과 관련하여 이탈리아위원은 공산진영의 집단행동에 따른 정치 문제를 우려하고 있었으나, 오히려 헝가리위원은 서울의 신청 서류를 잘 보았다고 답변하면서, 지지 또는 반대에 대한 언급은 회피하는 신중한 모습을 보였다.[73] ANOC회장은 객관적 조건이 우월한 국가만 올림픽을 유치하지는 않는다 하며, 일본이 1980년 모스크바 올림픽 보이콧에 앞장섰기 때문에 동구권의 일본 지지는 불투명하며, 소련NOC위원장 등 동구권 인사와 교분이 두터운 자신이 조정 역할을 하겠다고 했다.[74]

---

70 체교 1052, p.231.

71 체교 1052, p.227.

72 MIW-0801.

73 〈ANOC 총회 결과보고서〉, 체교 1052, 1981. 8. 13. No. 13464, p.225.

74 체교 1052, p.238.

이처럼 경쟁이 가열되는 가운데 1981년 8월 25일 벨기에 올림 픽위원장은 한국에 세 가지를 조언했다. 올림픽의 서울 유치를 성공하기 위해서는 정치적 문제가 없을 것임을 확신시켜야 하고, 이를 위해서 ① 평양 정부에 대한 문호 개방을 확신시킬 것(평양 측의 참가 보장, 차별 대우, 정치적 압력 등의 우려를 부식시키는 것 등), ② 소련, 중국을 포함한 세계 모든 국가 대표단의 차별 없는 서울올림픽 참가 보장 및 환영을 의심치 않도록 확신시키는 것, ③ 올림픽 헌장을 철저히 준수할 것에 대한 확인을 강조했다. 올림픽헌장 준수는 주최국의 당연한 의무지만 한국에 대한 평양 측의 선전과 일부 공산진영 국가들의 책동을 저지하기 위해 강조할 필요가 있다고 조언한 것이다.[75]

한국에서는 올림픽 유치에 대한 참가 보장가 고조된 반면에 일본에서는 나고야 시민들을 중심으로 반反나고야 올림픽 시민운동연합회가 구성되는 등 올림픽에 대한 부정적 여론이 커져가고 있었다. 1981년 7월 7일 최경록 주일대사는 "나고야 유치위원장이 한국이 꼭 88년 올림픽 유치를 원한다면 협조할 뜻을 약 2개월 전에 비친 적이 있으며 나고야 유치에 대한 국내적 반대 기운도 있다"고도 하였다.[76] 아르헨티나IOC위원은 일본의 나고야에서 일부 반대 캠페인이 전개되고 있으며, 야스이 도시미라는 나고야

75 〈주벨지움대사가 외무부장관에게 보낸 문서〉, BBW-08106, 1981. 8. 27, No. 13465.

76 〈주베네수엘라 대사가 외무부장관에게 보낸 전보〉, VEW-0712, 1981. 7. 10, No. 13464.

시민이 자신에게 보낸 올림픽 유치 반대 편지를 보여주면서 여론 통일이 매우 중요하다고 말하였다. 또한, "본인은 귀국에 찬표를 던지겠다고 이 자리에서 확약은 하지 않지만, 반대할 생각이라면 오늘 당신들의 면담 약속에 응하지 않았을 것이다"라고 말하면서 간접 지지를 시사하며, 올림픽 유치 반대 캠페인이 있다면 총회에서 불리하다고 하였다.[77]

1981년 8월 10일에 국무총리 주재 올림픽 유치 대책 협의에서는 일본에 의한 한국의 중도 포기설 유포로 서울의 개최 진의가 의심받고 있다는 우려가 개진되었다. 또한 일본과의 지나친 경쟁은 우방국 간의 우호 관계를 훼손시킬 우려가 있으며, 나고야 개최에 대한 일본 국내 반대 여론이 고조되고 있어 나고야시가 기권하거나 서울이 개최지로 확정될 경우의 대책의 필요성도 제기되었다.[78]

사실 나고야 대표단이 강한 자신감을 보였음에도 불구하고 일본 올림픽위원회는 한국 개최가능성을 고려하여 1981년 9월 9일에 대책 회의를 진행하는 상황이었다. 유치 대책으로 JOC대표가 공산권 대표들과의 막후 접촉을 통해 서울 개최 시 나타날 한국의 국내외 정치문제를 공략하여 설득할 것, 그리고 중동 지역에서 일본과 경제적 연계를 갖는 소수 민족 국가들을 포섭할 것을

---

77 〈올림픽유치교섭: 주아르헨티나 대사대리가 외무부장관에게 보낸 전보〉, ARW-0850, 1981. 8. 22. No. 13464.

78 행정조정실, "국제경기 유치 대책 회의 결과 시달(통보)," 〈1981시행문서〉, 1981. 8. 12. 관리번호: BA0883759.

논의했다. 또한, 한국이 올림픽 유치 능력이 충분하며, 국제항공 협정을 체결하지 않고 있는 대한항공KAL이 중남미와 아프리카국 가를 상대로 일본항공JAL보다 나은 조건을 제시할 시 한국 지지국 가가 늘어날 것을 우려했다.[79]

두 차례 국제회의 참가를 통해 국가적 수준에서 올림픽 유치 의지를 분명히 전달하고, 이에 대해 국제 사회에서 긍정적 반응 을 확인한 한국의 시도는 역으로 국내적 합의를 증대하는 데 기 여했다. 1981년 8월 10일 한국의 문교부는 당시까지의 유치 활 동을 점검했는데, 한국 측이 접촉한 IOC위원들 중 5명이 적극 지 지, 16명 지원, 호의적 고려 16명, 중립 18명으로 분석되었다. 지 역적으로 미주, 대양주는 대체로 한국에 호의적, 유럽과 중동은 한국에 대한 불안감을 표시했고, 아프리카는 태도를 분명히 밝히 지 않고 있었다.[80]

충분히 서울 유치를 노려볼 만한 점검 결과였으나, 정부의 경 제관료와 서울시 측, 그리고 김택수 IOC위원으로부터는 여전히 비관론이 제기되었다. 여러 자료들을 교차분석해보면 이 교착상 태를 타개한 것은 노태우 정무2장관이었다. 노태우 장관은 박종 규와 노재원 대사로부터 올림픽 유치 필요성과 가능성을 보고받 고, 전두환 대통령에게 1981년 9월 2일 "올림픽은 꼭 유치해야

79 안전기획부, 〈88올림픽유치를 위한 JOC 동향〉, 〈올림픽 유치 활동 보고서〉 1981. 9. 관리번호: BA0083695.

80 이방원, 1989, pp.197-198.

하므로 대통령께서 결단을 내려 주십시오"라고 건의했다.[81] 이에 9월 3일 "기필코 올림픽을 유치하라"는 대통령의 지시가 있었고, 급히 대규모 올림픽유치대표단이 구성되었다.[82]

4. 바덴바덴에서의 유치 결정

핼리데이Fred Halliday는 1979년부터 제2의 냉전Cold War II; Second Cold War 이 시작되었다고 보았고, 미소 간 군비경쟁이 확산되고, 미국의 군사적 우위가 약화되는 특징을 포착했다.[83] 1979년부터 소련의 아프가니스탄 침공(1979년 12월), 폴란드 무력개입(1980년 12월) 등으로 파키스탄, 중국, 사우디아라비아 그리고 영국을 포함하는 대對소 신봉쇄연합이 구축되면서 1970년대의 데탕트 분위기가 반전되었다[84]. 또한, 1979년부터 미국과 소련 사이에 재개된 경제적 대결이 심화되었고, 트루먼 행정부에서 적용시켰었던 전략적 금수조치에 따른 수출 제재가 확대, 시행되었다.[85] 소련 역시 군

---

81 노태우, 2011, p.269. 노태우 장관의 활동에 대해서는 최만립, 2010, pp.125–127.

82 박세직, 1990, pp.46–47. 전상진은 "외무부는 대통령의 '기필코 유치' 지시 전부터 해외공관에 반응타진을 하고 있었는데 이는 외무부가 조금 앞서 있었다고 볼 수 있었던 예"였다고 하며, 외무부로서는 표 하나를 위해 본인은 물론 노신영 장관이나 김동휘 차관도 매우 적극적이었다며 외무부의 역할을 강조했다. 전상진, 2011, pp.29–30.

83 Fred Halliday, *The Making of the Second Cold War*, 2nd ed, London: Verso, 1986, pp.11–19.

84 김명섭, 〈냉전연구의 현황과 전망〉, 《국가전략》 제3집 2호, 1997, p.79.

85 Saki Dockrill and Geraint Hughes, *Palgrave Advances in Cold War History*, New York: Palgrave Macmillan, 2006, p.180.

사력과 군수물자를 미국을 넘어서는 정도로 축적했고, 이에 미국의 대소 위협 인식이 강해졌다.[86]

1981년 바덴바덴에서 개최된 IOC총회는 1973년 불가리아에서의 바르나Varna회의 이래 처음으로 공산권 IOC위원들이 참석한 회의였다. 바덴바덴회의는 당시의 국제적 냉전 상황을 반영하여 경찰이 모든 회의 지역에 배치되는 등 삼엄한 보안 속에 진행되었다. 사마란치 위원장은 IOC의 결정에 따라 올림픽이 보이콧 위협을 받을 수 있음을 우려했다.[87] 올림픽은 두 코리아 사이의 긴장 관계를 증폭시킬 수도 있었고, 만일 공산진영이 보이콧한다면 올림픽 자체에 돌이킬 수 없는 손해를 입힐 수도 있었다.[88]

사마란치는 1980년 모스크바올림픽 보이콧 사태 이후 양 진영의 화합을 위해 바덴바덴회의에 공산권 IOC위원들의 참가를 독려했다. 다른 한편으로 1984년 로스앤젤레스올림픽 조직위원장이었던 피터 위버로스Peter Ueberroth는 "바덴바덴은 우리의 세계 데뷔 무대다Baden-Baden is our world debut"라고 공언했다.[89] 미소 간의 제2 냉전은 한국과 일본의 유치 경쟁에 영향을 미쳤다. 양국은 모두 미국의 동맹국이기는 했지만, 북한과 대치하고 있던 한국과 달리 일본은 공산국가들과 국제적 관계를 맺고 있었기 때문에 나고

---

86 Manfred R. Hamm, *New Evidence of Moscow's Military Threat, The Heritage Foundation*, June 23, 1983.

87 Guttmann, 1992, p.156.

88 Hill, 1996, p.169.

89 Senn, 1999, p.192.

야는 서울 보다 공산권 IOC위원들의 표를 얻기에 용이한 측면이 있었다.[90]

한국의 올림픽유치특별대책반은 IOC총회에 대표단의 파견에 앞서 유치 작전을 위한 대책을 강구했다. 1981년 9월 6일까지 접촉한 IOC위원들 중 명확한 지지 혹은 잠재적 지지 입장을 보인 위원들은 다음과 같이 파악되었다: 아시아 지역 8개국 8명의 위원들 중 대만, 말레이시아, 인도네시아, 태국, 뉴질랜드, 파키스탄의 5명 위원, 유럽 지역 16개국 24명의 위원들 중 프랑스, 서독, 터키, 스위스, 스페인, 이탈리아(2명), 포르투갈, 노르웨이, 네덜란드, 그리스 등의 11명 위원, 미주 지역 12개국 16명 위원들 중 미국(2명), 멕시코(2명), 아르헨티나, 콜롬비아, 파나마, 브라질, 페루, 에콰도르의 10명 위원, 아프리카·중동 지역 12개국 12명 위원들 중 나이지리아, 케냐, 모로코, 레바논, 에티오피아, 수단, 카메룬의 7명의 위원 등. 이는 총 48개국 60명의 위원들 중 34명의 위원들이 한국의 올림픽 유치를 지지하거나 긍정적으로 파악하고 있다는 뜻이었다.[91]

IOC총회가 20여 일 남은 상황에서 관계부처는 연석회의를 개최하며, IOC위원들에게 펼친 '설득공작'에 따라 유치가 가능하

---

90 Herb Weinberg, *The Olympic Selection Process, Journal of Olympic History(formerly: Citius, Altius, Fortius)* 9–1 (Winter 2001), p.24.

91 〈IOC 총회 대책: 외무부 문화교류과 기안문서〉, 정문 750–1723, 1981. 9. 2, No. 13465.

다고 파악했다.[92] 미국의 줄리언 루즈벨트Julian Roosevelt 위원은 동구권위원들과 접촉하여 서울 지지를 모색하겠으며, 나리타공항 건설의 10년 소요 과정과 공항 시설 습격 사건은 일본을 난처하게 할 사례라고 보았다. 미국의 더그 로비Doug Roby 위원은 서울 지지를 약속하며 일본 시민들로부터 반대 서한을 다수 접수했고, 한국이 분단국가라는 점은 문제가 아니라고 하였다.[93] 영국의 데니스 팔로우스Sir Denis Follows 위원은 서울이 유리하나, 정치적 문제와 일본의 강력한 로비 활동에 우려를 표명했다. 덴마크 위원은 미개최국인 한국의 개최를 지지할 생각이며, 나고야 시민들로부터 개최 반대 편지를 25통이나 받았다고 전했다.[94]

핀란드의 피터 탈베르그Peter Tallberg 위원은 미개최국 한국에 동조 의사를 보였다.[95] 이에 반해 서울 개최를 반대하는 것으로 알려진 스위스의 레이몬드 가프너Raymond Gafner 위원은 동구권 입장이 중요하고, 한국의 정치 상황을 장애로 본다며 간접적으로 나고야를 지지했다.[96] 유럽 위원들의 서울에 대한 지지가 미온적이었던 것과 달리 1981년 9월 14일 파키스탄의 NOC부회장 안와르 쵸드리Anwar Chaudhry는 서울 지지 의견을 표명하며, 항상 공동 보조를

---

92 이방원, 〈제84차 IOC총회 앞으로 20일 88년 五輪, 서울이냐 나고야냐〉, 《京鄉新聞》, 1981년 9월 9일.

93 〈IOC: 외무부장관이 주독대사에게〉, WGE-0986, 1981. 9. 21, No. 13465.

94 〈올림픽 유치교섭: 주덴마크 대사가 외무부장관에게〉, DEW-0945, 1981. 9. 18, No. 13465.

95 〈IOC: 외무부장관이 주독대사에게〉, WGE-0980, 1981. 9. 19, No. 13465.

96 〈88년 올림픽 유치교섭: 주서서 대사가 외무부장관에게〉, SZW-0902, 1981. 9. 4, No. 13465.

취하는 중남미 17표의 향방이 관건이라는 조언도 해 주었다.[97]

한국 정부는 바덴바덴 현지 언론을 상대로 공공외교를 전개했다. 공공외교를 통해 전달하고자 하는 메시지는 시설면에서 서울이 나고야 보다 앞서 있고, 850만 서울 시민이 88년 올림픽 개최를 열렬히 환영하고 있으며 한국 정부와 온 국민이 모든 지지와 성원을 아끼지 않고 있다는 등의 내용이었다. 이에 반해 나고야는 시민의 60%가 올림픽 개최를 반대하고 유치 반대 위원회까지 구성되어 반대 캠페인을 벌이고 있다는 내용도 포함되었다. 또한 한국은 제5공화국 출범 이후 정치적, 사회적 안정을 기하였으며, 경제도 완전히 안정을 되찾아 고도성장을 지향하고 있음으로 군사적 대치 현실을 우려할 필요는 없다는 점을 강조했다.[98]

민간 차원의 유치 전략도 함께 이루어졌다. 1981년 9월 15일 올림픽민간추진위원장 정주영은 "대표단이 서울을 떠날 때 정부로부터 들은 훈령이 아무리 '창피만 당하지 마라'였다고 해도, 내 결심은 '반드시 유치'였다"라며[99] 당시의 그의 확고한 유치 결심을 회고했다. 정주영이 면담한 리처드 팔머 올림픽위원회사무국장은 IOC대표로 나고야와 서울을 방문하고 현지 조사 보고서를

---

97 〈IOC: 외무부장관이 주독대사에게〉, WGE-09125, No. 13465. 9월 18일에는 파키스탄의 이슬라마바드에서 1988년 올림픽이 서울에서 개최될 가능성이 크다는 신문보도가 나왔다. 한국 정부로 송부된 기사들의 제목은 "Seoul favourite for 1988 Olympic," "Nagoya is second choice – Seoul may be voted to host 88 Olympics' 등 이었다. "1988올림픽유치관련기사: 주이슬라마바드 총영사가 외무부장관에게," 주파정 770-339, 1981. 9. 18, No. 13465.

98 〈IOC 유치홍보활동〉, WUS-0976, 1981. 9. 15, No. 13465.

99 정주영, 1998, p.272.

제출한 바 있었다. 그는 "시설면에서 한국이 분명 유리한 조건에 있으나 문제는 한국이 외교관계를 가지지 못한 국가가 많다는 정치적 사정에 있는 것으로 본다"며, 일본이 강력한 로비 활동을 하고 있고, 한국도 그러한 활동을 하도록 권유했다.[100]

바덴바덴으로 출발에 앞서 정주영은 현대 프랑크푸르트지점에 긴급 전문을 보내 급박한 일정 계획 아래 현지 도착 후 관련 국과의 로비, 각종 지원에 대한 준비 명령을 내렸고, 임대저택을 본부로 삼아 현대 프랑크푸르트 전 직원을 상주시켜 유치 활동을 적극 지원하도록 했으며, 대표단은 별도로 얻은 시내 사무실에서 본격적인 활동을 할 수 있게 하였다. 정주영은 철저한 사전 정보 입수 및 개별 로비 활동 전개, 현지의 경비 지원체제 구축, 치밀한 사후 관리 및 일일 점검 등 수주전략과 똑같은 득표전략을 수립했다.[101]

바덴바덴에 도착한 정주영은 당시의 상황을 다음과 같이 회고했다.

한국의 대부분의 대표단은 9월 24일, 25일에 도착했고, 꾸준

---

100 〈올림픽유치: 주영 대사가 외무부장관에게〉, UKW-0961, 1981. 9. 16, No. 13465. 바덴바덴에서 정주영을 수행했던 정몽준은 다음과 같이 회고했다. "처음에 영국IOC위원들은 기업인이 스포츠와 관련한 업무를 하는 것에 냉소적인 자세였지만, 이후에 88올림픽을 나고야에서 하게 되면 일본은 올림픽을 두 번 할 뿐 아니라 일본의 산업 전체가 크게 발전할 것이라고 언급하자 분위기가 반전되었다. 영국 제철·자동차·조선 산업의 주도권이 일본으로 옮겨가는 시기라서 이러한 정주영의 지적은 영국위원들에게 유치 지지를 다시 생각하게 하는 계기가 되었다." 정몽준 면담 구술, 2014. 10. 30, 아산정책연구원; KBS, "88서울올림픽, 신이 내린 한 수," 〈KBS 1TV 다큐극장〉, 방송일: 2013. 4. 27.

101 정주영, 2009, p.197.

히 유치 활동을 해왔던 일본의 나고야시는 개막 이틀 전인 18일에 시장까지 도착해서 왕성한 활동을 하고 있는데, 우리 IOC위원과 서울 시장은 개막일이 지나도 나타나지를 않았다. 세계 각 국의 IOC위원들이 투숙한 브래노스파크호텔 출입은 IOC위원에게만 출입이 허용되었기 때문에 우리의 IOC위원이 빨리 와 투숙해주어야만 그를 만난다는 구실로 드나들며 다른 나라 IOC위원과 접촉할 수 있는데, 참으로 답답하고 한심한 노릇이었다. 바덴바덴 시내 사무실에는 조상호 씨 혼자서 거의 모든 일을 했다.[102]

주요 대표단원들 아직 바덴바덴에 도착하지 못한 상황에서 정주영은 대표단을 정비하여 전체 80여 명 IOC위원 "한 사람 한 사람의 마음까지도 전부 내리읽는 식으로 연구"해서 담당자를 배치했다.[103] 전상진은 다음과 같이 회고했다.

정주영 씨는 영국IOC위원장과 조선·자동차 연줄이 있어 만나 교섭을 했고 (…) 개인적으로 정주영 씨가 IOC위원 숙소에 생화를 보내주어 어필해 보자 하는 아이디어를 냈어요. 그것을 IOC위원 김택수 씨 명의로 하자고 그러다가 내가 IOC위원인데 왜 동료 위원한테 하냐고 해서, 정주영 씨 이름으로 매일 생화를 IOC 부인들에게 보냈

102 정주영, 1998, pp.270–271.

103 鄭周永, 《이 아침에도 설레임을 안고: 峨山 鄭周永 연설문집》, 삼성출판사, 1986, p.332.

는데 그것도 굉장히 히트쳤다.[104]

이원홍은 "정 회장은 밤도 없고 낮도 없었다. 언제 주무시는지 알 수 없었다. 세계적 사업가는 그렇게 뛰어야 하는 모양이다. 나도 하루 두서너 시간 눈 붙이는 것이 고작이었는데 내 눈에 보인 정 회장은 일하는 모습밖에 없었다. 아침 7시면 전략회의를 주재한다. 득표 상황도 점검한다. 하루의 중요 일과도 정한다. IOC위원들이 있는 곳이면 새벽이고 밤중이고 가리지 않고 달려간다. 숙소든 식당이든 별장이든 정 회장이 찾아가지 않는 곳이 없다. 회의장 밖을 종일 지키고 서 있었던 것도 한두 번이 아니다. 그리고 밤이면 다시 모여 활동 상황을 점검했다"고 증언했다.[105]

정주영은 로비 활동을 통해서 서울 지지가 확실한 것으로 판단된 IOC위원들을 적어도 46명으로 계산, 서울 유치는 확실하다고 주장했다.[106] 또한, 상대적으로 위축되어 있는 중동 및 아프리카 등 저개발국가 IOC위원들에게도 겸허하게, 그리고 성심으로 한국의 유치 의사와 개최 능력을 소개하고, 후진국도 언젠가는 올림픽을 개최할 수 있다는 희망을 북돋워 줌으로써 한국에 호의적

104 서울특별시 시사편찬위원회 편, 2013, pp.39–40; 파이낸셜뉴스신문 산업부, 《집념과 도전의 역사 100년》, 아테네, 2004, pp.180–181; 최만립 면담 구술, 2014. 10. 30, 아산정책연구원. 김인자에 따르면 정주영은 직원들로 하여금 사전에 IOC위원들의 사진을 숙지시키고, 직접 대면 시 먼저 인사를 할 수 있도록 교육했다. 김인자 면담 구술, 2014. 10. 30, 아산정책연구원.

105 《아산 정주영과 나》 100인 문집 편찬위원회, 1997, pp.322–323.

106 정주영, 2009, p.200.

인 방향으로 그들을 선회시켰다.[107] 정주영은 이미 나고야 쪽으로 굳어진 선진국 IOC위원들보다는 소외되고 있는 중동 및 아프리카 IOC위원들을 집중 공략하는 작전을 썼는데, "중동위원들은 자기네 나라에서 건설을 많이 했던 현대를 이미 알고 있었고, 그래서 나쁘지 않은 현대의 이미지가 도움이 되었다"고 하였다.[108]

한편, 박종규는 바덴바덴에서 ANOC회장인 마리오 바스케스의 주선으로 아디다스 회장 다슬러Horst Dassler와 면담을 갖게 되었다. 다슬러는 "미주지역 TV 중계협상권을 내게 주고, 올림픽 후원 사업에 참여할 해외기업의 선정권을 달라. 이를 한국 측이 보장할 수 있다면 44표를 확보해 줄 수 있다"고 제의하며, 이후 나고야 대세의 흐름이 역류하는 징조가 나타났다는 증언도 있다.[109] 이러한 정주영을 비롯한 민간대표단의 현지 유치 활동은 IOC위원들의 한국 지지 반응을 증가시키는 데 큰 영향을 미쳤다.

1981년 9월 23일 한국은 82명 IOC위원 중 3명이 불참, 79명이 참석할 것으로 예상하면서, 한국 대표단의 지속적 접촉으로 호의 반응이 증가하고, 부정 반응의 상당수가 중립으로 바뀌었음

107 정주영, 2009, p.199.

108 정주영, 1998, p.275. 또한, 철저한 사전 정보 입수 및 개별 로비 활동 전개, 경비 지원체제 구축, 치밀한 사후 관리 및 일일 점검 등 수주전략과 유사한 유치전략을 추진했다. 정주영, 2009, p.197.

109 이방원, 1984, pp.32-33. 1988년 동·하계 올림픽 예상 총수입 14억 달러의 3/4은 인터내셔널 매니지먼트그룹(IMG)과 아디다스의 몫이라고 당시 언론은 파악했다. 이들은 IOC로부터 독점대리인 자격을 획득했고, 아디다스는 다국적 기업들에 대한 스폰서 배정권한을 쥐고 있었다. 정운영, "돈과 방송과 올림픽과...." 〈한겨레신문〉 1988년 10월 3일.

을 감지했다.[110] 9월 25일 경에는 한국을 지지하는 IOC위원이 과반이 안 되는 39명이며, 이는 아시아 12명 중 7명, 유럽 27명 중 12명, 미주 17명 중 14명, 아프리카·중동 13명 중 6명으로 파악했다. 열세 원인으로 공산권의 올림픽 서울 개최 시 보이콧하겠다는 캠페인으로 모스크바올림픽의 재현 우려와 현지 언론의 나고야 지지 편향보도가 지적되었다. 하지만 미국이 서울 지지를 확고히 하면서 공산권 성향 12표를 상쇄하는 상황이었고, 유럽 및 아시아위원들도 정치성 배제의 신념을 가지고 있다는 긍정적 전망도 덧붙여졌다.[111]

그러나 평양 정부와 공산진영은 공식·비공식적으로 서울의 올림픽 유치를 방해했다.[112] 평양 정부는 IOC위원 포함 9명의 대표가 총회에 참석했는데, 9월 12일 평양 정부에서 파견된 총영사 강창열이 쵸드리 위원을 방문하여 서울에서 올림픽이 개최될 경우 불참하겠다는 뜻을 통보했다. 이에 쵸드리는 아시안게임이 평양에서 개최될 경우 서울 측은 참가할 것임에 비추어 올림픽이 서울에서 개최될 경우 평양 측은 참가할 수 없다고 하는 것은 모

---

110 〈올림픽 서울 유치(5신)〉, GEW–09131, 1981. 9. 23, 3급 비밀, No. 13465.

111 〈88년 올림픽 유치 교섭전망(외무부 내 참고용)〉, 1981. 9. 25, No. 13465.

112 Woodrow Wilson International Center, "Sport and Politics on the Korean Peninsula – North Korea and the 1988 Seoul Olympics," http://www.wilsoncenter.org/publication/ (검색일: 2014. 9. 29). 이 문서군 중 1986년 사마란치와 전두환 대통령의 면담에서 2~3경기 정도를 북한에서 개최하자는 사마란치의 의견에 대해 전대통령이 거절하는 문서는 다음을 참조. "Interview with the President of the Republic of South Korea–Chun Doo–Hwan" (stamped confidential) 19.04.86.

순이라고 반박했다.[113] 9월 21일 신원불명 2명이 "정주영, 최원석 회장을 방문하려하다 횡설수설한 후" 사라졌고, 최원석 회장과 스웨덴 IOC위원의 면담을 방해하기도 했다.[114]

평양 정부의 올림픽 관계자는 노르웨이의 스타우보 위원을 찾아가 서울을 비난하며, 나고야 지지를 요청했지만, 오히려 위원에게 충고를 들은 일화도 소개되고 있는데, 스타우보 위원은 노르웨이에서 선박회사를 경영하였고, 1973년 현대미포조선소가 설립한 직후 최초로 선박 건조를 의뢰해 왔던 고객이기도 하였다.[115] 콩고의 장 클로드 강가Jena-Claude Ganga 위원은 평양 정부의 서울 유치 반대 요청에 올림픽이 강대국 도시들만 개최할 수 있는 것은 아님을 주장했다.[116]

공산진영은 공식적 루트를 통해서도 방해 공작을 펼쳤는데, 9월 20일 IOC집행위원회에서 소련위원은 한국이 정치적으로 불안하며, 과거 아시안게임을 반납한 예가 있고, 공산권 국가들이 참가를 거부할 것이라는 이유로 서울 유치에 반대했으나, 큰 호응을 얻지 못했다.[117] 독일 언론 〈쥐트도이체 차이퉁Suddeutsche Zeitung〉은 소련 진영이 서울 정부가 평양 정부보다 높이 평가되는 것을

113 〈88올림픽 및 86아시안게임 유치〉, 카라치-27, 1981. 9. 23, No. 13465.

114 〈올림픽 서울 유치(1)〉, GEW-09110, 1981. 9. 23, No. 13465.

115 이방원, 1984, pp.34-36.

116 전상진, 《세계는 서울로》, 범양사 출판부, 1989, p.590.

117 GEW-09110.

막으려 한다고 보도했다.[118] 하지만 공산권이 모두 같은 입장은 아니었다. 폴란드 기자는 "폴란드는 소련의 영향을 받지 않으며 폴란드 기자단은 서울을 지지한다"고 밝혔다. 동독 기자는 양 도시의 승리 가능성을 50대 50으로 보았다.[119] 쿠바의 마뉴엘 궤라 Manuel Gonzales Guerra 위원은 소련 관계에 독자 노선을 유지하고 있으며, 한국 전시장 참관 후 나고야 전시장은 참관하지 않고 돌아갔다. 그의 서울로의 지지 선회는 친한파親韓派 중남미위원들의 영향을 받은 것으로 분석되었다.[120]

1981년 9월 23일 경 바덴바덴의 분위기는 올림픽을 개최한 적 없는 한국의 올림픽 유치에 대한 동정여론과 공산진영의 반대와 군사적 대치 상태에 따른 불안 여론이 교차하고 있었다. 나고야 측은 서울에 대한 지지가 예상 외로 큰 것에 당황하며 네거티브 negative 전략을 구사하고 있었다.[121] JOC는 9월 9일 올림픽 유치대책 회의를 개최하여 JOC대표가 공산권과의 막후 접촉을 통해 서울 개최 시 나타날 한국의 국내외 정치 문제를 공략하여 설득할 것, 중동 지역에서 일본과 경제적 연계를 갖는 소수 민족 국가들을 포섭할 것 등의 대책을 마련했다. 또한, 국제항공협정을 체결하지 않고 있는 "KAL이 중남미와 아프리카를 상대로 일본의 JAL

---

118 〈올림픽 서울 유치(6)〉, GEW-09141, 1981. 9. 25, No. 13465.

119 〈올림픽 총회 홍보활동〉, GEW-09152, 1981. 9. 26, 3급 비밀, No. 13465.

120 〈올림픽 서울 유치(9신)〉, GEW-09162, 1981. 9. 27, 3급 비밀, No. 13465.

121 〈올림픽 서울 유치(2)〉, GEW-09116, 1981. 9. 23, No. 13465.

보다 나은 조건을 제시할 경우 이들 지역에서 서울 개최를 지지하는 표들이 늘어날 것"을 우려했다.[122] 실제로 IOC총회 질문들 중에는 대한항공의 할인과 관련하여 대표선수단의 "항공료를 싸게 할 수 있는가"라는 질문이 있었고, 서울 유치추진단의 일원은 대한항공을 저렴하게 이용할 수 있도록 하겠다고 답변했다.[123] 이 답변은 1988년 서울올림픽 개최에 즈음해서 실현되었다. 대한항공은 수송 지원을 요청하는 국가에 대해서 협조, 지원했으며, 특히, 아프리카 저개발국 선수단에 대해 특별 할인 혜택을 제공했다.[124]

올림픽 유치를 낙관하고 있던 나고야는 일본 시민 단체로 구성된 반反나고야올림픽시민운동연합회가 IOC위원들에게 나고야의 올림픽 유치를 반대하는 서한을 집요하게 보내는 등 대내외적으로 불리해지는 상황이었다.[125] 이미 1981년 6월 5일 〈요미우리〉는 국제올림픽이사회에 개최 후보지 관련 현지 보고서가 제출되었으며 현지 소식통에 따르면 서울이 우세한 평가를 받고 있음을 보도했다. 서울과 나고야가 호각지세를 보이고 있으며, 조사 당시 서울이 올림픽 시설의 60% 이상을 완성했기 때문이 좋은 평

122 안전기획부, 〈88올림픽유치를 위한 JOC 동향〉, 《올림픽 유치 활동 보고서》 1981. 9. 관리번호: BA0083695.

123 〈바덴바덴 IOC총회 양측 서로 有利주장〉, 《東亞日報》, 1981년 9월 30일.

124 大韓航空, 《大韓航空 二十年史》, 大韓航空, 1991, p.414.

125 홍인근, 〈서울挑戰에 흔들리는 名古屋〉, 《東亞日報》, 1981년 9월 19일.

가를 받았다고 전했다.[126] 1981년 7월 아사히신문에는 52%만 찬성했을 뿐 나머지 주민들은 올림픽 개최에 반대하거나 무관심한 것으로 드러났다. 그 배경은 대회 개최로 인한 세금 부담과 환경오염에 대한 반대 여론이 형성되었기 때문이었다.[127] 9월 25일 일본시민연합회가 기자회견을 갖고 일본이 올림픽을 독점하려는 것은 부당하다고 한 것은[128] 일본에 대한 IOC위원들의 지지를 약화시킨 결정적 요인들 중 하나였다.[129]

바덴바덴의 분위기가 한국에 유리하게 전환되는 데에는 현지 전시관의 역할도 컸다.[130] "한국 전시관의 안내양들이 '나라를 위해서'라는 의식이 몸에 배어 마치 자신 운명이 걸린 것처럼 시종 미소를 머금고 안내 업무에 충실한 반면, 일본 안내양들은 (…) 근무 시간을 철저히 지키는 사무적인 태도"였다는 회고가 있다.[131] 박영수 시장 역시 서울 유치 확정 이후 국회에서 "대표단의 노력은 바덴바덴 이전 대한올림픽위원회를 비롯한 관계 부서의 사전 활동에 힘입은 바 컸으며, 현지에 설치한 서울올림

126 〈한국, 88년 五輪유치 有力〉, 《東亞日報》, 1981년 6월 6일.

127 박경호 외, 2011, pp.52–53.

128 GEW–09152.

129 하지만 최만립은 일본시민운동연합회의 규모가 작았고, 그 영향력이 미미했었다고 하며, 올림픽 유치에 있어서 일본 자체의 변수 보다 한국의 유치전략이 주요했다고 본다. 최만립 면담 구술. 2014년 10월 30일. 아산정책연구원.

130 GEW–09152.

131 이방원, 1989, p.44.

픽 전시관의 성공적인 운영"으로 총회 분위기를 한국 측으로 전환케 하였다고 보고했다.[132] 독일 신문들은 한국의 시설이 훌륭하고 전시내용의 성실성으로 보아 서울이 나고야보다 경기 개최에 적극적이라는 인상을 기사화했다.[133] 〈프랑크푸르트 알게마인 *Frankfurter Allgemeine*〉은 한국 전시관과 전통 옷의 안내원들이 인상적이라고 보도했다.[134] 그러나 유고 발 AP통신은 비동맹국들이 총회에서 서울에 반대표를 던질 것 같다는 부정적 예측을 보도하기도 했다.[135]

1981년 9월 29일 총회에서 한국대표단 발표 후 소련ISF위원은 〈재팬 타임즈 *Japan Times*〉를 인용하여 한국 정부가 일본에 60억불 차관을 요청한 것에 관해 질문했다. 이에 대해 유창순 무역협회장은 양국이 "경제적으로 특수한 관계이고, 양국 무역에서 지난 20년간 한국은 약 200억 불의 무역적자를 보고 있고, 일본에 대한 경협 요청은 이러한 무역 적자를 보충하는 의미"라고 답했다.[136] IOC위원단은 한국 대표단 발표가 잘되었고, 소련의 공세적 질문은 오히려 한국의 경제 능력을 설명하고, 위원들의 지지를 확보

---

132 大韓民國國會事務處, "第24回國際올림픽大會서울誘致에관한報告," 〈第108回 國會會議錄 第12號〉 1981年 10月 4日.

133 GEW-09152.

134 GEW-09131: 〈1988년도 올림픽 유치관계 해외언론반응〉, GEW-(확인불가), 1981. 9. No. 13465.

135 나고야의 언론은 "일본의 경제안정과 동경올림픽 경험, 멜버른의 철회 및 한국이 동구권과 외교관계가 없음으로 나고야가 88년 올림픽 개최지로 선정될 것"으로 보도했다. GEW-(확인불가). 한편, 북한은 나고야대표들에게 "느긋하게 굴 때가 아니다"라고 꾸짖기도 하였다. 이방원, 1989, p.37.

136 〈올림픽 서울 유치(10신)〉, GEW-09171, 1981. 9. 29, No. 13465: 전상진, 2011, p.39.

하는 기회가 되었다고 평가했다.[137] 9월 29일 한국 측은 서울 32표, 중립 21표, 일본 28표로 양측 지지가 거의 비슷하다고 분석했다.[138] 핀란드 최대 일간지는 "서울올림픽 개최 가능성 높아"라는 제목으로 "한국이 IOC위원들에게 서울의 준비 상황 및 특징을 인상적으로 설명했다"고 보도했다.[139] 9월 30일 한국은 '틀림없는 표'를 과반 41표 내외인 36에서 46표로 파악했다.[140]

1981년 9월 30일 사마란치는 서울이 유효 투표 79표 중 52표의 압도적인 지지를 받아 27표를 얻은 일본의 나고야를 제치고 개최권을 획득했다고 공식 선언했다.[141] 한국 정부는 투표 동향을 파악하여 다음과 같이 국가별 지지 현황을 추계推計했다. 아시아주는 8개국(미국, 대만, 태국, 말레이시아, 인도네시아, 파키스탄, 인도 [2][142], 뉴질랜드) 9명 위원이 서울을 지지했고, 2개국(북한, 일본[2]) 3명이 나고야를 지지했다. 미주는 11개국(미국[1], 멕시코[2], 브라질[2], 우루과이, 아르헨티나, 콜롬비아, 페루, 에콰도르, 푸에르토리코, 파나마, 베네수엘라) 13명이 서울을 지지했고, 3개국(캐나다[2], 미국

137 GEW–09171.

138 〈올림픽 서울 유치(제11신)〉, GEW–09172, 1981. 9. 29, No. 13465.

139 〈IOC 총회: 주 핀랜드 대사가 외무부장관에게〉, FNW–0962, 1981. 9. 30, No. 13465.

140 〈올림픽誘致, 서울·나고야 伯仲勢〉, 《京鄕新聞》 1981년 9월 30일.

141 〈88년 올림픽 서울開催〉, 《東亞日報》 1981년 10월 1일. 핀란드의 "모든 신문(공산당지 포함), 라디오, 텔레비죤은 한국에 대한 더할 수 없는 감탄의 발언과 깨끗한 서울 모습, 체육 시설을 집중적으로 보도"했다. "주 핀랜드대사가 김동휘 차관에게," SVCFN–1001, 1981. 10. 1, No. 13465.

142 꺽쇠괄호 안 수치는 해당 국가별 지지위원 수.

[1], 칠레) 4명이 일본을 지지했다. 유럽은 13개국(스웨덴[1], 노르웨이, 핀란드[1], 스페인, 포르투칼, 스위스[1], 프랑스[2], 영국[2], 서독[2], 이탈리아[2], 벨기에, 룩셈부르크, 그리스) 17명 위원이 서울을 지지했고, 8개국(스웨덴[1], 스위스[1], 핀란드[1], 오스트리아, 터키, 아일랜드, 덴마크, 네덜란드) 8명 위원이 나고야를 지지했다. 아프리카·중동은 12개국(나이지리아, 케냐, 모로코, 코트디부아르, 수단, 세네갈, 튀니지, 리비아, 카메룬, 이집트, 말리, 레바논) 12명 위원이 서울을 지지했고, 3개국(알제리, 에티오피아, 남아공) 3명의 위원이 나고야를 지지했다. 공산권은 쿠바를 제외한 8개국(소련[2], 폴란드, 헝가리, 유고, 체코, 루마니아, 불가리아, 몽골) 9명 위원이 나고야를 지지했다.[143]

나고야에 대한 지지도가 높았던 아프리카·중동과 유럽지역표들이 서울로 돌아섰고, 공산권을 제외한 대부분 지역에서 한국이 압도적으로 승리한 결과였다. 9월 6일 조사에서 서울 지지 입장이었던 네덜란드, 핀란드, 스위스, 오스트리아, 터키 등 일부 유럽위원이 나고야를 지지했다. 그러나 유치 활동 초기 서울 개최에 부정적이었던 노르웨이가 서울 지지로 선회했고, 한국대표단의 본격적 활동 이전인 9월 23일자 조사에서 서울에 부정적 입장을 보였던, 파키스탄, 영국[2], 스페인, 그리스, 브라질[2], 말리

---

143 서울올림픽 誘致交涉団, 〈88올림픽 서울誘致 結果與報告〉 1981. 10. 8. 관리번호: BA0883704. 이방원은 승리요인으로 아프리카와 중남미가 몰표를 서울에 던졌고, 서구와 아시아 지역도 표가 반으로 나뉘었고, 심지어 동구 공산권 2명의 IOC위원과 쿠바 위원까지 서울을 지지한 것으로 파악됐다. 이방원 (1989). pp.98–99.

등의 서울 지지 전환이 중요했다. 이는 데탕트에서 제2냉전으로
의 국제 정치적 상황 변화에도 불구하고, 한국 유치 대표단의 바
덴바덴 활동이 IOC위원들의 지지도 변화에 직접적 영향을 미쳤
음을 보여주는 것이었다.

사마란치는 당시의 상황을 "결코 쉬운 결정이 아니었다. 한국
은 당시 상당수 IOC회원국과 외교 관계가 없었다. 노쓰 코리아
와의 적대 관계로 감점 요인이었다. 더구나 나고야는 서울보다
먼저 유치 활동에 들어갔고, 일본은 64년 도쿄올림픽을 치른 경
험도 있었다. 이런 악조건이 있었지만 한편에는 한국 국민의 열
화와 같은 지지가 있었다. 나고야는 시 혼자서 뛰었지만 서울은
한국 정부와 온 국민이 진정으로 선정되기를 염원했다. 이런 점
이 IOC 위원들은 마음을 움직인 것이다"라고 언급했다.[144]

미국무부는 "우리는 서울이 88년 올림픽 개최지로 선정된 것
을 기뻐한다"고 말하면서, "한국민의 끈질긴 노력 덕분"이라고
했다.[145] 일본 정부는 한국은 적극적이었지만 일본은 승리를 낙관
하여 소극적이었다고 분석하며, 한미 간 사전 협의가 있었을 것

---

144 박경호 외, 2011, p.54. 바인베르크(Herb Weinberg)는 한국인들은 긍정적 부분을 강조했고, 부정적 부분을 제거
했으며 IOC위원들이 그들의 개최에 확신을 갖게 할 수 있도록 "부족함이 곧 풍족(less is more)"이라는 자세로
임했다고 하였다. Weinberg, 2001, p.27.

145 〈美國務省 환영聲明〉, 《京鄕新聞》, 1981년 10월 1일. 〈워싱턴 포스트*The Washington Post*〉는 한국의 성공적인
올림픽 유치는 한국의 국제적 리더십 위상을 강화하는데 한걸음 다가갔고, 국내에서는 정권을 강화시키는 역할
을 하였다고 평가했다. Tracy Dahlby, "Award of 1988 Olympics Boosts S. Korea's Effort For Political Security,"
The Washington Post, October 4, 1981.

이라고 분석했다.[146] JOC는 서울 개최가 "특정 지역 개최를 피하기 위해서"였으며, 분단된 한국에서의 개최로 국제적 평화를 증진하기 위한 주장이 국제적 냉전 상황에서 오히려 설득력이 있었다고 보았다.[147] 그러나 올림픽을 유치함에 있어서 군사적 대치 상황은 부정적 요소였고,[148] 바덴바덴의 결정은 "명백히 위험한 선택"이었다.[149]

아시아지역 위원들은 대회를 치를 준비(말레이시아), 한국인의 특성(애국심, 번영, 추진력)들로 인한 성실 이행(홍콩), 신흥공업국(오스트레일리아)임을 서울 지지 이유로 꼽았다.[150] 미주 위원들은 시설을 갖춘 새로운 회원국이었고(캐나다), 미개최 도시(푸에르토리코)라는 지지 이유를 밝혔다.[151] 아프리카 지역의 세네갈, 나이지리아, 케냐 등은 한국이 개발도상국이라는 점을 지지 이유로 밝혔다.[152]

IOC집행위원회는 서울의 올림픽 유치가 코리아의 재통일, 한

146 홍인근, 〈日, 명고옥 유치실패 원인분석〉, 《東亞日報》, 1981년 10월 1일.

147 Japanese Olympic Committee, "History of Japan's Bids for the Olympic," http://www.joc.or.jp/english/historyjapan/ (검색일: 2014. 8. 25).

148 Young, 2005, pp.78-79.

149 Guttmann, 1992, p.165.

150 전상진, 1989, pp.559-564.

151 전상진, 1989, pp.567-580. 전상진은 푸에르트리코위원을 PASO에서 처음 만났을 때 '한국은 돈 조금 들이면서 선전활동이나 하려다닌다'고 하더니, ANOC에서는 자료를 보고 진의를 알았다하였고, 바덴바덴에서는 "만나자 마자 지지하겠다'고 한 일화를 소개했다. 전상진, 2011, pp.28-29.

152 전상진, 1989, pp.595-603.

일 간 오래된 상처 회복, 그리고 한국과 다른 아시아 국가들 사이의 교류 확대 등 정치 경제적 이익이 있다고 보았지만, 동시에 위험한 계산이 될 수도 있다고 보았다.[153] 이러한 상황에서 나고야 환경보호론자들의 시위는 "스스로 무덤을 판" 격이 되었고, 유력한 유치 후보지였던 멜버른과 아테네의 유치 철회로 인한 경쟁구도의 압축도 서울에 유리하게 작용했다.[154] 뮌헨, 몬트리올, 모스크바, 로스앤젤레스 순으로 올림픽이 개최되었기 때문에 오세아니아 주의 멜버른은 상당히 유리한 위치에 있었다. 1980년 올림픽 유치를 결정한 멜버른은 1981년 2월 IOC에 유치 참가를 위한 대표단을 로잔에 보낼 것이라고 공표했었다. 그런데 당시 오스트레일리아 정부는 올림픽 개최 예상 비용 7억 6천 7백만 달러의 절반 정도의 예산만 확보된 상태였다. 또한, 멜버른 시민의 51%만 유치에 찬성하고 있었다. 결국 멜버른은 로잔으로 대표를 보내지 않았고, 오스트레일리아 재무장관은 필요한 자금을 확보할 수 없었다고 발표했다.[155] 서울은 "더 좋은 대안이 없는 상황(faute de mieux)"에서 선택되었다. 서울에게 명백히 불리한 점이 존재했으나 단순한 자신감과 IOC위원들의 지지를 확보하겠다는 열

153 Hill, 1996, pp.168-169.

154 Hill, 1996, p.168.

155 Ian Jobling, "Olympic Proposals and Bids by Australian Cities", *Sporting Traditions: Journal of the Australian Society for Sports History*, 11-1, 1994, p.46.

의로 이를 극복했다[156]고 보는 힐의 평가에는 타당성이 있다.

또 올림픽 서울 유치에 대한 국내적 분석으로, 올림픽 유치를 현장 지휘하며 총체적 시각에서 유치 과정을 조망한 전상진은 5·16 이후 한국의 외교망은 국력 대비 많은 투자를 통해 확장되었고, 일본도 없었던 카메룬에까지 한국 대사관을 설치한 것을 강조했다. 이는 당시 북한의 외교 활동을 저지하기 위해서였고, 수출 지역의 다변화를 위해서였다. 이후 소위 비동맹 국가인 중동이나 아프리카 신생국가의 "삐딱한 경향"을 저지하기 위한 외교 활동이 중심이 됐고, "후진국에 대한 협조는 그 때부터 상당히 많이" 이루어졌다고 하였다. 이는 미국에 의해서가 아니라 한국의 필요에 의한 자주적 활동이었고,[157] 아프리카·중남미가 한국에 돌아서며 올림픽을 유치하는데 막대한 밑거름이 됐다고 평가하였다.[158] 실제 82명 IOC위원 중 61명에 대해 해외 공관을 통해 과거 유엔이나 비동맹회의 시 총력외교체제와 같은 적극적인 교섭을 펼쳤던 것이었다.[159]

---

156 Hill, 1996, p.169.

157 전상진은 "어떤 경우에는 미국이 좀 이상스럽게 보는 나라와 관계"를 맺었다고 하였는데 이에 대한 구체적인 예는 인종차별로 인해서 국제적으로 비난받던 남아프리카공화국 요하네스버그 주재 명예영사 임명문제에서 불거지기도 하였다. 당시 정부는 이스라엘, 일본, 영국 등이 남아프리카공화국과 외교관계를 유지하는 상황에서 실질적 이익이 많을 것을 기대하며 명예영사를 임명하려 하였으나, 결국 이 계획은 중도 철회되었다. 외무부. "장관이 구미국장에게 조하네스버그 주재 명예영사임명에 관한 건으로 보낸 전보." 1970년 1월 9일, 〈남아프리카공화국의 인종 차별관련 문제, 1970〉, 1970, 등록번호: 3426. 분류번호: 721.1SA, pp.207-208.

158 서울특별시 시사편찬위원회 편, 2013, pp.38-39.

159 전상진, 〈서울올림픽의 유치와 한국외교(외교안보연구원 강의)〉, p.42. 전상진은 국내적인 개최 가능 이유로는 경제적 발전으로 체육 시설에 상당한 투자가 가능했고, 잠실체육 시설 같은 종합적인 체육 시설을 가지게 되었던 것도 유치기반의 하나로 보았다.

전상진은 "일본을 외국사람들이 'Japan Corporation', 즉, 일본주식회사라고 얘기를 하는데, 한국은 주식회사가 아니라, 한 국가족회사라 할 정도로 전부 혼연일체가 되어 활동"했다며 민관의 일치단결이 주효했음을 강조했다.[160] 이상연은 유치 성공 후 서울시에서 초청한 IOC위원들이 "자기는 서울보다는 나고야가 유력한 줄 알았는데 한국 대사가 세 번이나 찾아왔더라. 투표장에 들어갔더니 한국 대사 얼굴이 떠올라서 한국에 표를 찍지 않으면 안되겠다"라고 하며, "스킨십 외교"의 효과를 강조했다.[161]

이원홍은 나고야가 서울보다 유치 활동에 일찍 착수했으나, 한국이 일본에 비해 언어 소통 수준이 높았고 나고야 측은 서울에 비해 의무감이 부족했다고 평가했다. 당시 한국 대표단은 숙소도 열악했지만 "우리는 어쨌든지 올림픽을 유치해야 되겠다하는 악착같은 게 있지 않았습니까? 그 악착같은 게 있어서 우리는 움직이는 데도 빨랐다"고 회고했다.[162]

160 전상진, 〈바덴바덴에서의 유치 활동(KBS TV 상쾌한 아침 좌담회)〉, 《서울 올림픽 성공스토리》, 홍진, 2011, p.7.

161 서울특별시 시사편찬위원회 편, 2013, pp.79–80.

162 서울특별시 시사편찬위원회 편, 2013, p.64. 또한, 박세직은 '바덴바덴에서의 기적은 박종규 씨의 야망으로 시작되어 노장관이 지휘한 주도면밀하고도 대담한 막후 득표활동에 의하여 마무리'되었다고 평가하였다. 박세직, 1990, pp.46–47.

5. 결론

1981년 바덴바덴에서 서울이 현격한 초반 열세를 극복하고, 올림픽 개최권을 획득할 수 있었던 역사는 다음과 같이 분석된다. 첫째, 국내적 수준에서도 처음에는 올림픽 유치에 대한 찬반론이 대립했고, 유치 소극론이 우세했었다. 유치 활동 개시시점의 지체, 재정 부담, 그리고 일본 나고야의 경쟁력 우위 등이 유치에 소극적인 논거들이었다. 이러한 상황에서 민간 자본이 참여하여 선수촌과 기자촌을 건설한 후, 민간에 분양하자는 아이디어가 채택됨으로써 유치적극론에 힘이 실리게 되었다.

둘째, 국가적 수준에서 한국과 일본은 올림픽 유치를 신청한 서울과 나고야를 대표해서 국가적 경쟁을 벌였다. 한국의 경우 올림픽이라는 메가이벤트 유치를 통해 국제적 위상을 높이는데 집중했다. 이에 비해 일본에서는 메가이벤트 개최로 인한 세금 부담, 환경오염, 전통문화 파괴 등을 우려하여 반대 여론이 형성되었다. 다수의 IOC위원들은 나고야 시민들로부터 개최 반대 편지를 받았고, 분열된 국론 형성이라는 이미지는 나고야에 대한 지지를 철회하는데 결정적 역할을 했다. 한국은 평양 당국과의 외교 경쟁을 위해 확대되었던 외교망, 수출 지역 다변화 정책에 따라 확충된 국제 네트워크 등을 총동원했다. 이 단계에서 민간 기업들의 적극적 참여는 일본에 비해 취약했던 한국의 경쟁력을 강화시켰다.

셋째, 국제적 수준에서 1981년 바덴바덴총회의 배경에는 데탕트에서 제2의 냉전으로 회귀조짐이 존재했다. 미소 간 군비경쟁 확산, 압도적이었던 미국의 군사적 우위 약화, 1979년 소련의 아프가니스탄 침공, 연이은 1980년 모스크바올림픽 보이콧사태 등에 따라 새로운 냉전 분위기가 만들어졌던 것이다. 이러한 국제적 분위기는 올림픽 유치 경쟁에 투영되었고, 소련을 필두로 한 공산진영은 공식·비공식적으로 서울의 유치 활동을 방해했다. 공산권이 아니더라도 냉전적 상황에서 냉전의 전초선에서 평양과 대결하고 있던 서울에서 올림픽을 개최하는 것을 꺼리는 IOC위원들도 있었다. 그러나 아테네와 멜버른의 유치철회, 개발도상국 개최를 주장한 중남미와 중동·아프리카 IOC위원들의 지지, 그리고 미국의 확고한 후원 등은 국제적 수준에서 서울의 개최권 획득에 유리하게 작용했다. 무엇보다 세계 각 지역의 IOC위원들을 각각 하나의 독립된 국가처럼 간주하고 지지를 호소한 서울올림픽 유치위원회의 국제적 활동이 이러한 유리한 조건들을 모아 52 대 27이라는 역전의 득표차로 '바덴바덴의 기적'을 만들어냈다.

이 과정에서 정주영은 민간을 대표해서 핵심적 역할을 수행했다. 올림픽 개최에 소요되는 재정 부담을 줄이는 방안으로 올림픽선수촌 및 기자촌 아파트를 건설하여 사용한 후 민간에 분양하자는 정주영의 아이디어는 적극적 유치론에 힘을 실어 주었다. 정주영은 유치 결정을 앞두고 직접 영국IOC위원을 설득하여 한국 유치에 대한 긍정적 반응을 끌어내기도 했다. 바덴바덴 현지에서는 열정적인 유치 활동으로 분위기의 흐름을 한국 측으로 이끌었다. 또한, 아프리카·중동위원들에게 현대의 기업 이미지를 활용하며 집중 공략하는 전략을 펼쳤다. 정주영은 "유치에 실패하면 나의 책임이고, 성공하면 모두의 공"이라고 말하며 바덴바덴에서의 승리를 이끄는 민간 견인차 역할을 담당했다.[163] 그는 나중에 "우리 현대의 주도로 유치했던 88서울올림픽 준비 과정에서 나는 단 1원의 올림픽 수익 사업에도 간여하지 않았다는 것, 또 한 푼의 올림픽 시설 공사도 하지 않았다"[164]고 자부했다. 기업인 정주영이 이윤에 대한 고려 없이 올림픽 유치 활동에 나서지는 않았을 것이다. 다만 작은 이윤보다는 큰 이윤을 추구했다고 볼 수 있다. "우리가 잘되는 것이 나라가 잘되는 것이며, 나라가 잘되는 것이 우리가 잘될 수 있는 길이다"라는 '나'와 '나라'에 대한 그의 소신을 실현한 것이다. 그는 세계적 메가이벤트 유치를 통해 한국이 "개발도상국에서 선진국으로 부상"[165]하는 것이 중요하다고 보았다.

1970년대부터 다분히 한국에 대한 비판적 관점을 견지했던 한 영국학자는 2015년 한 신문칼럼에서 1988년 서울올림픽 개최의 의미를 다음과 같이 회고했다.

---

163 이용식, 〈바덴바덴 30년〉, 《문화일보》, 2011년 9월 22일.

164 정주영, 2009, p.206.

165 정주영 (2009), p.191.

서울올림픽이 대성공을 거두리라는 것은 물론 한국이 개최지가 될 것이라는 것을 예상한 사람은 많지 않았다. 그 당시 대한민국과 수교한 공산국가가 없었다는 건 기우였음이 드러났다. 80년과 84년 올림픽과 달리 국제 정치는 서울올림픽을 망치지 못했다. 평양의 보이콧 주장을 무시하고 중국·소련·동구권 국가들이 선수단을 파견했다. 둘째 우려는 올림픽 개최가 독재를 정당화할 가능성이었다. 역사의 변증법은 정반대로 작용했다. 서울올림픽은 한국 민주주의의 복원을 축하하는 잔치가 됐다(불행히도 같은 일이 2008년 베이징에서는 재연되지 않았다). 서울올림픽은 두 가지 면에서 성공했다. 코리아라는 국가 브랜드가 세계 지도에 확고한 모습으로 등장했다. 또한 노태우 전 대통령의 북방외교에 순풍으로 작용했다.[166]

이러한 평가에 더해 서울올림픽의 의의는 한국 현대사와 세계 냉전사적 차원에서 좀 더 연구될 필요가 있다. 한국 현대사적 차원에서 1988년 서울올림픽의 성공적 개최는 한국 사회의 갈등 해소와 냉전의 완화에 기여했다. 1988년 9월 12일 씨알사상가 함석헌을 위원장으로 하는 서울올림픽평화대회 추진위원회는 서울올림픽평화대회를 개최하고, 서울평화선언을 채택했다. 서울

---

166 에이단 포스터-카터(영국 리드대학 명예선임연구원), "[바깥에서 보는 한국] 한국은 '국제행사 강박증에서 벗어나야," 〈중앙일보〉 2015년 4월 10일. 과거 한국에 대해 한국에 대해 에이단 포스터-카터가 가졌던 관점에 관해서는 Aidan Foster-Carter, "North Korea, Development and Self-Reliance: A Critical Appraisal," *in Korea, North and South: The Deepening Crisis, rev. and expanded version of Crisis in Korea, ed. by Gavan Mccormack and Mark Selden,* New York: Monthly Review Press, 1978; Aidan Foster-Carter, "Korea and Dependency Theory," *Monthly Review* Vol. 37, October 1985.

평화선언은 올림픽 기간에 "무기와 증오심을 버리고 폭력과 테러의 위협이 없는 평화의 기간이 돼야하며 이를 계기로 세계의 평화가 영원히 뿌리 내리게 해야 한다"는 내용을 담고 있었다.[167] 특히, 재야의 사상적 지도자였던 함석헌은 사회 일각의 비판적 목소리와 신병에도 불구하고 서울올림픽평화대회 위원장을 맡아 서울올림픽이 한국 사회의 갈등 해소와 세계 평화 증진에 기여하는데 헌신했다.[168]

서울올림픽은 냉전의 완화에도 기여했다. 1979년 소련의 아프가니스탄 침공에 항의해 자유진영이 불참한 1980년 모스크바올림픽, 여기에 대한 공산진영의 보복으로 다시 반쪽 올림픽이 된 1984년 로스앤젤레스올림픽에 이어 개최된 서울올림픽은 올림픽 역사상 최대 국가가 참석한 대회로서 '벽을 넘어서' 동서화합에 기여했다. 1988년 9월 서울평화선언 채택 이후 3개월 동안 총 92개국 644명의 서명이 이루어졌다. 노벨평화상 수상자인 아리아스 산체스Óscar Arias Sánchez 코스타리카 대통령, 남아프리카공화국

---

167 〈'서울 평화선언' 채택〉, 〈한겨레신문〉 1988년 9월 13일. 전문은 다음과 같다. "모든 사람은 이념, 인종 및 종교의 차이를 초월하여 전쟁과 폭력의 위협으로부터 벗어나 평화롭게 살기를 갈망한다. 이는 곧 인류 공동의 염원인 행복의 권리를 향유할 수 있는 길이기 때문이다. 따라서 대한민국 수도 서울에서 개최되는 제24회 하계올림픽대회가 명실공히 평화의 제전이 되게하기 위하여 1988년 9월 17일부터 10월 2일까지는 무기와 증오심을 버리고 폭력과 테러의 위험이 없는 평화의 기간이 되어야 하며 이를 계기로 세계평화가 영원히 뿌리를 내리게 하여야 한다. 이것은 오늘을 살고 있는 세계의 모든 사람에게 부과된 인류 역사의 소명인 것이다. 이에 우리는 이미 각자가 서명한 바 있는 평화호소문의 이념을 받들어 1988년 9월 12일 서울올림픽평화대회에서 이를 서울평화선언으로 채택한다." 서울올림픽평화대회 추진위원회, 〈서울평화선언〉, 《平和의 聖火 Peace Torch Eternal : 서울올림픽평화대회 종합보고서》, 서울올림픽평화대회 추진위원회, 1989.

168 서울올림픽 개최 후 1989년 2월 4일 작고한 함석헌에 대한 일화로 병상중이었음에도 위원장으로 추대되며, 비난의 소리가 거세지자 함석헌은 "아니 그러면 평화를 사랑한다면서 나 싫어하는 사람들과는 악수도 하지 말란 말이냐!"라고 입장을 표시했다고 한다. 김용준, 《내가 본 함석헌》, 아카넷, 2006, p.380.

의 투투^{Desmond Mpilo Tutu} 주교, 인도의 테레사^{Mother Teresa} 수녀, 그리고 각국의 국가원수들이 포함되었다. 특히, 당시 공산진영에 있던 헝가리의 카로이 그로스^{Károly Grósz} 노동당중앙위 총서기가 서명함으로써 냉전완화에 기여했다.[169]

이러한 '냉전 완화'는 대한민국의 다음과 같은 외교 영토 확장으로 연결되었다. 1989년 당시 공산국가들이었던 헝가리, 폴란드, 유고슬라비아 등과의 수교, 1990년 불가리아, 몽골, 체코, 루마니아 등과의 수교, 그리고 소련과의 수교를 통한 러시아와의 복교(1884년 조로수호통상조약〔朝露修好通商條約〕), 1991년 라트비아, 리투아니아, 에스토니아, 그리고 알바니와의 수교, 그리고 '조선민주주의인민공화국'과의 동시유엔가입, 그리고 1992년 중화인민공화국, 베트남 등과의 수교 등이 이어졌다.

서울올림픽 개최를 방해하기 위해 1987년 대한항공 858편 폭파 사건을 일으켰던 평양은 서울올림픽의 성공적 개최에 대한 대응으로 1989년 제13차 세계청년학생축전을 개최했다. 이 평양축전에는 177개 국가, 22,000명이 참가했다는 주최 측 발표와 한국의 한 여대생이 김일성과 포옹하는 장면 등으로 국제적 조명을 받았다. 그러나 평양의 메가이벤트는 1988년 서울올림픽과는 달리 경제적 쇠퇴와 평양의 외교적 고립으로 이어짐으로써 그 역사적 의미가 극명하게 대조되고 있다.

---

169 서울올림픽평화대회 추진위원회, 1989, 〈제25회 바르셀로나 올림픽을 위한 건의〉

통일국민당

– 아산의 창당과 한국정당사에서의 의미

강원택(서울대학교)

학력
서울대학교 지리학과 졸업, 서울대학교 대학원 정치학과 석사, 영국 런던정경대학교(LSE) 정치학 박사.

경력
대통령 직속 미래기획위원회 위원 역임, 국회 남북화해협력위원회 부위원장 역임, 한국정당학회장 역임.
현 서울대학교 정치외교학부 교수.

저서 및 논문
《통일 이후의 한국 민주주의》(나남, 2012), 《대한민국 민주화 이야기: 민주화를 향한 현대한국정치사》(대한민국역사박물관, 2015).
〈제한적 정당 경쟁과 정당 활동의 규제: 정당법의 기원과 변천을 중심으로〉, 한국정당학회보 14권 2호, 2015.
〈한국에서 정치 균열 구조의 역사적 기원: 립셋–록칸 모델의 적용〉, 한국과 국제정치 27권 3호, 2011.

1. 서론

민주화 이후 한국의 정당 체계는 커다란 변화 없이 지속되고 있다. 1988년 13대 국회의원 선거에서 지역주의에 기초한 4당 체제가 만들어졌고, 그것이 1990년 1월의 3당 합당을 통해 양당적 대결 구도로 변모된 이후 오늘날까지도 그 틀이 그대로 유지되어 오고 있다. 그러나 그 사이에 이러한 양당적 구도를 깨기 위한 제3세력의 도전이 계속되어 왔다. 그러한 제3세력의 도전 중에서 가장 인상적인 모습을 보인 것이 1992년 총선과 대선에서의 통일국민당이다.

통일국민당의 사례가 한국 정당사에서 특별한 의미를 갖는 것은 우선 그것이 대기업을 모태로 하는 정당이었다는 점일 것이다. 해방 이후 수없이 많은 정당들이 생겨났지만 기업을 기반으로 해서 창당된 정당은 통일국민당이 유일했다. 다시 말하자면, "통일국민당은 직업 정치인이나 쿠데타, 또는 체계화된 정치 이념에 의해 창당된 것이 아니라 6공의 경제 실정에 대한 하나의 대안으로 생각하는 기업가적 차원의 불만과 동기에 의해서 창당되었다는 특이한 성격(양길현, 1992, p.253)"을 지니고 있다.

이와 함께 통일국민당에 주목하게 되는 까닭은 선거에서도 상대적으로 좋은 성적을 거두었기 때문이다. 민주화와 함께 지역주의 정당 정치가 등장한 이후 지역적으로 밀집된 지지 기반을 갖지 않은 정당으로서는 거의 유일하게 '성공적'이라고 할 만큼 통일국민당은 높은 정치적 지지를 받았다. 14대 국회의원 선거에서 통일국민당은 17.3%를 득표했고 지역구에서 24석, 전국구로 7석을 얻어 모두 31석을 획득했다. 이러한 의석 수는 1996년 총선에서 민주자유당에서 탈당한 김종필이 창당한 자유민주연합이 50석을 얻은 것을 제외하면 가장 많은 의석이다. 그런데 당시 자민련이 얻은 득표율은 16.2%로 통일국민당이 1992년 총선에서 얻은 득표율보다 낮았다. 충청 지역주의에 의한 표 쏠림 때문에 의석수에서는 자민련이 더 많을 수 있었던 것이다. 1996년의 자민련을 제외하면, 통일국민당은 제3당으로서 원내교섭 단체 요건인 20석을 넘긴 유일한 사례였다. 대통령 선거에서도 정주영은 16.3%를 얻었다. 총선보다 다소 낮아졌지만 이 역시 제3 후보로서는 드물게 높은 득표율이다. 1997년 대통령 선거에서 19.2%를 득표한 이인제의 경우를 제외하면 그동안의 대통령 선거에서 정주영의 16.3%가 가장 높다. 2007년 대통령 선거에서 무소속으로 출마한 이회창은 15.1%를 얻었지만 그 역시 충청권 지역주의의 도움을 받았다. 대기업을 기반으로 하고 있다고 해도 이런 규모의 지지를 선거에서 받기 위해서는 통일국민당이 당시 유권자의 정서나 요구에 부합하는 특성을 갖고 있었음을 시사해 주는 것이다. 특히 지역주의에 의존하지 않으면서 이와 같은 높은 지지를 이끌어 낸 것은 매우 주목할 만한 일이다.

통일국민당은 이처럼 한국 정당 정치사에서 쉽게 찾아볼 수 없는 독특한 조직의 특성, 선거운동 방식, 지지의 원인과 패턴 등 여러 가지 면에서 매우 흥미로운 존재라고 볼 수 있다. 그런 점에 비춰볼 때 통일국민당에 대한 학술적 연구가 그동안 별로 많이 이뤄지지 못한 것은 안타까운 일이다. 대부분의 연구가 1992년 총선과 대선의 결과 분석 혹은 '자본의 정치 도전'과 같은 주제에만 머물러 있다 (예컨대, 이정복, 1992; 손호철, 1992; 박찬욱, 1993 등).

이 글은 이런 문제의식에서 통일국민당이 그 당시 등장하게 된 정치적 배경과 조직적 특성에 대해 살펴보고, 1992년 총선과 대선에서 유권자의 지지의 특성과 패턴에 대해서 살펴볼 것이다. 이와 함께 어떤 이유로 통일국민당이 대선 이후 짧은 기간 내에 정치적으로 몰락하게 되었는지 그 원인을 찾아볼 것이다. 그리고 비교정치적 관점에서 통일국민당과 유사한 사례를 찾아 그 조직적 특성을 비교해 볼 것이다. 마지막으로 이를 통해서 통일국민당이 한국 정당사에서 갖는 의미에 대해서 평가할 것이다.

2. 통일국민당 출현의 정치적 배경

통일국민당의 창당 과정은 다음과 같다 (중앙선거관리위원회, 2009, pp.318-320). 현대그룹 정주영 명예회장은 1992년 1월 3일 정계 진출 의사를 공식으로 밝혔고, 이에 따라 1992년 1월 10일 종로구 서진빌딩에서 100여 명이 참석한 가운데 통일국민당 창당발기인 대회를 열었다. 한편, 1992년 2월 7일에는 김동길 연세대 교수 등이 중심이 되어 별도의 창당 작업을 하고 있던 새한당 창당준비위원회와 통합을 선언했다. 이에 따라 1992년 2월 8일 서울 삼성동 한국종합전시장에서 대의원 7백여 명 등 1만여 명이 참석한 가운데 통일국민당 중앙당 창당대회가 개최되었다. 정주영 전 현대그룹 명예회장이 대표최고위원으로, 김동길 교수와 김광일 의원이 최고위원으로 선출되었다. 통일국민당은 창당 선언문을 통해 "권위주의 통치 방식을 일소하고 정당의 사당화, 지역당화를 배제하며 깨끗하고 정직한 정치를 실천"할 것과 "경제발전과 통일의 당으로서 서민층과 중간 계층을 대변하겠다"고 밝혔다. 또한 당 강령으로 자유민주주의를 근간으로 하는 국정 혁신, 상호보완적 남북 경제 교류에 의한 신뢰 회복과 통일 주도, 세계 평화에의 기여, 자유시장 경제체제의 유지 발전, 국민 복지 및 경제정의 실현 등 8개 항을 채택했다. 통일국민당의 창당으로 정주영은 본격적으로 정치에 참여하게 되었다. 기업인으로 평생을 지내 온 정주영 회장의 갑작스러운 정치 참여 선언은 많은 사람들에게 놀라움과 의외로 받아들여졌다. 정주영 회장이 정치 참여를 결심하게 되었을 당시 상황에 대해서 먼저 살펴보기로 한다.

정치 상황적 요인

1992년 총선 이전의 정치 상황에서 가장 중요했던 사건은 1990년 1월의 3당 합당이었다. 1992년 총선은 3당 합당으로

1988년 총선에서 형성된 4당 체제를 인위적으로 변경시킨 이후 실시되는 첫 국회의원 선거였다.

민주화 이후 처음 실시된 1988년 총선은 한국 정치 사상 처음으로 '여소야대' 혹은 '분점정부divided government'가 만들어졌다. 1988년 총선에서 집권당인 민정당은 전체 의석 299석 중 절반이 안 되는 125석, 41.8%의 의석을 차지하는데 그쳤다. 이에 비해 평민당은 70석, 통일민주당은 59석 그리고 신민주공화당은 35석으로 야 3당은 모두 합쳐 164석을 확보했다. 야 3당이 과반의석을 차지하게 되면서 이들 세 정당이 효과적인 공조를 이뤄 내기만 한다면 정국을 주도할 수 있는 입장에 놓이게 되었다. 실제로 야 3당은 공조를 이뤄 냈으며, '국정감사 및 조사에 관한 법률안', '국회에서의 증언, 감정 등에 관한 개정법률안' 등이 국회를 '지배하게 된' 야 3당 공조의 산물이었다. 이들 법안이 야 3당의 공동 발의로 국회를 통과했고 노태우 대통령은 이들 법안에 대해 거부권을 행사했다. 그러나 이후 야 3당과 민정당 간의 합의로 쟁점 부분을 수정하여 통과시켰다. 한편 노태우 대통령이 임명한 정기승 대법원장에 대한 국회 동의안 역시 사상 처음으로 부결되었다. 또한 광주민주화운동 진상 조사 특위와 5공 비리 특위의 활동 역시 야 3당이 주도했고, 노태우 정부와 민정당은 3당의 주도에 수세적으로 끌려갈 수밖에 없었다. 이런 상황에서 노태우 대통령은 무엇보다 여소야대 정국에서 벗어나 독자적으로 안정적인 국회 의석 확보를 통해 국정 운영의 주도권을 확보할 필요가 있었다. 안정적인 의석 확보를 위해서는 야당 중 일부와 합쳐야 했던 것이다. 또 한편으로는 노태우 대통령 퇴임 이후 민정계의 지속적인 집권과 5공 세력의 신변 보장을 위해서라도 김영삼, 김대중 중 한 명과의 연합은 불가피했다. 즉 "차기 대통령이 김영삼, 김대중 중 한 명이 될 것이라면 누가 대통령이 되든 민정당과 5공 세력의 운명은 매우 처참한 상황에 놓이게 될 것"이기 때문에 "적을 이길 수 없다면 남은 방법은 (…) 적을 친구로 만드는 것, 즉 김영삼과 김대중 한 명과 연합 또는 합당을 하는 것"이었다(최준영, 2012, p.79).

한편, 김영삼의 입장에서는 다음 대선에서도 김대중과의 후보 단일화가 사실상 불가능해 보이는 상황에서, 야권 후보가 분열한 채 또다시 대선을 치르게 된다면 1987년과 마찬가지로 결국 민정당 출신의 후보가 당선될 가능성이 높다는 점을 우려했다. 더욱이 김영삼의 통일민주당은 1988년 국회의원 선거에서 김대중의 평민당보다 적은 의석을 얻어 제2야당의 신세에 머물러 있었다. 제1야당으로 정국을 주도할 수도 없고 차기 대선에서 김대중과의 후보 단일화도 기대하기 어렵다면, 차라리 민정당과 손을 잡고 이런 변화된 정치 구도하에서 대통령 후보로 나서는 것이 당선에 보다 유리하다고 판단한 것이다. '호랑이를 잡으려면 호랑이 굴에 들어가야 한다'는 김영삼의 변은 바로 이런 상황을 염두에 둔 것이다.

김종필의 경우에는 충청권 지역주의의 바람을 타고 4당으로 자리잡는 데에는 성공했지만 소수당으로서의 힘의 한계를 절감할 수밖에 없는 입장이었다. 특히 대통령제하에서는 단독으로 집권의 가능성은 거의 없었기 때문에 3당 합당의 고리가 된 내각제 개헌은 자신에게 보다 유리한 상황을 마련해 줄 수 있었던 것이다. 이처럼 전격적으로 이뤄진 3당 합당은 참여한 세 정당 리더의 정치적 이해관계가 잘 합치한 때문이었다.

그러나 3당 합당은 민주화 이후의 첫 총선에서 유권자의 선택에 의해 마련된 정당 구도를 유권자의 동의 없이 정치 지도자들이 인위적으로 변화시켰다는 점에서 상당한 불만과 저항을 불러일으켰다. 예를 들면, 1990년 5월의 한 여론조사 결과를 보면, "3당 합당이 국민의 의사와 동떨어진 결과인가?"라는 질문에 대해 67.3%가 '그렇다'고 응답했으며, '그렇지 않다'는 응답은 13.4%에 불과했다. 그리고 18.3%는 '이쪽도 저쪽도 아니다'고 응답했다(《한겨레신문》, 1990. 5. 15). 여론조사의 질문 항목이 부정적 편향을 다소 유도하는 측면이 있다는 점을 감안하더라도, 67.3%의 응답 비율은 당시 3당 합당에 대한 부정적 평가가 국민들 사이에서 매우 높았다는 사실을 알게 한다. 이런 부정적인 반응은 1992년 총선 무렵까지도 여전히 지속되었다. 1992년 총선 직후 실시한 한국선거연구회 서베이 자료에 의하면, 응답자 1,193명 중 3당 합당이 '잘한 일'이라는 견해는 16.8%에 그쳤으며, '잘못한 일'이라는 응답이 55.5%로 절반이 넘었으며, '잘 모르겠다'는 유보적인 응답이 26.6%로 조사되었다. 이처럼 유권자의 동의 없이 진행된 정치 엘리트 간의 3당 합당으로 인한 불만과 충격은 매우 컸다. "3당 통합이 이루어지면서 한국의 국민들은 정당이라는 게 국민에게 무엇을 의미하는지 그리고 정치가라는 게 국민을 위해서 무슨 소용이 있는지 라는 의문과 환멸을 느끼게(양길현, 1992, p.244)" 된 것이다.

이와 함께 1992년 총선 한 해 전인 1991년 초 권력형 부패 사건이라고 할 수 있는 '수서 비리 사건'이 발생했다. 한보그룹 정태수 회장이 서울의 수서, 대치 지구의 조합 주택 건설 사업을 위해 수서 택지 개발 지구 중 일부를 수의 계약 형식으로 특별 분양을 받게 해 달라는 청탁과 함께 청와대, 국회의원, 건설부 고위 공무원에게 거액의 뇌물을 제공한 사건이 드러나면서 정치적으로 커다란 파문이 일었다. 이 때문에 노태우 대통령은 1991년 2월 19일 담화문을 발표하여 수서 비리 사건에 대해서 사과해야 했고, 서울시장과 민자당 주요 당직자를 교체했다. 이와 함께 정주영 현대그룹 회장이 1992년 초 과거 정권은 물론 노태우 정권기인 1990년 말까지 거액의 정치자금을 헌납해왔다고 폭로한 사실 역시 정치권의 부정과 부패에 대한 국민들의 불만을 더욱 높게 만들었다.

3당 합당으로 인한 정치적 실망과 불만, 정치인과 공무원이 개입한 대규모 부패 사건에 더해서 당시의 경제적 상황도 매우 나빴다. 특히 무역 수지에서의 적자 폭이 매우 컸고, 물가도 많이 올랐다. "1987년과 비교해 볼 때 경제 분야에서는 경상수지 98

억 5,400만 달러의 흑자에서 1992년 5월의 경우 88억 2,700억 달러의 적자와 평균 2.3배의 부동산 가격 상승, 그리고 소비자들의 체감 물가는 1991-1992년간 40∼50%로 폭등"했다. 이 때문에 노태우 정부의 경제 운영 전반에 대한 불만이 커졌고, "'아시아의 용이 지렁이로' 전락하고 마는 게 아니냐는" 불안감이 팽배해졌다. 그리고 이는 곧바로 "집권 민자당에 대한 불만으로 연결되어" 나타났다(양길현, 1992, p.244). 실제로 1992년 총선에서의 주요 쟁점에 대한 유권자의 응답을 살펴보면 경제에 대한 불안감이 잘 드러나고 있다. 표 1은 1992년 총선에서의 여러 선거 이슈 중 가장 중요하다고 생각하는 것이 무엇이냐는 질문에 대한 응답을 정리한 것이다. 전체 응답자 중 압도적인 비율인 81%가 '경제난국'이 제일 중요한 선거 쟁잼이라고 답했다. 사실 어느 선거에서나 경제 이슈가 중요하다는 응답은 높게 나타나는 편이지만, 그렇다고 해도 81%라는 높은 응답은 당시 많은 유권자들이 한국 경제의 현실과 미래의 전망에 대해 커다란 우려와 불안감을 갖고

표 1 1992년 총선 당시 선거 쟁점

선거 쟁점	정치 헌금	경제 난국	지방 선거 연기	6.29 선언 의혹	3당 합당	수서 비리	공작 정치	재벌 정치 참여	기타	
%	3.6	81.0	2.7	0.8	5.9	0.9	2.1	2.6	0.5	100.0 (919)

자료: 한국선거연구회 1992년 총선 후 조사 자료

있었음을 잘 보여주는 것이다.

국가 경제가 어렵고 미래의 전망도 불안해 보이는 상황에서 국민들의 위기감을 해소해 줄 수 있는 정치 리더십은 잘 보이지 않고, 오히려 정치권은 부정부패를 일삼거나 혹은 3당 합당처럼 대권 경쟁에만 눈이 먼 것처럼 느꼈던 것이 1992년 총선 이전의 상황이었던 것이다. 즉 당시의 정치적, 경제적 상황은 "정치권에 대한 염증과 국가 권력에 대한 불신(양길현, 1992, p.244)"이 매우 높았고, 이러한 배경하에서 통일국민당의 창당이 시도되었던 것이다. 그런 점에서 "(통일)국민당의 부상은 기존의 정당 정치와 직업 정치인들에 대한 불신 내지는 환멸 그리고 국가 권력에 대한 사회 세력-특히 기업가 집단-의 상대적 성장을 토대로 해서 가능할 수 있었던 것"(양길현, 1992, p.244)이다.

내부적 요인

통일국민당은 정주영의 판단과 결심에 의해서 만들어진 사실상 '정주영의 정당'이라고 할 수 있다. 그런 점에서 어떤 이유에서 '기업인 정주영'이 '정치인 정주영'으로 변신하기로 결심하게 되었는지 살펴볼 필요가 있다. 정주영은 자신의 정치 참여를 결심하면서, 현대그룹을 세계적인 기업으로 성장시킨 성공적인 경영의 경험이 정치 영역에서도 잘 발휘될 수 있을 것으로 생각한 것 같다. 정주영은 자신의 책에서 "나는 새롭게 도전할 새 일감으로 정치 참여를 결심했다. 기업 경영이나 국가 경영이나 경영이긴 마찬가지다. 나한데 기회만 주어진다면 5년 동안에 나라를 위해서 반드시 해결해야 할 모든 일을 깨끗이 해결할 자신이 있었다"(정주영, 1997, p.424)고 밝힌 바 있다.

그렇다고 해도 기업 경영만을 해 온 기업인이 정계 진출을 모색하게 만든 어떤 계기가 있었을 것이다. "정주영 본인이 스스로 밝힌 바에 의하면, 정계 진출의 필요성을 처음 느끼게 된 계기는 1980년 5·17 쿠데타 이후 단행된 신군부의 산업 통폐합과 함께 정치권력의 강력한 힘과 자신의 한계를 뼈저리게 체험하면서부터였다. 그 후 1988년 5공 청문회에서 증인으로 불려나가 수모를 당하면서 자신의 무기력을 다시 한 번 확인하게 된 정주영은 본격적인 정계 진출 방법을 모색했던 것으로 보인다. 더욱이 1990년 재벌이 보유하고 있는 땅의 1/3 이상을 비업무용으로 판정한 뒤 이를 팔도록 강요했던 5·8 부동산투기억제 특별대책에 직면하게 되자 정주영은 생전에 정치권의 바람으로부터 자신과 자신의 가족 그리고 기업을 보호해 줄 수 있는 장치를 정비해 두지 않으면 안 되겠다는 필요를 절감하게(양길현 1992, p.242)된 것이다. 1992년 1월 7일의 기자회견에서 정주영은 '80년 국보위의 산업 통폐합 때 국가 산업을 임의로 헤쳐 모여 하는 것을 보고 기업을 제대로 하기 위해서는 언젠가 정치를 해야겠다는 생각을 품어 왔다'고 밝힌 바 있다. 다시 말해서, 정치권력이 기업과 기업인에 대해 행하는 '부당한 압력과 적절치 않은 대우'에 대한 불만이 스스로 정치권력을 추구하게 만들었던 것이다. 아래의 인용문에서 보듯이, 노태우 정부와의 '불편한 관계'와 '현대그룹에 대한 압력'에 대해 특히 강한 불만을 갖고 있었음을 확인할 수 있다.

권력을 막강한 힘으로 알고 막강한 책임에 대한 인식은 전혀 없는 집단의 정치 아래서 기업을 하면서 살아내기란 보통 괴로운 일이 아니었다. 갖가지 비리에 얼룩진 전두환 씨의 5공이 끝나고 6공 노태우 정권이 들어서서는 더더구나 기업 활동이 힘들어졌다. 성금이라는 명목의 정치자금은 정권이 바뀔수록 단위가 커져 갔는데 큰 불편 없이 기업을 꾸려가려면 정부의 미움을 받지 않아야 하기 때문에 때마다 지도자한테 뭉텅이의 돈을 바쳐야 하는 이 나라가, 나라이기는 한 것이냐는 한심스러운 생각을 참 많이도 했다. 그렇게 돈을 거둬가면서도 뭔가 조금만 비위에 거슬리면 타 기업과도 형평성도 무엇도 아무것도 없이 느닷없는 세무조사로 쳐들어왔다. 아무튼 6공에는 3백억 원의 돈을 바치고도 1990년도의 불공평한 세무조사 이후 나는 정부와 완전히 등을 돌리고 말았다. 내가 정치 헌금을 중단하자 6공은 '현대그룹'에 대한 세무조사로 감정풀이를 했고, 노 대통령은 3 최고위원과 회동할 때마다 나를 강도 높게 비난했다고 한다.[1]

이와 함께 앞서 지적한 대로, 당시의 악화된 경제적 상황에 대

---

1 정주영, 1997, pp.423-424.

한 불안감이 높았던 것 역시 정치 참여를 결심하게 한 원인이면서 명분이 된 것으로 보인다. 노태우 대통령을 포함한 정치권이 경제를 제대로 관리하지도 못하면서 3당 합당 등 권력 유지에만 관심을 갖고 있으며, 자신과 현대그룹을 압박하고 있다는 인식하에, 기업을 키우고 경제를 아는 성공적인 기업인이 이제 정치를 해야 한다는 명분과 당위성을 갖게 된 것이었다. 아래의 인용문이 그런 생각을 잘 보여주고 있다.

> 6공 시절에는 특히 우리 경제가 말이 아니었다. 1998년도까지는 10% 이상의 두 자리 숫자 성장을 보였던 것이 1989년도에는 6.4%의 성장으로 떨어졌다. 1990년부터 국제수지도 적자로 돌라서서 1991년도에는 70억 달러의 적자를 냈다. (…) 나라의 경제는 그 지경으로 침체의 늪으로 발이 빠지고 있는데 정치를 한다는 사람들은 오로지 자기네들 정권 유지에만 급급했다. (…) 한 나라의 국력은 곧 그 나라의 경제력인데, 정치는 잘못 나아가고 있는데 경제만 잘 나아갈 수는 도저히 없는 일이다. 경제를 살려놓은 일이 무엇보다도 급선무였다. 그러려면 정치가 달라져야 하고 지도자가 경제를 잘 알고 지혜롭게 국가 경영을 할 수 있는 사람이어야 한다.[2]

또한 1992년 4월 9일 정주영 대표는 관훈클럽 초청 토론회에

---

2 정주영, 1997, pp.424-425.

서 "민자당 정권 4년 만에 외채가 400억 달러가 되었으며 금년 말에는 5백억 불 선을 넘으로 것으로 전망됩니다. (…) 민자당 정권이 다시 5년간 더 집권하면 이 나라와 이 민족은 영원히 몰락되어 선진국이 되는 꿈은 영영 사라지고 말 것이기 때문에" 통일국민당을 창당하고 정치에 참여하게 되었다고 밝힌 바 있다. 그리고 대선에 승리 후의 목표를 다음과 같이 말하고 있다.

> 깨끗한 정치, 정직한 정치, 진실이 있는 정치, 공명정대한 정치로 국정을 쇄신할 것입니다. 경제는 대기업, 중소기업을 가릴 것 없이 모든 산업을 민간주도 체제로 전환시켜 기업인의 창의성을 활성시키고 국제 경쟁력을 강화시키는데 힘쓰겠습니다. 금리를 경쟁국 금리와 대등하게 하여 경쟁력을 강화할 것이며 통화는 국제 상례를 참작하여 생산수치에 적정한 양을 공급하여 현재 산업의 어려움을 극복해 주겠습니다. 우리 통일국민당은 집권 3년 이내에 현재의 1백억 불 수출 적자 국가를 우리는 정권을 집권한 지 3년 이내에 기필코 3백억 불 수출 흑자 국가로 만들어 다시 아시아의 용으로 소생시키겠습니다. 모든 산업을 기술집약형 산업으로 발전시켜 성과급 상여금 제도로 고소득 국가를 실현하여 국민들이 균형된 풍요로운 삶을 누리도록 하겠습니다. 교육과 문화, 예술에 힘을 기울여 국민의 삶의 질을 향상시키고 선진국화하는 데도 최선의 힘을 기울이겠습니다.[3]

이와 같은 관훈토론 기조연설을 보면, 정치에 대한 언급은 짧고 내용도 추상적이고 애매하다. 교육·문화 등에 대한 목표도 큰 무게가 실려 있지 않아 보인다. 이에 비해 경제 문제에 대해서는 매우 많은 양을 할애했고 자신감도 느껴진다. 즉 통일국민당이 집권한다면 실현시키겠다는 목표는 대부분 경제에 대한 것이고 그 내용도 매우 구체적이며 산업 중심적이다.

요약하면, 현대그룹과 자신에게 '부당하게' 압력을 행사하는 정치권력에 대한 불만과 반발을 계기로 해서, 어려운 경제 현실을 보면서 무능해 보이는 기존 정치 세력을 대신하여 성공적으로 기업을 키우고 경제를 아는 자신이 정치를 해야 나라를 올바르게 이끌고 나갈 수 있을 것이라는 명분과 사명감을 갖고 정치 참여를 결심하게 되었던 것으로 보인다.

이처럼 통일국민당의 창당에는 현대그룹과 정주영 회장이라는 내부 차원에서 정치권으로 나아가게 하는 배출 요인push factor이 존재하고 있었으며, 동시에 3당 합당과 대규모 부패 사건, 경제적 어려움이라는 외부의 정치 상황이 새로운 정치 세력의 진입을 끌어당기는 요인pull factor으로 작용하고 있었던 것이다.

---

3 관훈클럽, 1992, p.215

3. 통일국민당과 1992년 총선과 대선

1992년 1월 10일 창당발기인 대회를 행한 통일국민당은 2월 8일 중앙당 창당 대회를 갖고, 본격적으로 국회의원 선거를 위한 준비에 나서게 된다. 당시 통일국민당의 조직은 대체로 세 가지 집단으로 나눠볼 수 있다. 첫 번째 집단은 역시 현대그룹 관계자들이다. 통일국민당이 한국 정당사에서 갖는 가장 독특한 특성은 바로 대기업을 모태로 탄생한 정당이라는 점일 것이다. 이는 재벌의 정치 참여라는 비판을 불러오기도 했다(손호철, 1992).

그러나 또 한편으로는 시장 경쟁에서 축적된 효율적이고 과학적인 경영 마케팅 방식이 한국 선거운동 과정에서 처음으로 접목되는 계기를 마련해 주었다. 따라서 통일국민당의 선거운동은 유권자들의 커다란 관심의 대상이 되었다. 가히 파격적 방식으로 한국 선거운동의 새로운 장을 열었다고 평가해도 될 듯하다. 통일국민당은 14대 총선에서 선거 공약으로 중소기업 육성, 은행 자율화, 금리 인하, 아파트 값 인하, 교육 풍토 개선, 문화 예술 지원, 농어촌 활성화, 여성 지위 강화 등을 주제로 8회에 걸쳐 거의 모든 일간지에 5단 통의 정책 광고를 대대적으로 게재했다. 이 중에서도 특히 "현재의 아파트 값을 반값으로 낮추어 대량 공급하겠습니다"라는 제목으로 신문에 게재한 '아파트 반값 분양'의 정책 광고는 당시 부동산 가격의 폭등과 그에 대해 효과적으로 대응하지 못했던 노태우 정부에 대한 불신과 불만과 맞물려

현재의 아파트값을 반값으로 낮추어 대량공급하겠습니다

우리 통일국민당은 현정부의 일관성 없는 주택정책을 획기적으로 개선하여 무주택 서민들의 내집 마련을 조기에 실현시켜 국민들의 주택 문제를 신속히 해결하겠습니다.

우리의 주장은 다음과 같습니다

1. **천정부지의 집값은 누적된 정책과오의 결과입니다.**
2. **주택공급 물량을 대폭 늘리겠습니다.**
3. **주택가격을 안정시키겠습니다.**
4. **주택구입 융자를 확대하겠습니다.**
5. **주택청약예금 가입자들의 한을 풀어 드리겠습니다.**

통일국민당

매우 커다란 관심과 반향을 일으켰다. 더욱이 건설 분야에서 풍부한 경험을 가진 현대그룹을 배경으로 한 정책 공약이라는 점에서 적지 않은 기대감을 주었다. 물론 "부동산 실정에 대한 뿌리 깊은 반발과 집값이 내리기를 바라는 무주택자의 막연한 기대 심리에 무임승차(박해진, 1992, p.76)"했다는 비판도 제기되었지만, 이 광고의 효과는 매우 컸고 신선하다는 이미지도 주었다.

그뿐만 아니라 통일국민당은 그동안 정치권에서 생각하지 못했던 다양한 방식의 선거운동을 행했다. "(통일)국민당은 그 유명한 (아파트 반값 분양) 정책 광고 시리즈와 선거를 앞두고 갑자기 늘어난 현대그룹의 이미지 광고, 헬기를 동원한 기동전, 전국적인 현대 조직망과 사원, 연고자를 완전 가동한 그룹 차원의 선거운동 등 자본의 힘을 십분 발휘하여 선거를 유리하게 끌고 갈 수 있었다(손호철, 1992, p.158)". 더욱이 한국 정당 정치 전반의 낙후성이나 폐쇄성에 대한 부정적 시각이 높다는 점을 감안할 때, 효율적이고 체계적인 기업 방식의 조직 관리와 홍보 방식을 정치에

도입한 통일국민당의 시도에 대해서는 긍정적인 평가가 높을 수
밖에 없었다. 예컨대, 다음의 인용문도 이와 같은 시각을 잘 보여
주고 있다.

기업의 인사 관리와 운영 방식은 정부 관료는 말할 것도 없고 어떤
공공단체보다도 과학적이며 효율적이고 최첨단 장비와 기법을 구가
하면서 철저히 업적 중심적으로 이루어지고 있음은 널리 인정되고
있는 바다. 그리고 현대그룹에서 그동안 익혀왔던 경험과 기업 공동
체 의식, 유능한 관리능력이 그대로 국민당에게로 흡수되거나 외곽
지원으로 활용되고 있음도 누구도 부인할 수 없다.[4]

또한 통일국민당의 이와 같은 시도는 경제 분야의 전문가라는
이미지와 함께 신선하다는 인상을 유권자들에게 강하게 주었다.
총선 이후 선거 결과를 분석하면서 박찬욱(1993: 105)은 다음과
같이 각 정당의 이미지를 평가하고 있다.

민자당의 정책 이미지로서 두드러진 것은 정국 안정이고 그다음이
경제 안정, 지역 이익 대변이다. 민주당의 정책 이미지는 민주화 실
현과 가장 관련이 깊고 그다음이 깨끗한 정치와 지역 이익 대변이
다. 한편 (통일)국민당의 정책 이미지는 경제 안정에 집중되고 있으

4 양길현, 1992, p.256.

며 그다음이 깨끗한 정치이다. 객관적인 상황이 실제로 경제 난국인지 아닌지와 상관없이 유권자는 정부의 실정으로 경제 난국이 초래되었다고 인지한다. (통일)국민당은 이러한 배경에서 경제 문제를 쟁점화함으로써 14대 총선에서 의미있는 세력으로 부상했다. '아파트 반값 공급', '통화량 2배 공급', '집권 1년 만에 100억 무역 흑자' 등과 같은 경제정책 구호가 유권자의 관심을 끌었다. 전문적 식견이 있는 사람들은 이러한 구호의 실현성에 의문을 제기하기도 하였지만 정주영 대표와 현대 재벌과 연상되는 이미지 때문에 많은 유권자들은 국민당이 경제난을 해결할 수 있으리라는 기대감을 가졌던 것이다.

한편, 정주영의 출마로 인해 노태우 정부가 현대그룹을 탄압하고 그로 인해 그룹이 위기에 처할 수도 있다는 소문이 퍼져 나가면서 현대그룹 임직원이나 근로자들이 통일국민당과 현대그룹이 '공동 운명체'라고 인식하게 되면서 자발적으로 당원으로 입당, 적극적으로 선거운동에 나서는 모습도 나타났다. 실제로 1992년 총선에서 울산의 중구, 남구, 동구 선거구 세 곳 모두 통일국민당이 차지했다. 중구에서는 차화준 후보가 38.9%, 남구에서는 차수명 후보가 51.6%, 동구에서는 정몽준 후보가 무려 70.5%의 득표로 당선되었다. 울산 세 지역구에서 통일민주당 후보가 얻은 득표의 평균은 53.7%였다. 대통령 선거에서도 정주영 후보의 경남 지역 득표율의 평균이 11.5%였고 전체 득표율이 16.3%였지만, 울산 중구에서는 27.7%, 남구에서는 21.7%, 그리고 정몽준 의원 지역구인 동구에서는 46.3%였다. 울산 지역에 현대그룹 계열사가 많이 밀집되어 있다는 점을 감안할 때 이와 같이 통일국민당이나 정주영 후보의 상대적으로 높은 득표율은 현대그룹 임직원과 그 가족의 지지에 기반한 것이라고 추정해 볼 수 있을 것이다.

통일국민당을 구성하는 두 번째 집단은 기존 정치인 그룹이다. 3당 합당 참여를 거부한 김광일 의원, 신민당을 탈당한 김길곤 의원, 조윤형 국회부의장, 양순직, 박한상, 강병규, 김달수, 신민선, 봉두완, 홍성우과 같은 전직 의원을 포함한 기존 정치인들이 다수 통일국민당에 참여했다. 이와 같이 전직 정치인들이 다수 통일국민당에 참여한 것을 두고 이른바 '철새'라는 비판(《한겨레신문》, 1992년 2월 1일)도 제기되었지만, 사실 당시의 정치 상황에서 불가피한 측면이 있었다. 1990년 1월의 3당 합당으로 인해 세 정당이 하나로 합쳐지면서 지구당 위원장이나 지역구 후보의 수역시 1/3로 줄어들게 된 것이다. 즉, 3당 합당으로 인해 자리를 잃은 정치인 다수 발생했고 이들은 공천 탈락과 함께 3당 합당과 민자당에 대해 비판적인 태도를 취할 수밖에 없었고 통일국민당은 이들에게 대안으로 받아들여졌던 것이다. 또한 신생 정당으로 이름이 알려졌거나 경험 있는 인물이 필요했던 통일국민당으로서도 이러한 기존 정치인들이 필요했던 것이다. 한편, 1992년 총선 이후에는 민자당 내에서 김영삼 후보 측과 반反 김영삼 세력

간의 갈등이 고조되면서 이자헌, 김용환, 박철언, 유수호, 김복동 의원 등이 민자당을 탈당하여 통일국민당에 합류했다. 또한 민자당 대통령 후보 선출에 나섰다가 탈당하여 새한국당을 창당하려 한 이종찬 의원도 대선 직전에 통일국민당과 합당을 선언하면서 합류했다.

이와 같이 다수의 기존 정치인의 통일국민당 합류는 3당 합당으로 인한 민자당 안팎의 혼란과 갈등을 보여주고 있다. 뒤에서 논의하겠지만, 통일국민당에 대한 유권자의 지지 역시 3당 합당과 긴밀하게 연계되어 있다는 점에서 통일국민당의 등장에는 3당 합당이 매우 중요한 영향을 미치고 있다고 하겠다.

세 번째 그룹은 대중매체를 통해 지명도가 높은 탤런트나 유명인사들이다. 코미디언 이주일, 연기자 최불암, 강부자, 김동길 교수, 씨름선수 이만기, 작곡가 박춘석, 국악인 안비취, 박귀희 등이 국회의원 선거에 후보자로 공천되거나 혹은 창당 발기인으로 참여했다. 창당 발기인으로 참여한 이들의 경우에는 그저 '이름을 올리는 수준'이었을 수도 있지만, 통일국민당이 이와 같은 유명 인사celebrities를 정당 활동과 관련해서 활용한 것은 선거운동에서 매스미디어의 영향력을 의식한 것으로 보인다. 즉 대중 매체를 통해 잘 알려진 인물들을 통해 신생 정당에 대한 유권자의 관심과 호감을 높이려는 의도인 것이다. 이러한 시도는 마치 제품광고에 탤런트나 영화배우 등 유명 인사를 모델로 써서 제품에 대한 인지도나 호감도를 높이려는 것과 비슷한 시도라고 할 수 있다. 선거 경쟁은 보다 진지한 정책 대안을 앞에 내세워 행해야 하는 것이며 그런 점에서 이런 시도는 정치를 대중오락처럼 접근하는게 아니냐는 비판도 나름대로 타당한 것이지만, 기본적으로 기업적인 배경하에서 정치에 진입한 통일국민당으로서는 이와 같은 유권자의 시선 잡기eye-catching가 절박했을 것이다. 더욱이 서구에서도 선거운동의 추세가 당 조직에 의존하는 대중 정당 모델에서 파네비안코(Panebianco, 1988)가 말하는 선거-전문가 정당으로 전환되면서, 매스미디어에 기반한 홍보·광고의 중요성이 높아지고 있다는 점을 고려하면, 이는 불가피한 추세라고 볼 수도 있을 것 같다.

14대 국회의원 선거는 1992년 3월 24일 실시되었다. 이 선거에서 통일국민당은 지역구 237개 가운데 189개의 선거구에 후보자를 공천했으며, 62명의 전국구 의석에 대해서 32번까지 명부를 작성함으로써 모두 221명을 공천했다. 선거 몇 달 전 출범한 신생 정당이라는 점을 감안하면 237개 선거구 가운데 189개의 선거구에 후보자를 낸 것은 결코 적은 수로 보기 어렵다.

선거 결과 통일국민당은 모두 17.4%를 득표했으며, 24명의 지역구 국회의원과 7명의 전국구 국회의원을 당선시켜 모두 31명의 당선자를 냈다. 민주화 이후 지역주의 정당 구도가 확립된 이후 지역주의적 기반을 않은 제3당으로서 지금까지 총선에서 보여준 최고의 성적이라고 할 수 있다. 말 그대로 통일국민당은 예상밖의 '눈부신 성공(손호철, 1992, p.154)', '신데렐라와 같은 선전

(Cinderella-like progress, Park, CW 1993, p.6)'을 거둔 것이다. 그런데 통일국민당에 대한 지역별 지지의 패턴은 매우 흥미롭다. 통일국민당이 강고한 지역적 기반을 갖고 있지 않은 정당이라고 할

표 2 지역별로 각 정당이 얻은 의석

	민자당	민주당	통일국민당	신정치개혁당	무소속
서울	16	25	2	1	–
경기	18	8	5	–	–
인천	5	1	–	–	1
강원	8	–	4	–	2
충북	6	1	2	–	–
충남	7	1	4	–	2
대전	1	2	–	–	2
전북	2	12	–	–	–
전남	–	19	–	–	–
광주	–	6	–	–	–
경북	14	–	2	–	5
대구	8	–	2	–	1
경남	16	–	3	–	4
부산	15	–	–	–	1
제주	–	–	–	–	3
합	116	75	24	1	21

자료: 중앙선거관리위원회

수 있지만, 그럼에도 불구하고 지역별 지지는 서로 상이하게 나타나고 있기 때문이다. 표 2는 각 정당이 지역별로 얻은 의석을 정리한 것이다. 통일국민당이 의석을 얻은 지역은 서울, 경기, 강원과 충북, 충남, 그리고 경북, 대구, 경남이었다. 반면 호남에서는 한 석도 얻지 못했다.

전국적으로 후보자를 내세웠지만 통일국민당은 민자당 지역, 혹은 3당 합당 이전 민정당, 통일민주당, 신민주공화당이 강세였던 곳에서만 의석을 얻었다. 즉 통일국민당이 외형상 지역주의 정당 구도에서 벗어나 있는 것처럼 보이지만, 실제 유권자의 선택은 지역주의 정당 정치의 맥락하에서 통일국민당을 바라본 것이다. 이렇게 된 가장 중요한 원인은 지역별 정당 지지의 고정성(immobility of party choice, Kang, WT 1998)이라는 특성과 관련이 있다. 호남 유권자들은 3당 합당으로 사실상 호남 지역이 정치적으로 소외되었기 때문에 민주당을 중심으로 결집했지만, 비호남 지역 유권자들은 자신들의 뜻과 달리 3당이 합당을 하면서 이에 대한 적지 않은 불만이 생겨났다. 더욱이 노태우 정부의 경제 정책에 대한 불만도 적지 않았다. 그러나 지역주의적 대립으로 인해 민주당은 비호남 지역의 많은 유권자들에게는 적절한 대안으로 받아들여지지 않았던 것이다. 이런 상황에서 지역주의 균열에 직접 관련되어 있지 않을 뿐만 아니라 비교적 신선한 이미지를 주었던 통일민주당은 불만스러운 민자당을 대신할 수 있는 대안으로 받아들여질 수 있었던 것이다. 박찬욱(1993, p.106)의 분석에 의하면, 1987년 대통령 선거에서 노태우에게 투표한 유권자 중 통일국민당에 투표한 유권자의 비율은 14.4%, 김영삼에게 투표한 유권자 중에서는 17.6%, 그리고 김종필 투표자 중에서도 17.6%로 나타났다. 그러나 김대중 투표자 중에서 통일국민당에 투표한 유권자의 비율은 7.2%에 그쳤다. 여기서도 통일국민당의 지지가 비호남 지역 혹은 민주당 지지자가 아닌 유권자일 가능성이 크다는 사실을 알려주고 있다. 손호철(1992, pp.155-156) 역시 이러한 특성을 다음과 같이 지적하고 있다.

(통일)국민당이 서울과 호남을 지역을 제외하곤 민주당에 비해 오히려 지역적으로 골고루 득표를 하고 의석을 차지한 '전국적 보수야당'의 모습을 띠고 있다는 사실이다. 특히 영남의 경우 이러한 강세는 더욱 뚜렷이 나타나고 있다. 이는 민자당의 과반수 의석 확보 실패가 보여주듯이 이 지역 유권자들에게 있어서도 광범위한 반민자당 감정이 퍼져 있음에도 불구하고 망국적인 지역감정으로 인해 민주당을 찍을 수는 없다는 유권자들의 의식을 반영하고 있고 바로 이같은 유권자들의 표를 끌어 모아 성공을 거둔 것이 (통일국민당이라는 것을 보여주고 있다. (…) 다시 말해 이 지역 유권자들의 경우 민자당이 싫지만 민주당은 더 싫다는 일종의 '반민주, 비민자' 노선이 상당수를 차지하고 있었고 이 세력이 (통일)국민당의 지지 기반이 되었다고 볼 수 있다.

이처럼 1992년 총선에서 통일민주당의 선전은, 눈길을 끄는 선거운동과 현대그룹의 방대한 조직이 활용된 탓이기도 하지만, 기본적으로는 지역주의 정당 정치의 맥락 속에서 이해할 수 있는 것이다.

이러한 특성은 대통령 선거에서 정주영 후보에 대한 지역별 투표 행태에서도 유사하게 나타나고 있다. 통일국민당은 총선 직후인 1992년 5월 15일 임시 전당대회를 열어서 정주영 대표를 대통령 후보로 선출했다. 민자당은 경선에 나섰던 이종찬 등의 탈당 등 적지 않은 당내 분란을 겪은 후 김영삼이 후보로 확정되었고, 민주당에서는 김대중이 후보로 출마했다. 새한국당 후보자로 등록했던 이종찬은 선거 직전 통일국민당과 합당을 선언하며 사퇴했다. 선거 결과 민자당 김영삼 후보가 42%를 득표하여 당선되었다. 민주당 김대중 후보는 33.8%를 얻었고, 정주영은 16.3%를 얻는데 그쳤다. 신정당 박찬종 후보는 6.4%를 얻었다. 사실 정주영 후보는 총선 때 통일국민당의 득표율 17.3%와 거의 동일한 비율의 지지를 대통령 선거에서도 얻었다. 지역별로 득표율의 패턴에서도 대선에서의 득표율은 총선과 대체로 비슷한 모습을 보인다.

그런데 총선과 대선에서 통일국민당과 정주영 후보에 대한 흥미로운 차이도 발견된다. 대선에서 정주영 지지가 20%를 넘는 곳은 경기, 인천, 강원, 충북, 충남, 대전 등으로 중부권 지역이라는 것을 알 수 있다. 가장 높은 34.1%를 기록한 강원은 정주영의

고향이라는 점이 영향을 미쳤을 것이다. 이에 비해서 호남과 영
남에서는 예외 없이 총선에서 비해서 대선에서의 지지가 줄어들

표 3 총선과 대선에서 통일국민당과 정주영의 지역별 득표율

	총선	대선	차이 (대선 – 총선)
서울	19.1	18.0	−1.1
경기	19.6	23.1	+3.5
인천	20.4	21.4	+1.0
강원	31.9	34.1	+2.2
충북	21.6	23.9	+2.3
충남	16.0	25.2	+9.2
대전	21.3	23.3	+2.0
전북	4.8	3.2	−1.6
전남	5.0	2.1	−2.9
광주	3.9	1.2	−2.7
경북	17.7	15.7	−2.0
대구	28.6	19.4	−9.2
경남	20.4	11.5	−8.9
부산	10.2	6.3	−3.9
제주	0	16.1	−16.1
합	17.3	16.3	−1.0

자료: 총선– 중앙선거관리위원회 자료를 토대로 직접 산출.
　　　대선– 중앙선거관리위원회 (2009: 521)

었다. 특히 대구와 경남에서 하락 폭이 컸는데, 대구에는 9.2%, 경남에서는 8.9%나 지지도가 하락했다.

전반적으로 대선에서 정주영에 대한 지지의 지역별 패턴이 총선과 비슷하게 분포되어 있으면서도 유독 영남과 호남에서 대선에서의 지지도가 하락한 것은 정주영에 대한 지지 역시 기존의 지역주의 경쟁이라는 정치적 맥락과 깊이 연계되어 있다는 사실을 알려 준다. 다시 말해, 대권을 두고 직접 경쟁하지 않는 국회의원 선거에 비해서 대통령 선거에서는 지역주의에 따른 지역별 표의 결집이 더욱 강해지는 모습을 보이는 것이다. 영남 출신인 김영삼과 호남 출신인 김대중이 주요 경쟁자로 맞붙은 만큼 두 경쟁 지역에서는 그만큼 제3 후보인 정주영에 대한 지지가 줄어들게 된 것이다. 그러나 영남 대 호남이라는 지역적 대립에서 벗어나 있는 충청과 수도권에서는 오히려 정주영 후보에 대한 지지율이 총선보다 근소하게나마 높아지게 된 것이다. 따라서 1992년 총선과 대선에서 통일국민당과 정주영 후보에 대한 지지는 기본적으로 지역주의 정당 정치라는 구도하에서 3당 합당에 대한 유권자의 반발과 노태우 정부에 대한 불만 등의 요인과 관련이 있는 것이다. 물론 불만을 가진 비호남 지역 유권자들에게 통일국민당이 대안이 되었다는 것은 현대그룹이 그동안 이뤄낸 눈부신 성장과 성공, 그리고 그에 따른 정주영 후보의 역량에 대한 호의적인 평가가 중요한 원인으로 작동했다. 그렇다고 해도 통일국민당 지지는 근본적으로 지역주의 구도하에서 형성된 정치적 갈등에서 비롯된 것이라는 점에서 2차적인 의미를 지닌다고 보아야 할 것 같다.

이러한 특성을 보다 구체적으로 확인해 보기 위해서 이번에는 통일국민당 투표자와 민자당 투표자만을 대상으로 어떤 이유로 민자당이 아니라 통일국민당을 지지했는지 통계적 분석을 통해 그 원인을 분석해 보았다. 표 4와 표 5는 각각 1992년 총선과 대선에서 두 정당을 지지한 유권자만을 대상으로 분석한 결과이다. 지지의 원인으로 3당 합당을 어떻게 생각하는지, 노태우 정부에 대해서는 어떤 평가를 내리는지, 정치권 전반에 대해서 어떤 평가를 내리고 있는지, 그리고 선거에서 경제 이슈가 특히 중요하다고 생각하는지 등 네 가지 변수를 포함했다. 표 4와 표 5의 결과는 거의 유사한 형태로 나타났다. 네 가지 변수 중에서 3당 합당에 대한 태도와 노태우 정부에 대한 평가에 대해서 통계적으로 유의미한 결과가 나타났다. 3당 합당에 대해서 부정적인 태도를 취할수록, 그리고 노태우 정부의 정책 수행에 대한 평가가 부정적일수록 민자당이 아니라 통일국민당을 지지할 확률이 보다 높아지는 것으로 나타났다.

이러한 결과는 앞에서 지적한 통일국민당과 정주영에 대한 지지의 특성을 재확인시켜 주고 있다. 다시 말해서 통일국민당에 대한 지지는 비호남 지역에서 3당 합당에 대한 불만, 노태우 정부에 대한 불만을 가진 유권자들이 지역주의로 인한 정당 지지의 고정성으로 인해 기존의 주요 야당인 민주당으로 지지를 옮겨갈 수 없는 상황에서 새로운 대안으로 받아들여졌던 결과라고 볼 수 있다. 지역주의와 무관해 보이는 새로운 정당이었지만 통일국민당 역시 지역주의 정당 정치의 구도 속에서 유권자들에게 받아들여지고 선거에서 지지를 확보할 수 있었던 것이다.

표 4 로지스틱 분석: 1992년 총선에서 통일국민당 지지의 특성

	B	Wald	Exp(B)
3당 합당 평가	0.49*	16.5	1.63
노태우 정부 평가	0.71*	9.22	2.20
정치인 전반 평가	0.40	3.12	1.49
경제 문제가 중요	0.10	0.21	1.11
상수	−5.91*		
−2loglikelihood = 522.8 Nagelkerke R2=0.22 clasification accuracy 93.4%			

자료: 한국선거연구회 1992년 총선 데이터 (KSDC)
* p⟨0.01, ** p⟨0.05
종속변수: 통일국민당 1, 민자당 0
3당합당평가: 1—아주 잘했다, 2—잘했다, 3—모르겠다, 4—잘못했다, 5—아주 잘못했다
노태우 정부 평가, 정치인 전반 평가: 1—매우 잘하고 있다, 2—잘하고 있다, 3—잘못한다, 4—매우 잘못한다
경제 문제가 중요: 1— 경제문제가 중요, 0—다른 문제가 중요

표 5 로지스틱 분석: 1992년 대선에서 정주영 지지의 특성

	B	Wald	Exp(B)
3당 합당 평가	0.42*	14.4	1.52
노태우 정부 평가	0.49**	4.43	1.60
정치인 전반 평가	0.39	2.98	1.48

| 나라 경제 | −0.07 | 0.29 | 0.94 |
| 상수 | −5.91* | | |

−2loglikelihood = 548.2 Nagelkerke R^2=0.11 clasification accuracy 99.0%

자료: 한국선거연구회 1992년 대선 데이터 (KSDC)
* p⟨0.01, ** p⟨0.05
종속변수: 정주영 1, 김영삼 0
3당합당평가: 1—아주 잘했다, 2—잘했다, 3—모르겠다, 4—잘못했다, 5—아주 잘못했다
노태우 정부 평가, 정치인 전반 평가: 1—매우 잘하고 있다, 2—잘하고 있다, 3—잘못한다, 4—매우 잘못한다
나라 경제: 1—많이 좋아졌다, 2—약간 좋아졌다, 3—마찬가지다, 4—약간 나빠졌다, 5—많이 나빠졌다

4. 어떻게 평가할 것인가?

왜 성공하지 못했나?

대선에서 정주영 후보가 당선되지 못한 후 통일국민당은 급격히 쇠퇴해 갔다. 대선 패배와 함께 당의 향후 진로와 생존을 놓고 당내에서 적지 않은 혼란이 생겨났다(이하 중앙선거관리위원회, 2009, pp.164-166). 채문식 당 대표는 정계 은퇴를 선언했고 당직자 전원이 선거 패배의 책임을 지고 물러났다. 이런 상황에서 통일국민당은 정주영 대표 체제를 유지하면서 당내 개혁을 추진해 가기로 했다. 그러나 1993년 초 이종찬 대표가 이끌던 새한국당과의 통합 협상이 정주영 대표의 거부로 당 대 당 통합이 무산되자 당내 분열이 가속화되었다. 김동길 최고위원이 정주영 대표의

2선 퇴진을 요구하며 최고위원직 사퇴를 선언했다. 이 무렵 현대중공업 비자금이 통일국민당에 유입되었다는 혐의로 수사를 받게 되고, 정주영 대표 역시 대통령 선거법 위반으로 기소되었다.

그런데 이런 상황에서 정주영 대표는 1993년 2월 8일 열린 창당 1주년 기념행사에 불참했고 그 다음 날인 2월 9일 전격적으로 정계 은퇴를 선언했다. 이후 당 소속 의원의 탈당이 이어지게 되었다. 2월 한 달 동안 모두 19명이 통일국민당에서 탈당해 나가면서 대통령 선거 전 35명이던 당 소속 의원의 수가 16명으로 줄어들었다. 자연히 원내교섭 단체의 지위도 상실하게 되었다. 연쇄 탈당 와중인 1993년 2월 15일 최고위원, 당직자연석회의를 열고 김동길 최고위원을 당 대표로 선출하였지만, 사실 정주영 없는 통일국민당의 미래를 생각하기는 어려운 일이었다. 김동길 대표를 비롯하여 당에 남아 있던 의원들은 1994년 5월 박찬종의 신정치개혁당과 합당에 합의했고, 두 달 뒤 신민당이라는 새로운 정당을 창당하면서 공식적으로 소멸되었다.

통일국민당은 1992년 총선과 대선에서 매우 인상적인 득표를 했지만 대선 패배 이후 너무 쉽게 몰락해 갔다. 31명의 의원으로 원내교섭 단체를 구성한 원내 제3당인 통일국민당은 왜 이처럼 쉽게 무너져 내렸을까? 여러 가지 이유를 들 수 있을 것이다. 우선은 권력의 압력 때문이라고 생각해 볼 수 있다. 대선 이후 김영삼 정부는 한 경리 직원의 '양심 선언'의 형식으로 현대중공업 비자금의 선거 자금 유입과 정주영 후보의 선거법 위반 문제를 제기하고, 정주영 대표와 통일국민당을 압박했다. 이러한 권력의 압박은 적지 않은 부담으로 작용했을 것으로 보이지만 그렇다고 해서 30석 넘는 원내 의석을 가진 정당의 대표가 하루아침에 정계 은퇴를 선언하는 것은 그 이유만으로는 설명이 충분하지 않아 보인다.

통일국민당의 갑작스러운 몰락의 또 다른 이유는 창당의 목적이다. 통일국민당의 창당은 정주영 명예회장을 대통령으로 만들겠다는 단 한 가지 목적에 집중되어 있었다. 그 때문에, 다양한 인물이 참여했다고 하지만, 통일국민당은 '정주영 대통령 만들기'를 위한 전형적인 선거 머신electoral machine이었고, 당 조직 역시 정주영 1인 체제였다. 통일국민당이 선거 중 다양한 정책적 공약과 프로그램을 내세웠지만, 사실상 당내 구성원 간에 공유하는 가치나 이념적 동질성은 뚜렷하지 않았으며, 오히려 국회의원 당선이나 선거운동 중의 금전적 혜택 혹은 집권 후의 전리품의 배분과 같은 이해관계가 더욱 중요했을 수 있다. 정주영으로서는 대통령이 되기 위해 통일국민당을 만들었지만, 그 목적을 성취하지 못한 상황에서 더 이상 당을 유지하는 것은 그에게 별 의미가 없는 일이 되었을 것이다.

통일국민당의 갑작스러운 몰락에 대한 보다 구조적인 요인은 당과 정주영 후보에 대한 지지의 특성과 관련되어 있다. 원내교섭 단체까지 구성한 정당이 대선 패배 직후 당내 분란에 빠져들고 결국 얼마 지나지 않아 해체되었다는 것은 그만큼 통일국민당의 정치적 기반이 허약했다는 것을 의미한다. 통일국민당은 지역주의를 비판했지만, 1992년 두 차례 선거에서 지역주의 정당 정치는 여전히 공고했다. 특히 대권을 두고 경쟁한 대선에서 영남과 호남의 유권자들은 총선에 비해 각각 민자당과 민주당을 중심으로 더욱 결집되는 모습을 보였다.

이에 비해 통일국민당에 대한 지지는 분명하게 정의된 정치적 균열 구조 위에 확립되어 있지 않았다. 즉 지역주의 갈등의 한 축을 담당한 것도 아니었고, 이념적으로 보수나 진보의 어느 한쪽을 대표하는 것도 아니었다. 1992년 두 차례의 선거에서 통일국민당에 대한 지지는 구조적 요인과 결합한 적극적이고 충성스러운 것이라기보다는 기존 지지 정당에 대한 불만으로부터 비롯된 일시적이고 소극적인 특성을 지니고 있다고 할 수 있다. 앞에서 살펴본 대로, 지역주의 정당 구도는 여전히 강고한 상태로 유지되고 있고, 따라서 지역주의에 따라 대다수 유권자은 각각 자기가 지지하는 정당을 갖고 있는 것이다. 그런데 3당 합당이나 실망스러운 국정 운영으로 인해 원래 자신이 지지하던 정당에 불만을 갖게 되는 상황이 일어났지만, 그렇다고 해서 지역주의하의 경쟁 정당, 예컨대 민자당 지지자들에게 민주당은 대안이 될 수 없었다. 이때 새롭게 등장한 통일국민당은 이러한 유권자들이 전통적 지지 정당에 대한 항의의 표시로 지지를 거두고 '일시적으로' 옮겨갈 수 있는 좋은 선택지가 될 수 있었던 것이다.

다시 말해 자신에게 이념적으로나 정치적으로 가장 가까운 위치에 있는 특정 정당이 거의 항구적으로 '주어져 있는' 상황에서, 그 유권자는 여러 다른 정당들 가운데에서 그 정당 이외의 어떤 정당을 대안으로 선택하기는 매우 어려운 일이다. 이러한 정치적 비탄력성은 유권자의 선택의 폭을 크게 줄일 수밖에 없다. 특히 일인 선거구 단순다수제라는 선거제도는 일반적으로 선거 경쟁력을 갖는 정당의 수를 축소시키기 때문에 (Duverger, 1964), 기존의 지지 정당에 실망을 느낀 경우라고 해도 그 대안을 찾기는 어렵다. 이러한 정당 선택의 비유동적 상황immobility of party choice하에서 (강원택, 1998, pp.194-195), 기존의 정치적 갈등 구조에서 벗어나 있는 것으로 보이는 제3당은 일시적인 지지 이동의 대상이 될 수 있는 것이다.

그런 점에서 통일국민당에 대한 지지는 일종의 저항투표protest voting라고 볼 수 있다. 저항투표는 기존의 지지 정당에 대한 불만의 표시로 행하는 일시적 선택이다. 저항투표는 새로운 정당으로의 지지의 이전이기보다는 기존 정당에 대해 지지를 철회할 수도 있음을 경고하는 의미로 볼 수 있다(강원택, 1998, p.197). 저항투표의 좋은 사례가 영국의 제3당인 자유민주당Liberal Democrats이다 (Himmelweit et al., 1985, p.162). 자유민주당은 1920년대 노동당에게 주요 정당의 지위를 빼앗긴 후 당세가 크게 축소되었다. 1970년대부터 지지율이 다소 상승해서 20% 전후의 득표율을 보였고, 지난 2010년 총선에서는 23%를 득표했다. 2010년 총선에서 보수당, 노동당 모두 단독으로 과반 의석을 얻지 못한 탓에 자유민주당이 보수당과 연립정부를 구성했다. 그런데 자유민주당 지지의 흥미로운 점은 지지율이 20% 전후로 유지된다고 해도, 매 선거마다 변함없이 이 정당에 투표하는 충성스로운 지지자의 비율은 낮다는 점이다. 적지 않은 수의 지지자들이 매 선거마다 바뀌는 것이다. 그렇게 된 까닭은 자유민주당 지지자들 중 다수가 사실은 보수, 노동 양당 중 한 정당에 보다 더 친밀감을 느끼고 있기 때문이다. 이들은 자신이 지지하는 정당이 만족스럽지 못한 경우에 '일시적인 피난처ᵃ place of temporary refuge from their normal Conservative or Labour home'로 자유민주당을 지지하는 것일 뿐이다(Curtice, 1983, p.104).

통일국민당에 대한 지지는 현대그룹의 성공 신화와 정주영 회장의 리더십과 경륜에 대한 존경심, 효과적인 선거운동 등 유권자의 관심과 지지를 끌어당기는 흡인 요인이 있었지만, 보다 근본적으로는 지역주의 구도하에서 '일시적 피난처'의 특성이 강했다. 특히 3당 합당과 노태우 정부에 대한 실망으로 비호남권 유권자가 항의의 표시로 통일국민당을 선택한 것이다. 통일국민당의 갑작스러운 몰락은 16~17%라는 비교적 높은 득표에도 불구하고 그 지지의 속성이 매우 견고하고 충성스러운 것이 아니었기 때문이다. 더욱이 한 정치 지도자의 카리스마에 의존하는 정당은, 폭넓게 공유되는 정치 이념이나 사회적 정체성을 결여하고 있다면, 존속되기 어려운 것이다. 그런 점에서 볼 때 통일국민당 지지자들이 특정한 이념적 정체성이나 동질감을 갖는 유권자들이었다고 보기 어렵다는 점이 당이 생존력을 갖지 못한 주된 원인이었다. 앞서 지적한 대로, 통일국민당 지지자의 다수는 3당 합당이라는 인위적 정계 개편에 대해서 반발했고 경제 상황의 악화에 대해 불만을 가진 이들이었다. 즉 이들은 기본적으로 정치적 일체감을 갖는 지지자들identifiers이 아니라 조건에 따라 상이한 상품을 골라 사는 소비자consumers처럼 행동하는 매우 유동적인 유권자들이었다. 통일국민당만의 '잘 정의된 정치적 지지의 공간(a well-defined hunting ground, Hopkin and Paolucci 1999, p.333)'이 결여되어 있었다. 그런 까닭에 외부에서부터의 압력이 생겨났을 때, 지지자들이 당을 중심으로 강력하게 결집하며 버텨낼 수 없었고, 정주영 대표가 당을 떠나면서 속절없이 무너질 수밖에 없었던 것이다.

새로운 정당 모델의 실험
: 기업형 정당 모델business firm party model

통일국민당은 한국 정당 정치사에서 매우 특별한 속성을 갖고 있다. 그것은 정당을 생성한 주체가 기업이라는 점이다. 1945년 해방 이후 무수히 많은 정당들이 생성되고 소멸해 갔지만, 기업이 주체가 되어 정당을 생성시킨 것은 통일국민당이 유일하다.

뒤베르제(1964: xxx-xxxvi)는 정당의 기원을 의회 내부에서 형성된 정당과 의회 외부에서 형성된 정당으로 구분했다. 의회 내부에서의 정당의 기원은 기존 의회 내에 존재하던 정치 엘리트 간의 느슨한 연계가 대중선거권의 확대와 함께 지역에 선거 조직을 만들면서 형성된 것으로 보았다. 영국의 보수당이나 자유당이 이에 대한 대표적 예가 될 것이다. 의회 외부에서 생성된 정당은 대중선거권의 확대와 함께 의회 외부의 조직, 예컨대 노조, 교회, 페이비안 소사이어티와 같은 사상 모임, 기업 등에 기반하여 정당이 만들어지는 경우로 설명했다. 영국 노동당이 대표적인 사례이다. 한편, 뒤베르제는 기업에 배경을 둔 정당으로는 캐나다의 몬트리얼 은행the Bank of Montreal, 그랜드 트렁크 철도the Grand Trunk Railway를 비롯한 몬트리얼의 대기업들의 영향하에 1854년 설립된 캐나다 보수당the Canadian Conservative Party을 예로 들었다. 그런 점에서 보면 통일국민당 역시 그 기원의 분류에서 보면 의회 외부에서 생성된 정당인 셈이다. 캐나다 보수당의 사례가 있기는 하지만, 기업이 생성의 주체가 되는 정당의 사례는 다른 나라에서도 매우 드물다.

그렇지만 최근에도 기업인의 선거 참여가 전혀 없다고 할 수는 없다. 대표적으로 1992년과 1996년 미국 대통령 선거에 출마한 기업인 출신 로스 페로Ross Perot를 들 수 있다. 페로는 1992년 미국 대선에서 무소속으로 출마하여 18.9%를 득표했고, 1996년 대선에서는 개혁당으로 출마해서 8.4%를 득표했다. 개혁당을 창당하기는 했지만 통일국민당과는 달리 의회 선거에 후보자를 낸 것은 아니어서 사실상 페로의 선거 머신에 불과한 것이었다.

통일국민당의 사례와 더 유사한 경우는 이탈리아의 미디어 재벌인 실비오 베를루스코니Sivio Berlusconi가 세운 전진 이탈리아 당Forza Italia이다. 베를루스코니는 핀인베스트Fininvest라는 대규모 미디어 그룹을 운영하는 기업인이었다. 전진 이탈리아 당은 1994년 총선에서 극우파 민족동맹Alleanza Nazionale과 지역당이라 할 수 있는 북부연맹Lega Nord 등의 정당과 연립정부를 구성해서 집권당이 되었다. 그 이후 연정의 붕괴로 8개월 만에 실각했다. 그러나 2001년(~2005년)과 2008년(~2011년) 총선에서 벨루스코니가 이끄는 우파 연합이 선거에 승리하여 모두 세 차례 집권에 성공했다. 전진 이탈리아 당은 여러 가지 면에서 통일국민당과 비슷한 특성을 갖는다.

1994년 총선 전에 창당된 전진 이탈리아 당이 갑작스럽게 유권자의 큰 지지를 얻을 수 있었던 것은 그 당시의 이탈리아 정치 상황과 긴밀한 관련을 갖는다. 제2차 세계대전 이후 이탈리아는 기민당DC과 사민당Partito Socialusta Italiano 연정이 장기간에 걸쳐 집권을 해 왔고 이탈리아 공산당PCI: Partito Comunista Italiano이 상당한 지지를 유지하면서 야당의 역할을 담당해왔다. 그러나 탈냉전의 도래와 함께 이탈리아 공산당의 지지가 쇠락하게 되면서 분열되고 여러 개의 소정당으로 변모되었다. 한편, 기민당과 사민당은 1992년 '깨끗한 손mani pulite'이라고 불린 검찰의 부패 사건 수사로 정치적으로 커다란 곤경에 처하게 되었다. 마니뿔리떼 수사로 인해 주요 정치인 중에서 약 1/3이 기소되었고 장기간 집권해 왔던 기민당은 정당 자체가 해산되었다. 또한 기민당 정권의 연정 파트너였던 이탈리아 사회당 역시 커다란 혼란에 빠지면서 무기력해진 상태로 1994년 선거를 맞이했다. 베를루스코니는 이러한 정치적 기회를 활용하여 정치에 참여하기로 결정한 것이다. 베를루스코니는 이념적으로 중도 세력과 우파 세력을 끌어들이고자 했고, 개인적 인기, 조직적 유리함, 그리고 대중매체 전문가들을 최대한 활용했다(Hopkin and Paolucci 1999, p.322). 선거 2개월 전 창당된 전진 이탈리아 당이 1994년 총선에서 제1당으로 부상하게 된 데에는 이탈리아 사회의 한 축이었던 기민당이 몰락하면서 새로운 대체 정당으로서 전진 이탈리아 당이 갖는 보수주의적 자유주의와 가톨릭적 친화성 등이 크게 작용하였다(김종법, 2004, p.424). 이처럼 전진 이탈리아 당은 이탈리아의 정치적 변혁과 전환기라는 상황 속에서 등장할 수 있었던 것이다.

그런데 이러한 특징은 통일국민당에도 마찬가지로 적용될 수 있다. 즉 두 정당 모두 정치적 전환기에 등장한 정당이라는 공통점을 지닌다. 즉 새로운 정치 질서하에서 기존 정당정치가 급격한 변환의 과정을 겪으면서 아직 제도화, 안정화되지 못한 상황에서 등장한 정당들인 것이다. 이탈리아에서는 탈냉전 이후의 정치적 지형 변화와 주요 정치인이 연루된 부패 스캔들인 수사를 거치면서 주요 정당들이 몰락해 가는 와중에 전진 이탈리아당이 지지를 얻을 수 있었다. 유사하게 통일국민당은 3당 합당으로 인해 정당 정치 구도가 급작스럽게 변화된 상황 속에서 정치적 기회를 찾을 수 있었던 것이다.

그뿐만 아니라 창당의 원인, 선거운동 방식이나 정당의 조직적 특성에서도 통일국민당과 전진 이탈리아 당은 유사성을 보인다. 통일국민당의 창당이 '정치권력이 기업과 기업인에 대해 행하는 부당한 압력과 적절치 않은 대우에 대한 불만'과 관련되어 있었던 것처럼 전진 이탈리아 당 역시 유사한 기업적 위기감에서 비롯되었다. 즉 베를루스코니의 기업이 당시 심각한 부채 위기에 놓여 있었고 좌파 정부가 들어선다면 거의 독점에 가까운 상업 방송의 통제를 약화시키려는 시도를 할 수 있는 일이었다. 적대적인 좌파가 자신의 경제 제국을 위험에 빠트리는 것을 막기 위해서 선거에서 승리해야만 하는 개인적 목표를 갖고 있었던 것이다(Hopkin and Paolucci 1999, p.321).

당 조직이나 선거운동과정에서도 두 정당 모두 그 기반이 되는 기업을 최대한 활용했다. 통일국민당의 당 조직은 현대그룹 출신 인사가 맡았던 것처럼, 전진 이탈리아 당 역시 핀인베스트 그룹의 최고 경영자가 전국 당 조직의 책임자가 되었다.

> (당의) 중앙기구는 핀인베스트Fininvest 그룹의 인사들을 중심으로 결성된 개인적 기구의 성격을 가지며 구성원들은 핀인베스트 그룹에서 조직과 마케팅을 담당하던 이들이었다. 즉 베를루스꼬니는 정당 구조를 자신 소유 기업에서 여러 분야의 책임자들을 모아 개인적 기구에서 출발하였다. 실제로 이와 같은 효율적이고 조직적인 중앙기구는 짧은 시간 안에 국회의원 입후보자의 선택과 이들을 위한 효과적인 선거운동을 이끄는데 커다란 기여를 하였다. (…) 또한 포르

짜 이탈리아의 '기업형 정당Partito-azienda' 특징은 기존의 정당체계에서 벗어나 효율성과 성과 그리고 마케팅이라는 개념을 도입한 기업적 운영을 하게 됨으로써 짧은 시간 안에 이탈리아 국민들에게 다가설 수 있었다(김종법, 2004, p.430).

선거운동도 기존 정당이 행한 것과는 달리, 마치 기업에서 사적적인 소비재를 팔기 위해 소비자들에게 하는 것처럼, 정책 공약이나 프로그램이라는 '상품을 팔기 위해sell a product' 표준화된 마케팅과 홍보 전략을 사용하였다(Hopkin and Paolucci 1999, p.311). 또한 정책 공약도 정당이 기반하고 있는 특정 집단이나 계층의 정체성과 관련된 정치적 약속이나 방향의 제시라기보다는 매우 구체적이고 현실적인 문제해결책을 제시했다. 그런 점에서 전진 이탈리아 당이 선거에서 내세운 것은 '정치적 공약이라기보다 실질적 문제에 대한 해결의 쇼핑 리스트(a neutral shopping list of solutions to practical problems, rather than a political manifesto, Hopkin and Paolucci, 1999, p.326)'라고 볼 수 있는 것이다. 통일국민당의 '아파트 반값 공약'도 이와 유사한 경우로 볼 수 있다. 선거운동 방식도 기업적인 경험이 많이 반영되었다. 통일국민당이 호랑이를 상징으로 사용했다면, 전진 이탈리아 당은 당의 색깔을 이탈리아 축구 대표팀의 유니폼 색깔인 푸른색gli azzurri을 사용했다. 사실 'Forza Italia'라는 당명은 이탈리아 축구 팬들이 국가대표 간 경기에서 외치는, 마치 '한국 파이팅'과 같은 의미의 응원 구호이다. 미디어 재벌인 만큼 전진 이탈리아 당은 선거운동에서 텔레비전 광고와 베를루스코니 개인 방송사의 뉴스 프로그램을 최대한 활용했다.

그러나 전진 이탈리아 당의 운영은 기업체를 운영하듯이 베를루스코니 개인을 중심으로 이뤄졌다. 당 조직 내에서 하의상달이나 참여보다는 베를루스코니가 개인적으로 당을 통제하는 구조였다. 선거 때 활동했던 지역 수준의 하위 조직 역시 선거 이후에는 주변화 되었고 당원의 참여나 활동에도 무관심했다. 전진 이탈리아 당의 집행위원회는 '대통령 평의회the Council of the Presidency, Comitato di Presidenza'라고 불릴 정도였고, 핀인베스트 사의 법률가나 경영진 등 베를루스코니의 측근들로 임명되었다(Hopkin and Paolucci 1999, p.323). 그런 점에서 전진 이탈리아 당은 베를루스코니라고 하는 정치 지도자 개인을 중심으로 한 대단히 높은 수준의 중앙집권화된 조직이었다. 기존 정당들과는 달리 대규모 당원 관리에도 심혈을 기울이지 않았고 따라서 당을 관리하고 유지하는 당내 관료조직도 불필요한 경량 조직(Hopkin and Paolucci 1999, p.324)이었다. 통일국민당의 경우처럼 전진 이탈리아 당 역시 본질적으로 베를루스코니의 집권을 위해 봉사하는 '선거 머신(an electoral machine, Hopkin and Paolucci, 1999, p.321)'에 불과했던 것이다.

통일국민당과 전진 이탈리아 당은 본질적으로 사회적 목적을 갖는 자발적 조직이기보다 일종의 '기업business firm'이 되었고, 정당이 생산하는 정책 공약과 같은 공공재는 정당을 이끄는 이들의 진정한 목표에 비해서는 부수적인 것이 된 셈이다(Hopkin and Paolucci 1999, p.311). 이런 특성 때문에 두 정당은 모두 '정당 조직의 기업형 모델the business firm model of party organization'에 해당한다고 할 수 있다.

이러한 새로운 정당 모델이 일시적으로 정치적 성공을 거두었다고 해도 여러 국가에서 유사하게 나타나는 보편적인 형태가 되거나 혹은 장기간 존속될 수 있는 것으로 보기는 어렵다. 한국이나 이탈리아의 경우 모두 정당 정치의 변혁이 일어나 정치적 전환기라는 특수한 시점과 정치 환경 속에서 이러한 기업형 정당 조직이 등장했기 때문이다. 그리고 정당 조직의 목적이 기업 소유주 1인의 집권이라고 하는 매우 제한된 목표를 위한 선거 머신의 특성을 지니고 있고 당 조직의 운영 역시 다수의 참여가 아니라 기업가 1인의 중앙집권적 결정의 형태로 이뤄지기 때문이다. 지지자의 특성 역시 정체성에 기반한 견고한 것이라고 보기 어렵기 때문이다. 통일국민당과 전진 이탈리아 당이 기업에 시장에서 상품을 파는 것처럼 선거운동을 하고 정당을 운영했다면, 유권자들 역시 상품을 고르듯이 투표한 것이기 때문에 그 정당에 대한 지지의 강도나 충성심은 결코 강할 수 없기 때문이다. 결국 기업형 정당 조직은 단기간에 기업적 효율성에 의해 대중의 주목을 받고 일시적 지지를 이끌어 낼 수 있지만, 특정한 정치적 가치나 이념에 근거하여 대중 속에 조직적으로 뿌리 내릴 수 없다는 점에서 창당 때부터 분명한 정치적 한계를 가질 수밖에 없는 것이다. 통일국민당의 갑작스러운 몰락의 원인 역시 여기서 찾아야 할 것이다.

5. 결론

지금까지 논의한 대로, 통일국민당은 한국 정당 정치사에서 매우 흥미로운 존재이다. 한국 정치에서 명멸한 수많은 정당들 가운데 대기업을 기반으로 하는 정당은 통일국민당이 사실상 유일한 것이었기 때문이다. 그런데 통일국민당과 같은 정당이 출현할 수 있었던 것은 정치 환경의 변화가 매우 중요한 기반이 되었다. 민주화와 함께 국가의 규제, 억압에서 자유로운 정치 공간이 열리면서, 다양한 집단이 정치에 관심을 갖고 참여하게 된 것이다. 그 당시 노동 운동이 1990년 민중당 결성으로 이어진 것과 마찬가지로, 기업과 자본 역시 통일국민당과 같은 형태로 정치 참여를 모색할 수 있었던 것이다. 그런 점에서 "(통일)국민당의 출현은 한국 사회 내 권력 구조의 변화의 산물이며 궁극적으로는 다양한 사회 집단들이 자신의 사회경제적 힘을 정치적으로 표현하여 나가는 일련의 자유와 과정의 일환"(양길현, 1992, p.260)으로 볼 수 있을 것이다.

이러한 환경이 주어졌다고 하더라도 정치 참여를 결정하고 이

끌고 나갈 수 있었던 것은 정주영의 결단과 의지 때문이다. 정주영은 현대그룹 성장의 역사가 그러하듯이 새로운 영역에 도전하고자 했고, 1992년에 그가 선택한 영역은 뜻밖에도 정치였다. 그런데 그가 1992년을 정치 참여의 시기로 선택한 타이밍은 절묘했다. 민주화 이후 불과 5년밖에 지나지 않은 상황에서의 정치적 불확실성이 여전히 존재했고, 더욱이 정치 엘리트 간에 이뤄진 인위적인 정계 개편에 대한 불만이 폭넓게 퍼져 있던 시기였다. 경제적으로는 과거 권위주의 체제하에서처럼 국가가 경제를 이끄는 발전국가 모델로부터의 변화가 불가피했지만, 사실 새로운 대안은 분명치 않았다. 오히려 민주화된 정치 환경하에서 노동을 비롯한 각 이해관계를 갖는 다양한 집단의 요구가 봇물처럼 터져 나오는 상황에서 경제발전을 어떻게 이끌 수 있을까 하는 데 대한 우려와 불안감이 높았던 시기였다. 통일국민당은 바로 이런 상황에서 창당되었던 것이었고, 1992년 총선에서 17.5%의 득표와 31석의 의석을 얻는 놀라운 진전을 이뤄낼 수 있었던 것이다. 여기에서도 타고 난 정주영의 사업적 감각을 확인할 수 있다. 그런 점에서 정주영은 정치 영역에서도 나름대로의 성공을 거둔 진취적인 '정치적 창업자(political entrepreneur, Hopkin and Paolucci, 1999, p.321)'였다.

그러나 정주영의 정치 도전은 대선 패배와 함께 사실상 실패로 돌아갔다. 1992년 대통령 선거 이후 상당한 시간이 흐른 뒤 정주영은 다음과 같이 선거 패배에 대해 회고했다.

혹자는 나의 대통령 출마에서의 낙선을 두고 '시련은 있어도 실패는 없다'라고 주장하던 내 인생의 결정적 실패라 하는 모양이지만, 나는 그렇게 생각하지 않는다. 쓰디쓴 고배苦杯를 들었고 보복 차원의 시련과 수모도 받았지만 나는 실패한 것이 없다. 오늘의 현실을 보자. 5년 전 내가 낙선한 것은 나의 실패가 아니라 YS를 선택했던 국민들의 실패이며, 나라를 이 지경으로 끌고 온 YS의 실패이다. 나는 그저 선거에 나가 뽑히지 못했을 뿐이다. 후회는 없다.[5]

본인 스스로 실패하지 않았고 후회도 없다고 하는 것은 도전적인 승부사로서의 담담한 회고로 받아들일 수 있다. 사실 그의 경쟁자들은 수십 년간 정치권에서 활약해 온 정치적 거물들이었다. 더욱이 지역주의가 견고하던 당시에 대선에서 16.3%의 득표를 한 것은 결코 미미한 성과라고 하기 어렵다. 대선에서 승리하지 못했다는 점에서는 '실패'라고 볼 수도 있겠지만, '통일국민당'이라는 그의 '정치 사업'은 총선에서의 안정적인 의석 획득으로 정치권에 나름대로의 기반을 확보할 수 있었고 그런 점에서 본다면 '실패'한 것이라고 평가할 수는 없다.

하지만 통일국민당은 대선 패배와 함께 곧바로 쇠락해 갔고 결국 얼마 지나지 않아 역사 속으로 사라졌다. 그렇게 쉽사리 몰락하게 된 가장 중요한 원인은 통일민주당이 근본적으로 '정주영

---

5 정주영, 1997, p.428.

대통령 만들기 프로젝트'를 위한 '일회용' 선거 머신적인 성격을
지녔기 때문이다. 정주영 없는 통일민주당은 상상할 수 없는 일
이어서 그가 정계 은퇴를 선언한 순간 사실상 통일민주당은 더
이상 생존할 수 없는 상태가 되었다. 정치적으로 많은 시련을 겪
으면서도 권력을 향해 오랜 시간 동안 투쟁해 온 김영삼, 김대중
과 같은 정치 지도자들과 달리, 정주영에게 정치는 '또 다른 하나
의 사업 프로젝트'였다. 성공의 가능성을 보고 투자했지만 그 성
과가 미미한 것으로 드러난 순간, 또 다른 장기간의 노력과 투자
보다는, 그 사업으로부터 즉각 철수하기로 결정한 것이다. 그런
점에서 정치 참여에도 불구하고 그는 '정치인 정주영'이기보다
정치 시작부터 끝까지 '기업인 정주영'으로 남아 있었다.

실리적 남북경협

– 아산의 탈이념적 구상과 실행

정태헌(고려대학교)

학력
고려대학교 경영대학 졸업, 고려대학교 대학원 사학과 문학석사 및 박사.

경력
역사문제연구소 소장, 국제고려학회 서울지회 회장, 현 남북학술교류협회 이사장, 남북역사학자협의회 부위원장,
현 고려대학교 한국사학과 교수.

저서 및 논문
《한국의 식민지적 근대 성찰》(선인, 2007), 《20세기 한국경제사》(역사비평사, 2010), 《민주화 · 탈냉전시대, 평화
와 통일의 사건사》(편저, 소명출판, 20104) 외 다수.

1. 머리말

1998년 6월 16일, 84세의 정주영 현대그룹 명예회장(1915~ 2001)은 아버지가 소 판 돈을 갖고 18살에 가출한 빚을 이제야 갚는다면서 소떼 500마리와 함께 판문점을 넘었다.

> 열여덟 살이던 1933년 (…) 아버님이 소를 판 돈 70원을 가지고 집을 나섰습니다. (…) 이제 그 한 마리의 소가 천 마리 소가 되어 그 빚을 갚으러 꿈에 그리던 고향 산천을 찾아가는 것입니다. 저의 이번 방문이 (…) 남북 간의 화해와 평화를 이루는 환경의 초석이 되기를 진심으로 기원합니다.[1]

프랑스 문명비평가 기소르망 Guy Sorman은 이 '소떼방북'을 두고 "20세기 최후의 전위예술"이라고 격찬했다. 그러나 거대한 실리의 혜안을 담고 한반도의 평화와 미래의 길을 연 소떼방북을 전위예술의 추상성으로만 설명하는 것은 크게 부족하다.

한국 사회에서 정주영만큼 복잡한 평가를 받는 사람도 흔치 않다. 그는 '개발독재' 시대의 대표적 재벌이었지만 오히려 진보 진영에게서 인정받고 보수 진영의 공격을 받기도 한다. 그의 마지

---

1 〈鄭周永씨 일문일답─인사말〉, 《조선일보》 1998.6.17. 이하 《조선일보》는 《조》, 《동아일보》는 《동》, 《경향신문》은 《경》, 《한겨레신문》은 《한》, 《연합뉴스》는 《연》, 《매일경제》는 《매》로 약칭함.

막 사업인 남북경제협력사업(이하 경협) 때문이다. 보수 진영은 그가 정력적으로 추진한 경협을 돈키호테, 노망이라고 폄하하거나, 그의 경협을 이해하는 측조차 말년의 감상적 수구초심 정도로 평가절하하기도 한다. 진보 진영은 그의 경협을 노동 탄압의 일환으로 치부하기도 한다. 그런데 평가 여하를 떠나 정작 그가 어떤 구상을 하면서 경협에 나섰고 그 의미가 무엇인가에 대한 탐구는 제대로 이뤄진 적이 없다.[2] 기이한 일이다.

물론 1998년의 세기적 이벤트, 소떼방북은 많이 알려져 있다. 그러나 대부분은 정주영의 경협 구상이 오랜 기간 축적되어 왔다는 사실을 간과한다. 그는 이미 1980년대 초부터 자신의 기업을 포함한 한국 경제의 돌파구를 남북경협과 북방경제권에서 찾는 구상을 해왔다. 1989년과 1998년의 공개적 방북을 통해 그 구상을 일정하게 실현했다. 경협을 구상하고 실현하기까지 무려 20년 가까이 소요된 셈이다.

정주영의 경협 추진력을 '순수한 열정' 또는 '고향 사랑'으로 이해하면 정작 중요한 의미를 놓치게 된다. 정주영은 "근본적으로 이성적이고 실리적인" 사업가였다. 결코 "감상적인 사람"이 아니었다.[3] 실제로 그는 분단 장벽을 넘어 시장과 자원의 보고

2 다음 두 논문 정도에 불과하다. 정태헌, 〈1980년대 정주영의 탈이념적 남북경협과 북방경제권 구상〉; 예대열, 〈우보천리(牛步千里)의 첫걸음이 남북을 변화시키다―정주영의 소떼방북과 남북 사회의 변화상〉, 《민족문화연구》 59호, 2013.

3 윤만준 전 현대아산 사장 인터뷰, 2012년 11월 1일 16:00~19:30, 종로 2가 민들레 영토.

인 동북아 대륙에서, 그리고 한국 기업의 경쟁력을 취약하게 하는 분단을 넘어 자신이 줄곧 주창해온 대로 자유기업이 활개를 펼 수 있는 경영 환경을 조성하고 장애 요인을 돌파하는 데 누구보다 창의적이고 상식적인 기업인이었다. 이처럼 상식적 기업인이 한국 사회에서 한 사람뿐이었다는 것은, 경영 외적 장애 요인을 타개하고 새로운 시장을 개척하려는 한국 기업의 '기업가정신 Entrepreneurship'이 그 정도에 머물러 있고 한국 사회의 뿌리 깊은 냉전의식에 압도되어 있다는 사실을 반증할 뿐이다.

외국 신용평가기관들이 흔히 지적하는 한국 신용 등급의 최대 불안 요인은 분단 리스크이다. 정작 한국 현대사를 보면 정치인에서 기업인에 이르기까지 이러한 '불안'에 익숙해져 당연한 것으로 전제하거나 이를 헤쳐 나가기보다 오히려 이를 국내 정치용으로 활용해왔다. 그러나 정주영은 냉전이 한창이던 1980년대부터 공산권과 북한을 주목하고 경협 구상을 구체화해갔다.

그는 기업인의 입장에서 당시의 경제 환경을 어떻게 인식하고 무슨 생각으로 경협의 길을 힘들게 개척한 것일까. 물론 2000년 6·15남북공동선언을 전후할 무렵과 같이 특정 시기에는 여타 기업들도 유행처럼 경협을 시도하기도 했지만 곧 수그러들었다. 한국의 재벌 가운데 남북경협–북방경제권을 연동시킨 거대한 구상을 하고 이를 실현하고자 끈질기게 일로매진한 사람은 정주영뿐이었다. 기업인으로서 정주영에 대한 평가는 다면적일 수 있지만, 이 점은 분명히 주목되어야 한다.

정주영은 남북이 서로 윈-윈[win win]하는 거대한 실리의 바다 속에서 적대감의 응어리를 녹여낼 수 있다는, 냉전적 적대감에 갇혀 있던 당시 한국 사회에서 '파천황'의 발상을 하고 실천했다. 그의 '독특한' 추진력과 이를 가능하게 한 구상을 추적하는 것은 향후의 남북 관계 정립을 위해 큰 의미가 있다. 그가 구상하고 추진한 경협은 주관적으로 싫건 좋건 객관적으로 결국 한반도 구성원이 풀어야 할 현재와 미래의 숙제일 수밖에 없기 때문이다.

이 글은 정주영의 연설(자서전), 신문, 관계자 구술, 현대아산이 정리한 《南北經協 事業日誌 1989~2000》나 현대계열사 사사[社史] 등을 활용하여 1980~90년대를 지나는 동안 1989년의 첫 방북, 1998년 소떼방북을 계기로 이뤄진 개성공단과 금강산 관광 등을 주요 소재로 해서 그가 경협을 구상하고 추진한 배경과 목적 그리고 그것이 남북 관계와 남북 사회 전반에 미친 영향을 추적하고자 한다.

2. 1980년대 한국 경제 환경 변화에 조응한 對공산권 경협 구상

민간 주도 경제론에 기초한 공산권 경협론

현대그룹 회장 정주영이 1977년부터 10년간 재계를 대변하는 전경련 회장을 지냈던 기간은 한국 경제가 성장 전략을 재구축하던 시기였다. 유신 정부가 주도한 중화학공업화 전략이 1979년부터 위기 징후를 보였고 1980년에는 경제개발계획 시작 이래 처음으로 마이너스성장을 보이는 등 극심한 불황을 겪고 있었다. 정부는 중화학공업 부문 중심의 무분별한 투자 확대 때문이라고 판단하면서 강제적 산업 재편 정책을 펼쳤고, 투자 조정·산업 합리화·부실기업 정리 등 산업 재배치가 1988년까지 계속 이어졌다.[4]

정부의 산업 개입 방식 역시 1980년대 들어 일대 전환기를 맞았다. 전두환 정부는 여전히 강력한 '발전국가'였지만 집중적 금융·세제 지원으로 급성장한 재계와 정부 사이의 역[*]관계가 서서히 역전되는 모습을 드러냈다.[5] 즉, 한국 경제는 안정화 및 자유화가 강조되면서 1990년대의 민간 주도 경제로 이행하는 중이었다. 이 무렵 전경련 회장 정주영도 1980년대 들어 기업의 자유를 제기하기 시작한 당시 재계를 대변하여 민간 주도 경제론-기업 자유론을 적극 주창했다.

다른 한편, 1970년대 중동 지역 건설 붐을 탄 건설업과 중화학공업화 정책에 따른 조선업을 주력 업종으로 삼았던 현대그룹은 새로운 활로를 찾아야 했다. 건설업과 조선업이 세계적 불황으로 성장 동력을 잃어 가고 있었기 때문이다. 건설업의 경우 중동 건설 경기가 퇴조하면서 국제경쟁력이 떨어진 반면에 해당 국가의

---

4 김정주, 〈시장, 국가, 그리고 한국 자본주의 모델〉, 유철규 편, 《박정희 모델과 신자유주의 사이에서》, 함께읽는책, 2004, pp.313-318.

5 전창환, 〈1980년대 발전국가의 재편, 구조조정, 그리고 금융자유화〉, 유철규 편, 2004, 앞의 책, pp.114-117.

자국화 시책으로 경쟁은 더욱 치열해졌다. 이런 상황에서 해외 건설 수주액은 1982년(133억 달러) 이후 계속 하락 추세를 드러냈다.[6] 조선업 역시 제2차 오일 쇼크 이후 세계적인 경제성장률 저하로 1980~83년간에 해상물동량이 격감하여 1983년 이후 선가 船價가 폭락하는[7] 환경에 놓여 있었다.

정주영은 이러한 국면에서 한국 경제가 저임금에 의존한 성장 전략만 고수할 수 없다면서[8] 현대그룹의 주력 업종 전환을 모색했다. 1984년 11월, 향후 주력 분야로 전자와 자동차 부문을 설정하고 현대건설 주식 공개로 모은 4백억 원을 집중 투자한다는 계획을 세웠다.[9] 전자 산업은 1983년을 '정보산업의 해'로 선포한 정부가 정보통신산업 육성 의지를 드러낸 분야로서[10], 가전제품 위주가 아니라 정보사회를 대비한 반도체·컴퓨터 등이 유망한 품목이었다.

여기서 주목할 것은 정주영이 또 다른 돌파구를 구상했다는 점이다. "내외 환경이 안 맞으면 맞도록 만드는 능력을 갖추어야

---

6   한국 경제 60년사편찬위원회 편, 《한국 경제 60년사 II : 산업》, 한국개발연구원, 2010, pp.480~481.

7   신원철, 《기업 내부노동시장의 형성과 전개: 한국 조선산업에 관한 사례연구》, 서울대학교 사회학과 박사논문, 2001, pp.340~341.

8   정주영, 〈80년대 한국 경제의 전략. 1979년 10월 20일 한국경영학회 특강〉, 《한국 경제 이야기》, 울산대학교출판부, 1997, p.92.

9   〈정주영 현대회장 관훈클럽 강연요지〉, 《매》, 1984.11.17.

10   한국 경제 60년사편찬위원회 편, 2010, 앞의 책, pp.417~418.

한다"[11]고 강조한 그는 새로운 성장 전략에 필요한 우호적 경영 환경을 창출하기 위해 공산권과의 실리적 경협을 구상한 것이다. '중공'과 베트남은 이미 1970년대 후반에 문호를 개방하고 있었다. 정주영은 향후 한국 경제에 중국이 강력한 경쟁자로 등장할 것이라고 예측하면서 동아시아의 탈냉전이라는 정세 변화를 배경으로 생산 기반 재편을 모색했다.[12]

정주영은 새로운 시장과 자원, 그리고 저임금 노동력에 기초한 중국의 등장이라는 국제 환경 변화를 맞아 한국이 공산권과의 경협을 통해 오히려 새로운 성장 동력을 만들어낼 수 있다고 생각했다. 그는 한국 경제가 품질과 생산성에서 경쟁력을 갖추면 저임금에 기초한 중국과 경쟁하면서 공존할 수 있다고 전망했다.[13] 거대한 땅과 자원을 가진 중국조차 죽의 장막을 여는 상황에서 인구는 많은데 자원은 없고 국토마저 좁은 한국은 아세안, EEC와 함께 공존공영 원칙하에서 공산권과 "실리 경협"을 해야 한다고 강조했다.[14]

그가 볼 때 중국 등 공산권과의 경협은 자원 확보를 위해서도

---

11 〈大阪 韓國人商工會 창립30주년 기념식서 '희망과 平和의 다음 30年을'〉, 《매》 1983.5.24.

12 1985년 내한한 헨리 키신저와 만난 정주영은 키신저가 중국이 좌초할 우려가 크다고 발언하자, 중국이 몇십 년 안에 미국에 버금가는 경제대국으로 부상할 것이라고 말했다고 한다. 박정웅, 《이봐, 해봤어?》, 이코노미북스, 2014, pp.122~123.

13 〈정주영 현대그룹회장 소유재산 모두 사회사업에. 13일 KBS 제3TV에 출연 '나의 경영철학' 주제강연〉, 《매》 1981.9.14.

14 정주영, 〈선진국 경제의 조건(1979년 7월 26일 능률협회 주최로 경주 도큐호텔에서 열린 최고경영자세미나 연설)〉, 《이 아침에도 설레임을 안고》, 삼성출판사, 1986, p.136.

중요했다. 정주영에게 1970년대 '오일 쇼크'의 충격은 특히 생생했다. 10·26 직전에도 1980년대 한국 경제에 몰아칠 "격동의 회오리바람"으로 에너지 문제를 꼽고 제1차 석유 쇼크 이후 다른 나라들은 경쟁적으로 해외 에너지자원을 확보했다면서 한국 경제의 문제를 인식했다.[15] 전두환 대통령의 아세안 5개국 순방 (1981.6.25~7.9)에 즈음하여 2억 5천만 인구와 목재, 고무, 석유, 광석 등 원자재 보유국인 아세안 국가에 합작 공장을 건설해야 한다고 역설했다.[16] 이는 저임금에 의존한 성장 전략에서 벗어나야 하는 한국 경제에 조응하는 대외 진출 방식이기도 했다. 실제로 1980년대 후반 '3저호황' 이후 한국의 기업들은 미국 일변도의 수출 시장이 갖는 한계를 인식하고 본격적인 해외 진출을 시도했다.[17]

남북대화 분위기를 활용한
실리적 남북경협론

기업인으로서 정주영이 공산권과의 경협을 적극적으로 구상한 배경에는 1970년대의 세계적인 탈냉전 분위기를 접하면서 남북

---

15 〈80年代 韓國經濟의 과제. 정주영 전경련회장. 한국경영학회 세미나에서의 연설문〉, 《매》 1979.10.22.

16 〈인터뷰 정주영 전경련회장이 본 경제 진출의 전망과 과제. 20년 내다본 '아세안 포석'〉, 《경》 1981.7.7.

17 유철규, 〈1980년대 후반 경제구조변화와 외연적 산업화의 종결〉, 유철규 편, 2004, 앞의 책, pp.74~75면.

대화와 교류의 길이 열릴 가능성을 봤기 때문이기도 하다. 이미 1972년 12월 무역거래법 개정으로 대공산권 경제 교류가 허용되었고[18], 박정희 대통령은 1978년 6월에 남북 간 교역·기술·자본 협력의 효율적 추진을 위해 민간 경제인 협의 기구를 구성하자고 북한에 제의했다.[19] 전경련도 1979년 말, 미수교국(비적성 공산국가)으로의 경제 진출 방안을 모색하면서 1980년 활동방향으로 중국과 동구 진출을 위한 정보활동사업 확충을 설정했다.[20]

1980년대 들어 전두환 정부는 손장래[21] 주미공사(안기부 차장보)를 통해 1981년 3월부터 1984년 말까지 정상회담을 모색했고 김일성도 이에 동의했다.[22] 일찍부터 공산권과의 실리경협을 구상한 정주영은 1970년대 일선 사단장 재임 시절부터 알고 지내면서 신뢰 관계가 있던 손장래를 통해 정부의 남북대화 의지를 감지했다.[23] 그 이후에도 장세동–박철언의 '88라인'을 통해 1985년 9월과 10월 허담의 서울 방문과 장세동의 방북 등 남북대화는 계속되었다.

---

18 〈對東歐圈 무역 내년 本格化〉, 《동》 1972.12.28.

19 〈朴대통령, "南北 交易·技術·資本협력의 길 트자"〉, 《동》 1978.6.23.

20 〈대외민간경제활동 성과 커 올해 들어 경제4단체〉, 《매》 1979.11.29. ; 〈전경련 등 새해 활동방향 제시 기업의 내실화 역점〉, 《경》 1980.1.4.

21 육사 9기로서 육사교수 시절 11기 전두환, 노태우 생도 등에게 영어를 가르친 인연이 있는 손장래는 1980년 2월 예편(소장) 뒤, 주미공사로 발령받았다. 〈남산의 부장들(185) 林昌榮씨 푸에블로 밀파 정상회담 타진〉, 《동》 1994.5.1.

22 〈5공 안기부 2차장 손장래의 2002년 통일론〉, 《월간 말》 1999년 1월호, 144–145면 ; 〈남산의 부장들〉, 《동》 1994.5.1.

23 손장래 전 주미공사 인터뷰, 2012년 11월 2일 15:00~17:00, 종로구 적선현대빌딩 1층 커피샵 일리.

전두환 대통령은 1981년 국정연설에서 김일성을 초청하고 자신도 방북 용의가 있다고 제안했다. 아울러 전경련이 새로운 진출 대상으로 설정한 비적성 공산국가들과의 관계 개선 방침도 밝혔다.[24] 1982년 국정연설에서도 '민족화합민주통일방안'(1.22)과 그 실천조치로서 7개 사항을[25] 제안했다. 손재식 국토통일원 장관은 20개 시범 사업을 제의했는데 이 중 12개 항목은 이때 처음 제안하는 내용이었다.[26]

정주영은 정부가 북한에 대화와 교류를 적극 제안하는 분위기를 활용하여 1983년 당시로서는 파격적인 북한 접근 방식을 강조했다. 경제적 필요에 기초하여 실리적으로 북한과 경협을 추진하자고 주창한 것이다. 남북을 통틀어 최초로 제기된 경협론일 것이다.

나는 통일문제도 다른 한편으로는 경제로서 파악할 수 있다고 믿고

---

24 〈81년도 국정에 관한 대통령 연설 전문〉, 《매》 1981.1.12.

25 〈전대통령 국정연설 '협의회' 구성 통일헌법 만들자〉, 《매》 1982.1.22. 7개항은 다음과 같다. ①호혜평등원칙에 입각한 상호관계유지 ②대화에 의한 분쟁문제 해결 ③상대방 인정. 내정불간섭 ④휴전체제유지.군비경쟁 지양 및 군사적 대치상태 해소 ⑤상호교류협력을 통한 사회개방 ⑥각기 체결한 국제조약협정 존중 ⑦서울.평양에 연락대표부 설치.

26 〈서울 평양 간 도로 연결하자〉, 《매》 1982.2.1. 이때 최초로 제안한 항목만 열거하면 다음과 같다.
    ① 사회개방: 8개항 중 설악산 이북과 금강산 이남의 자유관광지역 설정, 해외교포의 조국방문 공동주관과 판문점 통과 자유방문, 인천과 진남포항 상호개방, 모략방송 중지 및 상대방 정규방송 청취 허용, 아시안게임과 올림픽 참가 북한선수단 판문점 통과, 외국인의 판문점 통과 자유왕래.
    ② 상호교류 및 협력: 8개항 중 공동어로구역 설정, 자연자원 공동 개발과 이용.
    ③ 긴장완화: 4개항 중 비무장지대 경기장 마련 및 군사시설 철거, 쌍방간 군비통제조치 협의 군사책임자간 직통전화 설치.

있습니다. (…) 통일이 될 수밖에 없는 (…) 아주 큰 요인은 (…) 특히 서로 필요하다는 경제적 동기가 가장 크지 않을까 생각이 됩니다. 정치적인 동기, 한민족이라는 감상적인 동기가 모두 경제적 동기와 서로 교착交錯하면서 통일이 되고, 그래서 새로운 생활의 장, 경제의 권圈을 마련할 것이라고 보는 것입니다.[27]

이후 전두환 정부도 경협을 실현하려고 했다. 분단 이후 최초로 남북경제회담이 1984년 11월(제1차)부터 1985년 11월(제5차)까지 진행되었다. 1차 회담에서 정부는 시범 사업으로 물물교환(북한의 무연탄과 남한의 철강재)과 경의선을 연결하자고 북한에 제안했다.[28] 그러나 남한이 제기하고 북한이 응하는 형태로 진행된 남북경제회담의 실제 성과는 없었다.[29] 정치 군사 문제 우선 해결을 중시한 북한은 제2차 경제회담(1985.5.17) 때부터 경협안에 소극적으로 대응했다. "득실을 따지더라도" 남한이 유리하다면서 전 대통령이 경협에 적극적이었던 것과[30] 매우 대조적인 모습이었다.

당시 북한도 대외 교역을 적극 추진하면서 서유럽 자본 유치

27 鄭周永, 〈2000년대의 조국번영(1983년 10월 2일 인천대 학생관에서 한국청년회의소 회원들을 상대로 행한 강연)〉, 1986, 앞의 책, p.261.

28 〈남북한 경제협력 구체안 이미 수립〉, 《매》 1984.8.25. ; 〈金수석대표 제의, 北의 무연탄 철광석 購買 희망〉, 《매》 1984.11.15 ; 〈경의선 철도 연결 서로 제의〉, 《동》 1984.11.15.

29 백학순, 《박정희정부와 전두환정부의 통일·대북정책 비교》(세종연구소, 2014), pp.191-196.

30 박철언, 《바른 역사를 위한 증언 1》(랜덤하우스 중앙, 2005a), pp.170-180.

를 시도했다.[31] 1970년대 중반 오일 쇼크 시기에 '채무불이행' 선언으로 대외 신임도가 급락한 후에도 프랑스 등과 협력을 추구했다. 1984년 합영법 제정 후에는 재일 교포를 비롯한 일본의 경제인들을 유치하고자 했다.[32] 물론 공산권과의 돈독한 관계가 전제된 것이어서 1984~85년에 김일성은 소련과 동유럽 국가들을 순방했다.[33] 즉 이 무렵 북한은 적극적으로 대외경협을 확대하고자 했지만 남한을 그 상대로 생각하지는 않았다.

전두환 정부의 남북경협 추진 방침은 노태우 정부로 이어졌다. 노태우 정부는 북한을 포함한 공산권과의 관계 개선을 위한 1988년 '7·7선언'에서 6개항 중 2개 항(③ 남북교역 개방 ④ 민족경제의 균형발전과 우방국의 대북교역 불반대)을 통해 남북교역을 제안했다. 1988년 광복절에는 남북정상회담을 제의했다. 이어서 경제인 왕래와 북한 선박 입항 허용 등을 골자로 한 '10·7 대북교역문호개방조치'를 발표했다.[34] 이를 두고 정주영은 북한 상품에 대한 면세 조치는 "참 잘한 일"이고 남한의 "풍요로운 생활필수품을 북에 공급"하자고 역설했다.[35]

---

31 나탈리아 바자노바 저, 양준용 역, 《기로에 선 북한경제》(한국 경제신문사, 1992), pp.33-40.

32 鄭周永, 〈90년대를 전망한다(《현대》 1989년 2월호 내용을 재수록)〉, 《鄭周永은 말한다》(鄭周永全集刊行委員會, 1992a), p.213.

33 와다 하루키 저, 서동만·남기정 역, 《북조선: 유격대국가에서 정규군국가로》(돌베개, 2002), pp.170-171.

34 남북한 민간상사의 물자교역 및 제3국을 통한 중계무역 허용, 남북경제인의 상호방문 및 접촉 허용, 해외여행자의 북한원산지 부착 상품 반입 허용, 선박 입항 허용, 직간접교역을 민족내부 교역으로 간주하여 관세 면제 등을 내용으로 한다. 〈南北韓 민간商社 교역 허용〉, 《동》 1988.10.7.

35 鄭周永, 〈90년대를 전망한다(《현대》 1989년 2월호 내용을 재수록)〉, 鄭周永全集刊行委, 1992a, 앞의 책, pp.210-

북방경제권-남북경협의 연동 구상

1980년대 중반 이후 동아시아 국제 환경은 격변의 모습을 띠었다. 1970년대 들어 중국이 국제 무대에 등장한 것에 이어, 1985년 고르바초프가 집권한 소련이 대외경협을 통한 시베리아 개발에 적극 나선 것이다. 본래 시베리아 자원 개발은 일본과 소련이 1956년 관계 정상화 후 1960년대부터 주요한 협의 이슈였지만 '북방 4도' 등 정치적 분쟁에 가로막힌 상태였다. 1980년대 후반 들어 국제 유가 하락세 때문에 일본이 소극적으로 나오자, 소련은 북한과의 우호적 관계에도 불구하고 한국을 끌어들이려고 노력했다.[36]

한국에서도 전두환 정부 말기에 시베리아 자원 개발에 참여 가능성을 고려해야 한다는 견해가 제시되었다.[37] 시베리아 진출은 무엇보다 중동 건설 붐을 대체하여 건설업을 활성화시키고 자원 수입원을 확대하는 계기가 될 수 있었다. 이미 전두환 정부는 국제 환경의 영향에 민감하게 대응하면서 북한과 적극 대화하고 협상하는 전략을 취하고 있었다.[38]

한소 경제 교류와 한국 기업의 시베리아 진출은 소련의 자원

213.

36 돈 오버더퍼 저, 이종길 역, 《두 개의 한국》, 길산, 2002, pp.246-252, p.310.

37 金德權, 〈韓國의 시베리아資源開發 協力方案 硏究〉, 《國防研究》 제28권 제1호, 1985 참조.

38 백학순, 2014, 앞의 책, p.214.

에 관심을 가지면서도 '정치적 우려' 때문에 소련과의 단독 경협을 꺼리던 미국과 일본이 유도한 측면도 있었다. 동아시아 냉전 구도가 일정하게 흔들리면서 한국이 공산권(소련)과 서구 자본(미국·일본)의 중간 지점에 서는 유리한 환경이 조성되었다.

이런 상황에서 88올림픽은 한소 교류가 본격화하는 계기였다. 소련은 경협 차원에서 호텔 합작부터 섬유 공장, 석탄, 가스, 목재 자원 개발 등 한국 기업 투자를 위해 "무엇이든지 들어줄 것" 같이 적극적이었다. 서울~모스크바 간 직항로 개설, 서울과 모스크바 무역사무소의 영사업무 취급 합의 등 한소 관계 진척은 중국이 불만을 표시할 정도로[39] 한중 관계 진척보다 훨씬 빨랐다. 여기에 노태우 정부의 북방정책이 조우하면서 한국과 소련 정부 간에 경협이 논의되기 시작했다.

그러나 동유럽 진출에 앞장서면서 공산권 및 시베리아 개발에 관심을 표명했던 대우를 제외하면 당시 대부분의 한국 기업들은 수동적으로 관망 자세를 취하고 있었다. 소비재 업종이 없던 현대그룹은 다른 재벌보다 공산권 진출이 늦었지만, 정주영은 국제 환경 변화를 포착하고 우호적 한소관계와 한국 기업의 시베리아 자원 개발 참여가 한국 경제가 재도약을 하기 위한 필수 조건이라고 강조했다.[40]

---

39 〈한소교류 급속 접근에 중국 균형깨진다 불평〉, 《매》 1988.9.21.

40 鄭周永, 〈통일조국과 제2의 경제도약(1990년 8월 한국 엔지니어링 클럽 초청에서 한 특별강연)〉, 《韓國經濟의 神話와 現實》(鄭周永全集刊行委員會, 1992b), 213면.

이후 정주영의 적극적 대소 경제외교는 양국 간의 정체된 논의를 풀어가는 실마리가 되었다. 1988년 9월, 정주영은 소련과학아카데미 극동연구소장 미하일 티타렌코 박사 일행의 예방을 받았다.[41] 10월에 현대그룹을 방문한 소련상공회의소 대표단 블라디미르 골라노프 부회장은 한국 기업의 시베리아 개발 참여를 적극 권했다.[42] 그 후 정주영은 5공 청문회가 진행 중인 1988년 11월 말 일본을 방문하여 이시카와石川六郎:일본상의 회장 겸 鹿島건설회장, 미무라三村庸平:三菱상사 회장 등과 컨소시엄 의사를 타진하고 12월에 미국을 방문하여 파슨즈, 벡텔 등 세계 3대 건설업체 회장과 만나 시베리아 공동 진출안을 협의했다.[43]

1989년 1월 6일, 정주영은 한국 대기업인으로서는 최초로 소련을 방문했다. 소련 무임소장관겸 상공회의소회장이자 시베리아개발위원장(장관급)인 초청자 말케비치의 일정 주선으로 소련 정부 관계자들과 회담을 가졌다. 정주영은 석유, 가스 등 대형프로젝트는 단독 투자보다 각국 기업의 공동 투자가 안전하다고 판단했다. 말케비치는 필요한 경우 첨단 기술도 제공하겠다면서 한국 기업의 시베리아 개발 참여를 독려했다.[44]

41 〈정주영 현대그룹회장 소극동연구소장 예방받아〉, 《경》 1988.9.18.

42 〈무역사무소 개설 경협논의〉, 《경》 1988.10.13 ; 〈골라노프 대표와의 일문일답〉, 《경》 1988.10.17.

43 〈시베리아 개발 참여 美.日社와 합착추진 대기업〉, 《동》 1988.12.9.

44 〈정주영씨 귀국 일문일답〉, 《경》 1989.1.14 ; 〈시베리아 발전소 건설 합의. 정주영회장 귀국회견 내용〉, 《매》 1989.1.14.

1989년 7월 24일, 정주영은 38명의 전경련 경제사절단을 이끌고 다시 소련을 방문하여 한소경제협회(1989.7.18 발족) 회장으로서 모스크바에서 7월 31일 소련상공회의소와 창립총회를 열고 최초로 양국 경제인들 간에 공동성명을 채택했다.[45] 그는 한국의 소련 진출에 대한 미국의 긍정적 판단을 전제로, 투자 위험 분산을 위해 100만 달러 규모 이하의 석탄, 목재 산업 분야 등에서 미국 등과의 합작 투자가 바람직하다고 밝혔다.[46]

미국·일본의 대기업과 컨소시엄 형태였지만, 정주영은 일찍부터 구상해왔던 공산권 경협을 시베리아 자원 개발을 통한 '북방경제권' 모델로 구체화했다. 현대그룹에서 구체적인 업무 추진은 현대건설 중심으로 이루어졌다. 현대건설이 기반을 잡으면 원유·가스 등의 수송으로 해운·조선이 추진력을 얻고, 플랜트 사업이 활기를 찾는 연쇄 파급 효과를 기대한 것이다.[47] 이는 이후 그의 남북경협 추진 과정에서도 발견되는 패턴이었다.

해외 언론은 1989~90년에 여섯 차례나 소련을 방문한 정주영을 '거물급 비공식' 외교관으로 평가했다.[48] 정주영이 구상한 북방경제권의 중심은 한반도였다. 때문에 미개발자원이 풍부하고

45 〈경제인본격교류 길터〉, 《매》 1989.8.3 ; 〈한소경제협회 발족〉, 《매》 1989.7.19 ; 〈인터뷰-한소경제협회 회장 정주영씨〉, 《동》 1989.7.21.

46 〈美도 한국 대소 진출에 긍정적, 정주영씨 회견〉, 《경》 1989.9.5 ; 〈한국 기업 소련 진출 다국적 형태 바람직〉, 《동》 1989.9.5.

47 현대건설60년사편찬위원회 편, 《현대건설60년사》(현대건설, 2008), pp.201-202.

48 〈LA 타임스, "鄭周永회장은 비공식 외교관"〉, 《연》 1990.10.23.

한국과 가까운 극동 연해주와 시베리아 진출에 초점을 두었다.[49]
현대그룹은 석유가스개발, 임산자원개발, 지상석탄광개발, 수산
업 등 북방 자원개발에 초점을 두고 1988년 11월 말 선박 수리,
1989년부터 선박 건조 수주도 적극 추진했다. 소련과 중국에서
자원 조달, 생산기지 이전과 현지 노동력 사용, 가스관이나 송유
관으로 연결된 남-북을 축으로 한 동북아 경제공동체 건설을 구
상한 것이다.

　이를 위해 남북경협은 필수적이었다. 소련도 북한의 저임금 노동
력을 사용하라고 강권하는 등[50] 경협에 우호적 환경을 제공했다.
이런 배경에서 소련 정부나 언론은 소련을 최초로 방문하고 2주
후에 이뤄진 정주영의 첫 방북에 대해 매우 긍정적으로 평가하고
시베리아 개발을 위해 한국 자본과 북한의 노동 투자를 강조했
다.[51] 정주영의 북방경제권 구상이 남북경협과 연동된 것이다.

49　현대그룹 문화실 편, 《現代五十年史 上》(金剛企劃, 1997), pp.2093-2094.

50　〈시베리아 개발사업 때 북한 노동력 활용계획〉, 《매》 1989.11.15.

51　〈蘇 극동개발 남북한 동참 촉구〉, 《매》 1989.2.4.

3. 소떼방북, 10년 우여곡절 끝에 합의에 이른 남북경협

첫 방북(1989.1),
합의로 구체화된 경협

　　정주영은 현대의 경영전략을 변화시키면서[52] 새로운 투자 대상으로 남북경협과 북방경제권의 연동을 구상했다. 그는 전두환 정권 말기인 1987년경부터 재일기업인 손달원이나 요시다 다케시 吉田猛 신일본산업新日本産業 사장 등을[53] 통해 대북 접촉을 꾀했다. 그 결과 금강산호텔 건립 건을 명분으로 두 차례에 걸쳐 허담(조국평화통일위원회위원장, 조선로동당비서)의 초청을 받았다. 그러나 정주영에 따르면, 처음에는 때가 아니라 생각해서, 7월에는 안무혁 안기부장이 신분보장 문제로 "가지 말라고 해서 포기"해야 했다. '7·7 선언' 직후인 1988년 8월에도 초청을 받았지만 정부가 여전히 아직은 빠르다고 해서 "네 줄짜리 거절" 편지를 보내야 했다. 그 직후 허담의 초청장을 다시 받았다(1988.11.2). 이때는 방북을 반드시 성사시키겠다고 생각했다.[54]

52　현대는 1980년대 후반 들어 자동차·전자·석유화학 부문 등을 주력 업종으로 선정했다. 이전까지의 주력 업종 건설·중공업 부문은 구조조정을, 노동집약산업인 고선박 해체, 컨테이너 생산, 목재 등 저임금에 기초한 한계산업 등은 퇴출을 준비하고 있었다. 허민영, 〈현대그룹 노사관계 변화(1987~1999)〉, 《산업노동연구》 제9권 제호, 2003, pp.43~44.

53　〈일·북한 수교 비밀교섭은 파리서 시작〉, 《연》 1990.12.4. 요시다는 1990년 12월 북일교섭 때 안내역을 맡았던 '한반도통'이었다.

54　〈국회 정주영회장 '방북 간담회' 일문일답〉, 《경》 1989.2.10.

정주영은 특유의 추진력으로 방북을 다시 추진했다.[55] 노태우 정부의 대북-북방정책을 관장하던 박철언이 방북(1988.11.30.~12.2)하기 두 달여 전인 10월 4일에 박철언을 만나 자신의 방북 성사를 요청했다. 정주영이 경협을 추진하고자 한 기업인으로서의 논리는 간단명료했다. 지금은 한국 GNP가 타이완의 50%이지만(1987년의 경우 정확하게는 69%: 필자) 5년 내에 따라잡을 수 있다면서[56] 남북경협-북방경제권 구상을 한국 경제의 재도약을 위한 지렛대로 설정한 것이다. 박철언에게 설명한 주요 계획안은 소련에 어선 수리·상선 제조·석유 자원 개발 제의, 철원과 속초에 금강산 관광특구 설치, 미국·일본·서독·영국·프랑스·이탈리아와 한국의 공공차관과 민간 투자 유치를 통한 자금 조달, 세계은행 차관 모색 등이었다. 정주영은 박철언이 방북에서 돌아온 보름 후(1988.12.17) 자신의 방북 허가를 다시 강청하면서 50여 일 전에 얘기했던 사업안에 통천에 자동차 부속품 공장을 설립, 남한 사람이 들어가는 통로 계획안을 추가했다.[57]

1989년 1월 23일, 마침내 정주영은 전 국민의 "가슴을 설레게" 한 공개적 방북의 길을 떠났다. 경협의 '아이콘'으로서 대기업인

---

55 '10 · 7조치' 후 현대는 일본을 통해 재수입한 북한상품 수입 1호로 모시조개 40kg을 반입했다. "무엇이든 가리지 말고 북한 원산지 물품을 1호로 들여오라는 정주영 명예회장의 지시" 때문이었다. 〈北으로 가는길(9): 地域別 진출 現況과 대응 전략 北韓〉, 《매》 1989.1.17.

56 1960년대 이래 지식층이나 기업인들이 정부 경제정책을 비판하거나 방향 수정을 요구할 때 대만 사례를 드는 경우가 많았고 정주영도 1980년대 들어 여러 차례 대만 사례를 거론했다. 정태헌, 〈박정희정권 시기 지식층의 대만 農政 인식과 그 변화〉, 《아세아연구》 157호, 2014 참조.

57 박철언, 《바른 역사를 위한 증언 2》(랜덤하우스 중앙, 2005b), p.32, pp.48~49.

가운데 최초의 공개 방북이었다.[58] 그는 9박 10일 동안 "국빈대접을 받으면서" 평양, 원산, 진남포 등의 화학공장과 시멘트공장을 시찰하고 금강산, 통천, 원산 일대를 헬기를 타고 답사했다.[59] 남북고위급 첫 예비회담(1989.2.8)을 갖기 직전이었다.

정주영은 ①금강산 공동개발안을 먼저 제안했다. 이미 17년 전인 1972년에 남북 당국이 동의한 사안이자[60] 투자 비용이 적은 평화산업으로 합의 가능성이 가장 높았기 때문이다. 그리고 북한은 ②원산철도차량공작소 합작 투자로 생산품 일부를 소련에 수출하는 계획 ③원산조선소 합작생산으로 소련에도 수출하고 소련 선박도 수리하는 계획 ④시베리아 석탄을 캐내 코크스를 만들어 북한도 쓰고 중국에 파는 계획 ⑤시베리아의 암염을 캐내 북한도 쓰고 중국에 파는 계획 등 네 가지 사업을 제안했다.[61] 협상을 거쳐 정주영과 최수길(조선대성은행 이사장 겸 조선아세아 무역촉진회 고문)은 1989년 1월 31일, 이 5개 사업에 대한 "금강산 관광개발 및 시베리아 공동 개발과 원동지구 공동 진출에 관한 의정

---

58 김우중 대우그룹 회장도 전두환 정권 말기에 '비밀리에' 방북했고, 이후 김일성 사망 전까지 수차례 방북했다. 신장섭, 《김우중과의 대화》, 북스코프, 2014, p.100; pp.107-108.

59 〈북측 정주영회장에 VIP환대. 정 회장 방북 수행한 이병규 비서실장〉, 《매》 1989.2.3.

60 1984년 12월 손장래가 전하는 김일성-임창영 대화에 따르면 7.4 공동성명 발표 당시 남한은 금강산 관광호텔을 짓자고 제안했다(《월간조선》 1995년 8월호, 268면). 또 박대통령은 박성철(당시 북한 제2부상)에게 "금강산을 개통해 여행이나 같이 하자"는 말도 했다(임창영 구술, 〈나는 전두환의 밀사로 김일성을 만났다〉, 《主婦生活》 1989년 4월호).

61 鄭周永, 〈소련은 가난하지만 부자나라입니다(1990년 2월 최청림 조선일보 출판국장과 가진 인터뷰 내용으로서 《월간조선》 1990년 3월호에 수록)〉, 1992a, 앞의 책, pp.243-244.

서"를 체결했다.[62]

이 사업안들은 본래 정주영의 경협 구상안에 포함되어 있는 내용이었고 당시 동아시아 정세의 변화 속에서 남북이 쉽게 함께할 수 있는 사업들이었다. 실제로 북한은 노태우 정권과 남북대화를 시작하기 전에 이미 소련과 시베리아 공동 개발 협상을 진행하고 있었다.[63] 북한으로서도 남한과의 경협은 보다 시베리아 진출을 확실하게 보장되는 일이었다. 철도차량제작·조선업 등의 제조업도 남한의 자본과 기술 수입 창구로 활용할 수 있었다.

정주영은 처음에 금강산개발을 7개년 계획으로 설정했다. 미국, 영국, 독일, 프랑스, 일본 등의 자본이 남한 기업과 공동투자하면 위험이 분산되고 어느 일방이 사업을 좌우할 수 없어 외국 관광객 유치도 가능하다고 생각했다. 그러나 북한은 애초에 남한 관광객 유치를 상정하지 않았다. 정주영은 같은 민족에게 구경을 안 시키면 손님이 오겠냐고 북한을 설득했다.[64]

당시 북한은 5개년 계획을 설정했고 관광 피크 때에는 12만 명의 관광객을 예상할 만큼 금강산 관광 사업을 크게 기대했다. 결국 1989년 7월부터 남한 관광객을 허용한다는 전금철과 최수길의 제안에 조응하여 정주영은 먼저 외금강 호텔 2개 신축, 삼일

62 現代峨山(株), 《南北經協 事業日誌. 1989~2000》, 2001, p.1.

63 나탈리아 바자노바 저, 양운용 역, 《기로에 선 북한경제》, 한국 경제신문사, 1992, p.70.

64 〈정주영회장 방북설명 일문일답〉, 《매》 1989.2.16. ; 〈국회 정주영회장 '방북간담회' 일문일답〉, 《경》 1989.2.10.

포에 1개, 명사십리에 2개 호텔을 짓자고 제안했다.[65] 이때 정주영은 또 하나의 전격적 제안을 던졌다. 미군이 없는 금강산과 설악산 사이를 관광객 통로로 하자는 것이었다. 그는 군사분계선 통과가 이뤄지지 못하면 "합일로 나아가는 출발의 상징"인 금강산 관광의 의미가 없다면서 군사분계선을 관통하는 사람, 장비, 자재의 이동경로를 중시했다. 정치적 감각이 경제적 타산 못지않았던 그의 주장은 결국 관철되었다.[66] 이로써 금강산 관광 사업의 골격이 만들어졌다.

현대그룹은 경협 추진 과정에서 조선 부문은 현대중공업이, 철도차량 합작 사업은 현대정공이 추진하고 미국, 일본과 시베리아 개발계획 협력방침을 구체화했다. 국내 대기업간의 업종도 구분했다. 즉 결국 이뤄지지는 못했지만, 정주영이 4월에 재방북할 때 럭키금성은 전자제품-농수산물의 구상무역, 삼성은 직접투자 가능성 타진, 대우는 도로 항만 호텔건설 등 합작사업을 모색한다는 업종 구분이 합의된 상태였다. 2월 15일 전경련 회장단 회의에서는 경협이 현대의 단독 사업이 아니라 국내 기업의 공동 참여와 외국 기업 참여도 필요하다는 인식이 모아졌다. 정주영도 소련 방문은 전경련 사무국이 주관하고 경협에서 한국 기업끼리 경쟁하

---

65 박철언, 2005b, 앞의 책, pp.57-58.

66 정주영, 《이 땅에 태어나서》, 솔, 1998, p.339.

지 말고 공동 프로젝트로 협력 진출해야 한다고 강조했다.[67]

정주영이 1980년대 초부터 구상했던 경협안이 북측과 합의되고 바야흐로 경협 추진은 순풍에 돛을 단 듯했다. 더구나 이 무렵은 박철언 등의 막후 남북 접촉이 싱가폴에서 이뤄져 1989년 9~10월, 늦어도 1990년 상반기에 남북정상회담이 열릴 것이라는 낙관적 분위기가 조성될 때였다.

경협 추진의 최적 시점 상실,
색깔론과 정부의 취약한 리더십

그러나 정주영이 방북에서 돌아온 지 일주일도 지나지 않아 색깔론을 동원한 정치 논리가 '전향적' 대북정책과 '자주외교시대'를 향한 북방정책의 발목을 잡고 경협의 거대한 실리를 가로막았다. 2월 8일 노재봉 정치특보는 청와대 수석회의에서 정주영의 방북이 "적성국가와의 외교 과정에서 불법성을 노출"했다고[68] 포문을 열었다. 남북고위급 첫 예비회담이 열리는 날 고춧가루를 뿌린 셈이었다.

야당인 민주당까지 가세했다. 2월 9일 김재광 국회부의장이 5

67 〈빠르면 9월경 사업 착수〉, 《동》 1989.2.2 ; 〈북한 방문 정주영씨 일문일답(오사카에서)〉, 《매》 1989.2.2. ; 〈남북정상회담 막후 접촉 활발〉, 《동》 1989.2.3 ; 〈금강산 조사팀 이달 북한 방문〉, 《매》 1989.2.7 ; 〈재계 남북교역확대 움직임 부산〉, 《동》 1989.2.9 ; 〈북방진출 협의〉, 《경》 1989.2.15 ; 〈정주영회장 방북 설명 일문일답〉, 《매》 1989.2.16.

68 박철언, 2005b, 앞의 책, pp.57~59.

공비리 용의자인 정주영이 "치외법권적 대북접촉"을 했다면서 "나라 꼴이 뭐냐"고 비난했다. 11일에는 정주영과 북한이 합의한 내용을 두고 국가보안법 위반이라면서 공산권에 대한 문호 개방은 "자유민주주의체제 신봉자들의 가슴을 분노케" 한다는 질의서를 국무총리에게 보냈다.[69]

실리를 통해 한반도의 냉전을 넘어서자는 경협을 부정하고 시대적 변화를 거스르는 수구적 움직임을 접하면서 정주영은 조심스럽게 대응했다. 먼저 김일성에게 "해롭게는 안할 것"이라는 노태우 대통령의 뜻을 전해 다행이라면서 자신의 방북이 대통령의 뜻임을 과시했다. 투자 안전을 위한 국제적 컨소시엄 사업이라는 사실을 강조하면서 원산조선소, 철도차량공장건설, 시베리아 공동 개발 등에 대해서는 북측과 합의한 것이 아니라 검토 의견을 교환했을 뿐이라고 한 발 물러섰다. 북한의 금강산개발계획이 "엉성했다"면서 동업자로서 피해야 하는 표현까지 썼다. 시베리아의 소금산과 코크스를 개발하여 중국에 수출하자는 북한 제안에 대해서는 자신과 소련상공회의소가 합의 당사자여서 검토하겠다는 답을 준 것이라고 설명했다. 이런 상황에서도 그는 4월로 계획된 재방북을 낙관하면서 북한과 합의한 내용에 정부가 "변화를 주지 말아야"[70] 한다는 자유기업론 입장을 강하게 표명했

69 〈비밀외교 위험한 발상〉, 《동》 1989.2.9. ; 〈정주영씨 방북 법적 근거 대라〉, 《경》 1989.2.11.

70 〈원산 조선소 건설 등 북과 합의한바 없다. 정주영씨 국회간담〉, 《경》 1989.2.10. ; 〈정주영회장 방북 설명 일문일답〉, 《매》 1989.2.16.

다.

　그러나 역사적 전환기에 남북경협-북방정책에 대한 노태우 정부의 철학과 추진력은 취약했다. 정치, 군사 분야를 제외한 분야에서 다각적 교류를 내세우던 정부가 먼저 정경분리 원칙을 부정했다. 경협과 북방정책 자체를 사실상 부정하는 정치논리였다. 강영훈 총리는 시베리아개발 남북 공동 진출은 체제가 다른 국가 간의 합작 투자이고, 원산 조선수리소나 철도차량공장 합작 추진은 안보문제가 있어 부정적이라고 말했다.[71] 남북대화와 경협에 적극적 의지를 보이는 등 1989년 전반기까지 계속된 대외 관계에 대한 북한의 자신감이 베를린장벽 붕괴(1989.11), 차우체스크 총살(1989.12) 등 동구 변화의 태풍 속에 움츠려든 것도 큰 장애로 작용했다.[72] 결국 첫 방북으로 어렵게 합의했던 경협은 1989년에 아무런 진척도 보지 못했다.

　1990년 들어 상황은 다소 호전되었다. 노 대통령이 연두 기자회견(1990.1.10)에서 북한에 관광자원 공동 개발을 제의했다. 2차 방북이 막혔던 정주영은 이에 북한이 호응하면, 4, 5월경 방북하여 1년 전 합의사항에 대한 후속 조치를 논의하겠다고 밝혔다.[73] 2월에도 북한과 합의한 5개 사업은 "양국 정부가 승인"하여 "효

71　〈남북교류 통일정책 추진 신중〉, 《동》 1989.2.21 ; 〈정부선 부정적 입장〉, 《매》 1989.2.21 ; 〈남북합작사업 현재론 부정적〉, 《경》 1989.2.21.

72　和田春樹, 〈90年代 北韓은 변할 것인가〉, 《동》 1990.1.1.

73　〈현대, 4월 조사단 파북검토〉, 《동》 1990.1.10 ; 〈정주영회장 4월 방북 금강산개발 구체협의〉, 《매》 1990.1.11.

력이 발생"한 사업임을 상기시켰다.[74] 정부도 현대의 2차 방북을 긍정적으로 검토했다. 1990년 9월부터 연말까지 3차에 걸쳐 남북고위급회담이 진행되었고 1991년에도 남북고위급회담(4차: 1991.10.22~25, 5차: 1991.12.10~13)이 예정되어 있었다.

그러나 노태우 정부는 수구적 반북론에 휘둘리면서 남북 관계를 풀어가는 리더십을 전혀 발휘하지 못했다. 쉽게 성과를 낼 수 있고 남북 관계 개선의 기반도 다질 수 있는 기회를 자신의 것으로 만들 수 없었다. 결국 북한에 적극 제안했던 경협을 국내 정치의 틀 안에 종속시켰다. 급기야 정주영은 1990년 11월, 관훈토론회에서 "미래를 맡길 정치지도자가 없다"면서[75] 정치권에 '강타'를 던졌다. 1991년 들어 9월까지 강연과 방송 출연 횟수가 30여 차례나 되었고 그의 정치 참여는 기정사실이 되었다.[76] 이 사이에 정부는 경협 창구를 대우그룹의 김우중으로 바꿨다.[77]

이 와중에 정주영은 소련이 해체되는 1991년 초에 "큰일은 다

74 〈금강산 공동개발 연내 실현될 수도〉, 《경》 1990.2.22.

75 〈시베리아 투자 절대 위험 없다. 정주영씨 관훈토론회서 밝혀〉, 《동》 1990.11.28.

76 〈정주영회장 대외활동 정치 참여설로 비화〉, 《매》 1991.9.26.

77 김우중은 김달현 정무원부총리 초청(1991.12.25)으로 1992년 1월 15일, 남북기본합의서 채택 후 기업인 중 최초로 방북했다. 북경─단동─신의주를 거쳐 기차로 평양에 갔다. 그는 "정무원 차원의 정부 초청"으로 방북한 자신과 조국평화통일위원회 초청으로 "개인 자격"으로 방북한 정주영과 다르고 북한은 자본회임기간이 긴 중공업 분야나 대규모 합작사업보다 당장의 생필품난을 해소하고 수출을 통해 단기간에 외화획득에 기여할 수 있는 경공업 분야 전문가로서 자신을 초청했다고 설명했다(〈김우중회장 방북 평양 축구평가전 참관〉, 《경》 1991.5.9 ; 〈朝鮮日報 金宇中 대우회장 平壤방문 보도〉, 《연》 1991.7.26. ; 〈15일 평양 가는 김우중 회장〉, 《경》 1992.1.7. ; 〈金宇中 大宇회장, 방북활동 소상히 소개〉, 《연》 1992.1.29. ; 〈金회장 訪北〉, 《연》 1992.1.26). 김우중의 대북사업은 정주영의 남북경협─북방경제권 연동 구상과 차이가 컸다. 노태우 정권 말기 대우의 경협 독점은 '6공비리'의 하나로 지목되기도 했다(〈남은 6共利權사업 어디로 갈 것인가〉, 《경》 1992.8.21).

때가 와야 하는 법"이라면서 "통독이 되고" "차우세스쿠가 참형을 당하는" 지금은 북한이 "집안 단속을 하는" 시점이어서 "금강산개발 등을 논의할 때가 아니"라고 설명했다.[78] 금강산개발이 1992년에는 "착수 가능"하고 "성공적" 북방정책으로 중국과의 관계가 좋아지면 "한반도에서의 전쟁위험성도 사라"져 북한도 금강산개발과 시베리아개발 등에 "적극 참여"할 것이라고[79] 낙관했다.

1980년대 후반 한국 경제는 지가상승, 고금리, 금융비용 증가, 사회간접자본 투자 부진, 물류비 급증 등 고질적 문제에 봉착했다. 그러나 남북 관계를 변화시키는 리더십이 약했던 냉전적 국가권력은 자본의 입장에서 볼 때 "무능"했다.[80] 노태우 정부 들어 박철언이 관장했던 대북정책은 1990년 이후 김종휘 외교안보수석과 서동권 안기부장 등이 주도하면서[81] 남북대화와 북방정책의 내실도 말기로 가면서 축소되었다.[82] 게다가 1992년부터 북핵문제가 국제 사회의 중요 이슈로 부상하면서 남북 관계도 경색 국면에 들어갔다.

---

78 鄭周永, 〈연해주를 집중적으로 개발하고 싶다(《월간중앙》 1991년 2월호에 실린 내용을 정리)〉, 1992a, 앞의 책, pp.263-264.

79 〈정주영회장 "금강산개발 내년 가능" 8일〉, 《경》 1991.5.10 ; 〈鄭周永씨, "금강산 개발 내년 착수 가능"〉, 《연》 1991.5.9.

80 유철규, 앞의 글, 2004, p.70 · 81.

81 〈'친미 일변도' 비판한 박철언은 '자주파'였나?〉, 《프레시안》 2014.1.27.

82 신범식, 〈북방정책과 한국 · 소련/러시아 관계〉, 하용출 외, 《북방정책− 기원, 전개, 영향》, 서울대학교출판부, 2003, pp.86-99.

어렵게 북한과 합의한 경협 추진이 완전히 가로 막히자 정주영은 1992년 "'경제대국'과 '통일한국'을 실현"한다는 명분으로 대선에 출마했다.[83] 정주영은 지금까지 통일정책과 남북교류는 정부의 "정략적" 차원에서 추진되었지만, 통일정책의 중점은 민간경제 교류를 통한 "한민족경제생활권" 확보에 둬야 한다고 강조했다.[84] 대선 후보로서 그의 대북정책 공약은 '연방제'나 '국가연합'과 같은 통일방안의 추상적 미래상보다 실행 가능한 실리적 남북 관계 접근 방식을 집약한 것이었다. 통일은 현실에서 국민들이 구체적으로 접해야 하고, 흡수통일 추진은 안 된다고 못 박았다.[85] 이 전제 위에 남한 경제력 건설→북한 포용→경제적 단일시장권 형성→경제공동체 이룩→정치통일의 과정을 정리한 것이다. 최우선 과제는 "경제적 단일시장권", 즉 "한민족경제생활권" 형성이었다. 남북경협-북방경제권을 연동한 경제공동체 통일론은 철저하게 윈-윈(남한의 자본과 기술+북한의 노동력)하는 실리적 거래에서 출발한다. 그리고 북한과 대화를 추진한다면 헌법 정신에 위배되는 "국가보안법을 철폐"하고 "사회주의의 좋은 점은 수용"할 수 있다는 주장도 했다.[86]

83 〈鄭周永국민당후보 관훈클럽 연설요지〉, 《연》 1992.12.3.

84 〈2金 1鄭연구〉, 《연》 1992.8.7.

85 정주영, 〈3당 대통령 후보의 통일관을 듣는다: 경제통일방안〉, 《통일한국》 108, 1992.

86 〈'공산당결성 막을수 없다' 鄭대표 보안법폐지도 주장〉, 《연》 1992.6.8 ; 〈'落穗' 鄭대표 "사회주의 좋은 점 수용해야"〉, 《연》 1992.11.11.

김영삼 정부는 노태우 정부의 통일방안을 계승하여 3단계(남북연합→남북연방→남북통일 단계) 통일 과정을 제시하고 남북정상회담 개최까지 합의했다. 그러나 통일국가는 자유민주주의국가여야 한다는[87] 흡수통일론으로 귀결된 대북정책은 결국 김일성 사망 후 '북한 붕괴에 대한 희망'에 가려 남북대화를 사실상 포기하기에 이르렀다.[88] 그 사이 '무너져야 할' 북한은 핵개발 이슈로 세계가 주목하는 '문제국가'로 부상했다. 김영삼 정권은 남북대화와 교류가 다른 때보다 오히려 절실했던 이 시기를 흘려보냈다. '공백의 5년'만 남겼을 뿐 일관성 없는 대북정책은 결국 한반도 문제해결 과정에서 한국의 주도권까지 약화시켰다. 주관적 명분에 치우진 대북정책이 명분도 실리도 잃는 결과를 불러온 것이다.

1989년 정주영의 첫 방북에서 합의된 경협이 바로 착수되었다면 이후 남북 관계나 국제 환경을 주체적으로 돌파하는 한국의 능력은 많이 달라졌을 것이다. 반복된 산 경험이 해결 능력을 키워주기 때문이다. 현대그룹에 대한 금융 통제 등 김영삼 정부의 정치 보복을 불러 온 정주영의 대선 출마도 어쩌면 없었을지 모르겠다.

---

87 김영삼, 〈3당 대통령 후보의 통일관을 듣는다: 한민족연합체 통일방안〉, 《통일한국》 108호, 1992.

88 백학순, 《노태우정부와 김영삼정부의 대북정책 비교》(세종연구소, 2012), p.103

세기적 이벤트
소떼방북(1998.6.10)과 경협 재합의

합의된 경협이 실행되기까지 다시 10여 년 세월이 소모되어야
했다. 가로막혔던 변화의 조짐은 정권 교체기인 1997년 들어서
야 나타났다. 1997년 4월 남측 대한적십자사가 구호식량 및 물품
제공을 제의하자 북측 조선적십자사가 호응하여 5월부터 남북적
십자대표 접촉이 시작되었다.[89] 현대, 삼성 등 재벌 기업들도 경
협 가능성을 다시 타진했다.[90] 김대중 대통령은 1998년 2월 25일
취임사에서 "무력도발 불용, 흡수통일 배제, 화해와 교류협력의
추진" 등 '대북정책 3원칙'을 발표했다. '햇볕정책'으로 불린 이
기조는 통일방안을 앞세우기보다 교류와 협력을 통해 남북 관계
의 구체적 현안을 단계적·현실적으로 풀어가자는 것이었다. 교
류와 협력을 통해 '공존의 변화 효과'를 노린 정책이었다.
　　이후 김대중 정부는 경협 관련 조치들을 발표했다. 1998년 4
월 1일 강인덕 통일부장관은 "남북경협을 민간 자율의 원칙에 따
라 대폭 허용"하겠다면서 "대기업 총수"가 "방북 신청을 하면 이
를 승인"하겠다고 발표했다.[91] 3년여 동안 식량 위기를 겪어 외부

89　김형기, 《남북 관계변천사》, 연세대학교출판부, 2010, pp.201~202면.

90　정주영은 1990년대 중반부터 재방북을 시도했다(〈냉랭한 남북 관계, 현대 대북사업에서 배운다, "개성공단 살아
야 한국 경제 산다"〉 《민족21》 2004년 10월호, p.43). 삼성 역시 1997년에 통신망사업 협의를 위한 대표단을 북한
에 보냈다(〈삼성 '北통신망사업' 추진〉, 《동》 1997.11.5).

91　〈기업총수 訪北 무조건 승인〉, 《매》 1998.4.2.

도움이 필요했던 북한은 1998년 4월 11일 베이징에서 차관급회담을 열자고 제안했다.[92] 1994년 '조문파동'으로 당국 관계가 완전 두절된 지 3년 9개월 만의 일이었다. 이 회담(4.11~17)은 구체적 성과 없이 결렬되었지만, 4월 18일 민간인의 방북 승인 조건을 대폭 완화한 통일부는 4월 30일에 대북 투자 규모 제한을 폐지하는 '남북경협 활성화 조치'를 발표했다.[93] 이로써 그간 묶여 있던 사회간접자본과 일부 중공업 분야 투자도 가능해졌고, 전략물자를 제외한 교역 품목과 투자 대상 규제도 사실상 없어졌다.

재계는 이에 호응하여 IMF 관리 체제 극복을 위한 돌파구로 경협을 상정하고 미뤄 뒀던 신규 사업을 모색했다. 삼성은 나진·선봉 지역에 통신 센터 건립을 재추진하기로 했다. 남포공단 합영사업을 진행하던 대우도 1997년 김우중 회장 방북 시 논의했던 사업들을 재검토했다. LG도 통신·에너지·자원개발·수산물 가공 등 신규 사업 검토에 들어갔다.[94] 롯데, 코오롱, 고합, 국제상사, 에이스침대, 삼천리자전거, 태창, 중소기업협동조합중앙회 등도 경협을 위해 움직이기 시작했다.[95]

정주영은 정부가 경협 관련 조치들을 발표하기 이전부터 방북을 위한 물밑 작업을 진행했다. 1998년 2월 2일, 북한의 대남사

92 〈北, 차관급회의 11일 北京개최 제의〉, 《동》 1998.4.5.

93 〈남북경협 활성화조처 의미〉, 《한》 1998.5.1.

94 〈대북한 경협 봄바람 '솔솔'〉, 《한》 1998.4.7.

95 〈기업인 訪北 줄이을 듯〉, 《매》 1998.5.4.

업 책임자 김용순 조선아시아태평양평화위원회(이하 아태) 위원
장에게 베이징에서 만나자고 연락했다. 2월 23일 김용순이 답신
을 보내오면서 현대와 아태의 경협 대화가 급진전되었다. 2월 24
일부터 베이징에서 정몽헌 현대건설 회장과 송호경 아태 부위원
장의 회담이 진행되었다. 여기에 4월 말 정부의 연이은 경협 활
성화 조치는 날개를 달아줬다.[96] 5월까지 베이징과 평양을 오가
며 현대와 아태의 실무진은 정주영의 2차 방북과 현대의 대북 사
업에 대한 논의를 진행했다.[97]

현대는 실무회담에서 9년 전에 합의한 금강산 관광 및 개발 계
획을 논의하자고 제안했다. 반면 북한은 "남북 관계는 특수한 관
계이니 수익성 차원을 떠나서 도와주기 바란다"면서 비료 5만
톤, 비닐 1억 제곱미터, 디젤유 5만 톤, 납사 2만 톤의 지원과 김
책제철소, 선박조선소, 전자공업, 탄광·광산설비, 비료공장, 임
가공사업 등의 현대화를 요구했다.[98]

실무 대화가 무르익어갈 무렵 정주영은 '소떼방북'을 준비하고
있었다. 그런데 2월 이후 석 달간 실무진들이 베이징과 평양을
오가며 회담을 가졌지만 정주영의 방북이 쉽게 결정되지 않았다.
정주영이 첫 방북 때의 경로(도쿄→베이징→평양)와 달리, 2차 방

96 김대중 정부에서 통일부 장관을 역임한 정세현은 민간 차원(현대)의 경협이 정부 방침 아래 가능했다고 강조하
면서도 현대의 추진력을 높게 평가했다. 정세현, 《정세현의 통일토크》, 서해문집, 2013, pp.104~105.

97 실무대표단 베이징 면담(1998.2.9~10), 정몽헌-송호경 베이징 면담(2.24~25), 정몽헌-송호경 베이징 면담(3.14),
실무대표단 북한 방문(4.18~21), 실무대표단 베이징 면담(5.12~16), 現代峨山(株), 1998, 앞의 책, pp.1~3.

98 現代峨山(株), 1998, 앞의 책, p.2.

북 때에는 "판문점이 아니면 가지 않겠다"고[99] 버텼기 때문이다.

사실 정주영은 이미 첫 방북 때 "군사분계선의 통과가 없는 금강산 공동 개발 작업은 아무런 의미가 없다"고 한 적이 있었다. 그로부터 9년 후, 열여덟 살이던 1933년에 부친이 소 판 돈 70원을 가지고 집을 나섰던 그는 적대적 분단을 넘어 남북 평화의 시대를 여는 상징적 이벤트로 소 떼를 몰고 판문점을 넘어가는 장면을 연출하고자 했다. (누렁)소는 한국인들에게 민족 동질감을 일깨워주는 상징적 존재였다. 결국 정주영의 '고집'은 관철되었다. 현실적으로 판문점을 통과하지 않으면 소 500마리를 한꺼번에 이동시킬 수도 없었다.

1998년 6월 16일, 정주영은 '세기의 목동'이 되어 소 떼를 이끌고 철책과 지뢰로 가득한 분단의 상징 판문점을 넘었다. 소 떼 방북은 판문점이 남북을 갈라놓는 자리인 줄만 알았던 사람들에게 그것이 남북을 이어주는 다리가 될 수 있음을 일깨워 줬다. 경협 추진의 '승부수'였던 이 세기적 이벤트는 현대의 업종적 특성과 함께 대북 사업의 선점 효과를 과시할 수 있었다.

방북한 정주영 일행은 7박 8일 동안 소 500마리 인계, 경협 협의, 고향 방문 등의 일정을 보냈다. 김용순, 정운업(민경련 회장) 등과 경협에 대해 합의한 결과 양측은 ① 금강산 관광 개발 원칙에 관한 의정서 ② 금강산 관광 개발추진위원회 설립에 관한 합

---

99 〈鄭氏 방북 成事까지〉, 《동》 1998.6.17.

의서 ③ 금강산 관광을 위한 계약서를 체결했다. 그리고 ① 승용차 및 화물자동차 조립 공장 건설·수출 ② 자동차 라디오 20만 대 조립 ③ 20만 톤 규모의 고선박 해체 설비 및 7만 톤 규모의 압연강재 생산 공장 건설 ④ 제3국 건설 대상에 대한 공동 진출 검토·연구 ⑤ 공업단지 조성 ⑥ 통신사업 검토·연구 등에 관한 합의서를 체결했다.[100]

이때 합의한 내용은 그의 첫 방북 때의 그것과 큰 차이가 없었다. 그가 1983년 실리적 북한 접근을 주창한 이래 북한의 저임금·값싼 지하자원·낮은 물류비·관광 특수 등에 주목하고 냉전 해체의 상황을 자신의 사업 영역 확장에 활용하고자 한 오래된 구상이 15년 만에 비로소 실행의 길로 들어서게 된 것이다. 합의 내용은 당시 현대그룹 전 계열사가 대북사업계획서를 짤 정도로[101] 철저하게 현대의 필요에서 출발했다. 이는 경협의 업종 특성을 반영한다. 즉 정주영은 자본의 생산력 저하라는 위기 앞에서 냉전해체라는 시대적 조건을 자신의 기업에 유리하게 활용하고자 한 철저한 실리주의자였다.

신설된 '현대대북사업단'은 합의 내용에 따라 금강개발(금강산 관광), 현대상선(유람선), 현대자동차(승용차 조립), 현대전자(자동차 라디오 조립, 통신사업), 현대중공업·현대미포조선·현대정공(고

100 現代峨山(株), 1998, 앞의 책, pp.3-4.

101 윤만준 전 현대아산 사장 인터뷰, 종로2가 민들레 영토, 2012년 11월 1일.

선박 해체), 인천제철(압연강재), 현대건설(제3국 건설업 진출, 공업단지 조성) 등 계열사를 총망라했다. 이들은 베이징에서 북한과 계속 실무회담을 진행하면서 수시로 방북해 합의한 사업들을 실행에 옮겼다.[102]

10여 년 만에 재개된 경협 논의의 첫 출발점은 역시 금강산 관광이었다. 1998년 6월 23일 방북에서 돌아온 정주영은 "올 가을부터 매일 1천명 이상씩 금강산 여행이 가능할 것"이라고 말했다.[103] 같은 날 정몽헌도 현대 본사에서 기자들에게 가능하면 9월 중에 금강산 유람선 관광을 시작하고 연 30만 명 이상 유치할 계획이고, 육로나 철로가 뚫리면 자동차와 기차로 금강산을 오갈 수 있을 것이라고 밝혔다.[104]

정주영의 북방경제권 구상에서 소련과의 경협이 목재 등 자원개발에서 시작되었다면, 남북경협의 출발점은 관광이었다. 물론 관광업은 현대에 친근하지 않은 업종이었다. 그러나 정주영에게 금강산 관광은 단순한 관광 사업이 아니었다. 경협을 통해 수익을 얻으려면 남북 관계가 안정되어야 하는데 이를 위해 평화 산업인 관광 사업만한 것이 없었기 때문이다.

그런데 9년 전의 악몽이 되풀이되었다. 정주영이 소떼방북에

---

102 베이징 실무회담(1998.7.5~6, 7.13~14, 8.27~31, 9.4, 9.15~18, 9.21~10.1, 10.21~22), 방북(1998.7.28~8.4, 8.11~15, 8.20~25, 9.19~20, 10.2~20). 現代峨山(株), 1998, 앞의 책, pp.4-12.

103 〈鄭周永씨 귀환 "매일 천명씩 유람선觀光 합의"〉, 《조》 1998.6.24.

104 〈鄭夢憲회장 기자회견〉, 《조》 1998.6.24.

서 돌아오기 전날 1998년 6월 22일 속초 앞바다에서 북한 잠수정 1척이 그물에 걸려 예인되는 사건이 발생했다.[105] 20일 후 7월 12일에는 동해시 해변가에서 무장간첩 시체 1구가 발견되었다.[106] 정부는 "북한의 사과"가 있어야 현대의 "2차 소 지원과 금강산 관광 사업"이 시작될 수 있다고 밝혔다.[107] 이 와중에 8월 31일에는 북한이 '광명성 1호'를 발사해 동북아 정세가 급격히 냉각되었다.[108] 결국 금강산으로 가는 첫 배를 9월 25일에 띄우겠다던 계획은 실행되지 못했다.

계속 악재가 터지자 정주영은 1998년 10월 27일, 다시 소 501마리와 현대승용차 20대를 몰고 판문점을 넘었다. 그리고 북측에 경협의 안정성을 확보하는 핵심 고리로 김정일 국방위원장 면담을 강하게 요구했다. 남북 관계가 경색될 때마다 불거지는 경협에 대한 반대 여론을 잠재우기 위해서는 일차적으로 김정일의 사업 보장이 필요했기 때문이다. 그러나 평양에 도착하자 북측으로부터 김정일이 지방 출장중이라는, 사실상 면담이 어렵다는 통보를 받았다. "그냥 돌아가겠다"는 정주영의 뚝심 끝에 마침내 10월 30일 밤 정주영이 머물던 백화원초대소를 방문한 김정일과의

105 〈北잠수정 속초앞바다서 예인〉, 《경》 1998.6.23.

106 〈동해서 무장간첩 주검 발견〉, 《한》 1998.7.13.

107 〈사과해야 소떼 지원 康통일장관 간담서 밝혀〉, 《경》 1998.7.16.

108 〈"인공위성이라도 안보리제기"〉, 《한》 1998.9.9.

만남이 이뤄졌다.[109]

　이 면담을 통해 정주영은 김정일로부터 금강산 일대 8개 지구의 독점개발권 및 사업권을 확실하게 보장받았다. 정주영은 자신의 사후에도 현대그룹이 통일 한반도 개발의 반석을 마련해야 한다는 신념을 갖고 대북투자 독점권을 확고히 보장받아야 한다고 생각했다.[110] 정몽헌도 금강산 개발과 현대가 북한에 주기로 한 '대가'를 두고 "선투자 성격이 강하"며,[111] "보험을 들었다고 생각하면 된다"고 말했다.[112] 그 결과, 1998년 11월 18일 마침내 금강산 관광선의 첫 출항이 이뤄졌다. 분단 반세기 만에 철벽과도 같던 분계선을 오가는, '꿈같은' 일이 실현된 것이다.

4. 내외적 악조건 속에 추진된 남북경협

경협의 효과, 분단리스크 축소와 정상회담 가교

　외국 신용평가기관들이 지적하는 한국 신용 등급의 최대 불안

---

109 〈金正日, 30일 밤 갑자기 숙소방문〉, 《조》 1998.11.2.

110 이병도, 《영원한 승부사 정주영 신화는 계속된다》(찬섬, 2003), p.16.

111 〈보다 효과적인 경협 위한 제도적 장치 시급(2000년 6·15 남북정상회담 기간 중 경제분과 회담 내용을 정리한 것)〉, 《전경련》 2000년 7월호, p.45.

112 〈鄭周永씨 北서 뭘 논의할까〉, 《조》 1998.10.28.

요인은 분단리스크이다.[113] 기업이 실제 가치보다 낮게 평가되는 것 또한 분단 비용이다. 그런 점에서 소떼방북과 경협 추진이 주식시장에서 긍정적 기여를 했다는 사실을 주목할 필요가 있다. 가령 1차 소떼방북 직후 동해안 잠수정 침몰 사건 발생으로 주가가 급락했지만[114] 2차 소떼방북 직후에는 정주영과 김정일의 만남이 "성사됐다는 소식이 나오면서 주식이 급등세"[115]를 보였다. 1999년 6월 15일 '서해교전' 발발 시에도 전날보다 2.2% 하락하였으나 이튿날 3.2% 상승하며 낙폭을 바로 만회했다.[116]

이는 국제 사회가 금강산 관광을 통해 한반도의 평화 정착과 북한의 변화를 평가한 결과였다. 나아가서 외국 자본의 투자 유치를 촉진하여 IMF 외환 위기를 극복하는 초석을 마련할 수 있었다. 북한 또한 경협을 통해 국제적 이미지를 제고하고 국제 사회에 개방의 기대감을 심어줬다.[117] 경협의 활성화가 한반도 평화의 기반을 조성하고 그것이 다시 경제에 긍정적 영향을 미치는 선순환 관계가 만들어지기 시작한 것이다.

한국 사회의 보수를 상징하는 재벌 총수가 연출한 소떼방북과

---

113 외국계 증권 전문가들은 '코리아 디스카운트' 원인으로 "북핵 등 국가리스크(30.4%), 정책일관성 부족(23.9%), 기업지배구조/회계투명성(21.7%), 노사불안(10.9%), 증시기반 취약(6.5%), 경제요인의 높은 변동성(4.3%)"을 지적했다('한국증시 디스카운트 현상의 원인과 향후과제' 설문조사), 《대한상공회의소 報道資料》 2004.12.30.

114 〈스멕스전략 단기매매 바람직〉, 《매》 1998.6.24.

115 〈6개월만에 400線 회복〉, 《조》 1998.11.2.

116 〈西海사태 '금융시장 이상없다'〉, 《경》 1999.6.17.

117 박정웅, 2014, 앞의 책, pp.282-284.

이를 계기로 시작된 경협은 적대적 반북론에만 의지하던 보수 세력에게 자신이 추구하고 지켜야 할 가치를 정립하는 기회가 될 수 있었다. 미국의 대북제재에도 불구하고 당시 야당이었던 한나라당과 보수언론조차 반대하기 어려운 강한 명분과 의미로 각인되었다. 나아가서 분단을 고착시키기만 할 뿐인 수구적 비판을 수면 아래로 가라앉혀 맹목적 이념에 따라 거대한 실리를 부정했던 남북의 사회 분위기를 일신시키는 데 큰 영향을 끼쳤다.

물론 1차 소떼방북 후 북한의 도발적 행동에 대해 한국 사회는 비난 여론으로 들끓기도 했다. 이런 상황에서 7월 15일 김대중 대통령은 국가안보보장회의에서 "만약 햇볕론이 북한을 이롭게 한다면 북한지도층이 왜 북한 붕괴음모라고 비난"하겠냐고 지적했다.[118] 정부 고위인사들도 "북한이 햇볕정책을 두려워한다", "북한의 틈새를 파고들기 위한 전략", "햇볕은 따뜻하게 감싸기도 하지만 음지 구석구석에 있는 약한 균들을 죽이는 것"이라고 발언했다.[119] 그러자 〈로동신문〉은 햇볕정책이 "외세와 작당하여 북의 사상과 제도를 침식하고 나아가서 남조선에 대한 미제의 식민지 통치를 우리 공화국까지 연장하겠다는 것"이라고 비난했다.[120] 이어서 "반공화국, 반통일대결론", "북남관계 개선과 민족

---

118 〈안보회의 대화록 "햇볕론은 北 이롭게 하는 것 아니다" 金대통령〉, 《동》 1998.7.16.

119 최완규, 〈대북 포용정책에 대한 북한의 인식과 대응〉, 《韓國民族文化》 14, 1999, 301면.

120 〈이른바 '해볕론'은 뒤집어놓은 반북대결론〉, 《로동신문》 1998.8.7.

의 화해와 단합, 통일을 가로막고 상대방을 해치기 위한 술수"라는 등의 비난 논평을 쏟아냈다.[121]

금강산 관광은 이런 불협화음 속에서 어렵게 시작되었고 6·15 공동선언으로 남북 핫라인이 개설되기 전까지 남북의 가교 역할을 했다. '살얼음 위를 걷는' 남북 관계가 자칫 악화로 치달을 위험을 막는 완충 역할을 했다. '서해교전' 발발 시에도 통일부장관 임동원은 현대를 통해 북한에 긴급 접촉을 제안했고, 북한 역시 현대를 통해 "금강산 관광 사업은 민족문제이므로 정상적으로 추진하자"는 답을 보냄으로써 금강산 관광선이 예정대로 출항되어 사태를 진정시켰다.[122]

이후 김대중 정부는 경제 교류를 기반으로 한 남북 관계 개선에 속도를 냈다. 2000년 3월 10일 '베를린 선언'은 남북 정부 간 대화 및 경협 확대 의사를 밝혀 정상회담과 남북경제공동체 수립 방안을 제시했다.[123] 박지원과 송호경(아태 부위원장)이 싱가폴에서 만나 정상회담 추진에 합의하는 자리에도 정몽헌이 가교 역할을 했다.[124] 물론 현대로서도 북한과 합의한 대규모 프로젝트 성사를 위해 조속한 남북정상회담 성사가 필요했다.

소떼방북은 이념적, 정치·경제적으로 북한 사회에도 개방의

121 고유환, 〈김대중 정부의 대북포용정책과 북한의 반응〉, 《아시아태평양지역연구》 제2권 제2호, 2000, p.123.

122 임동원, 《피스메이커》, 중앙북스, 2008, pp.455~456.

123 〈베를린선언 의미〉, 《서울신문》 2000.3.10.

124 〈박지원이 털어놓은 6·15 남북정상회담 막전막후〉, 《프레시안》 2008.6.11.

영향력을 불어넣었다. 폐쇄된 사회에서도 지배층 내에 개방과 보수의 입장이 공존하게 마련이다. 정주영은 일찍부터 개방 추진세력을 주목했다. 이미 첫 방북 직후에 "저와 협정을 체결한 북한 사람들은 (…) 합영법이라는 것을 '북한인민위원회'에서 통과시킨 사람들입니다. 북한에도 (…) 개혁이 필요하다는 생각을 가진 사람이 상당히 많이 숨죽이고 있다"고 말했다.[125] 그리고 개방에 적극적인 김용순 등과 접촉해 경협을 전개했고 그들 또한 정주영의 방북을 매개로 영향력을 키울 수 있었다. 김용순은 1차 소 떼방북 당시 정주영에게 김정일을 "다음 방북 때 만날 수 있도록 해주겠다"는 약속도 했다.[126] 개방을 추진하는 입장에서도 김정일이 정주영을 직접 만나, 사업권을 보장해 주는 것이 군부 등 보수파의 견제를 완화시키는 힘이 되었을 것이다. 실제로 김용순을 중심으로 한 북한의 아태 라인은 2000년 6·15 남북정상회담 성사에 깊숙이 관여했다.[127]

125 정주영, 〈소련에 진출한다(1990년 5월 28일 '이북 5도민회'에서 행한 특별강연)〉, 1997, 앞의 책, pp.147-148.

126 〈정주영씨 재방북 어떤 성과 있을까〉, 《경》 1998.10.28.

127 〈박지원이 털어놓은 6·15 남북정상회담 막전막후〉, 《프레시안》 2008.6.11.

현대그룹 및 경협의 부침浮沈,
IMF관리체제와 미국의 대북제재

정주영의 소떼방북과 김대중 정권의 경협 의지는 한국 경제에 매우 우호적 환경을 조성했고 다른 기업의 북한 진출을 독려했다. 1998년 9월 박영화 삼성전자 사장은 베이징에서 리종혁 아태 부위원장과 10억 달러를 투자해 해주 또는 남포에 50만 평 규모의 전자복합단를 조성하기로 구두 합의했다.[128] 전경련은 2차 소떼방북 직후 김우중 회장이 주재한 간부회의에서 '남북경협위원회'를 가동해 북한에 건설될 경제특구 등에 여러 기업이 참여하는 방안을 마련하도록 논의했다.[129] 그리고 대북사업이 확대될 경우를 대비해 북한과 평양사무소 개설 문제를 논의하고 사회간접자본 투자를 위해 외국 기업과 국내 기업의 컨소시엄을 구성하겠다고 밝혔다.[130]

그러나 국내외 기업의 대북 진출 분위기는 더 이상 확산되고 발전되지 못했다. 몇 가지 이유를 들 수 있다. 무엇보다 당시 한국의 경제 환경이 최악의 상황이었다. IMF 관리체제하에서 기업은 고금리, 자금난, 상호 빛보증 해소, 부채 비율 축소, 외채 상환

---

128 〈삼성, 對北 10억달러투자 추진〉, 《동》 1998.11.11.

129 〈현대 對北사업 재계차원 지원〉, 《동》 1998.11.3.

130 〈범 재계 차원의 대북투자조사단 파견키로〉, 《전경련》 2000.5, p.36.

등 급한 불부터 꺼야 했다. 이중과세 방지, 투자보장협정 등 대북투자에 앞서 선행돼야 할 법적 제도가 갖춰지지 못한 상황에서 늘 경제논리보다 정치논리가 우선했던 남북 관계의 관성도 재계의 대북 투자를 머뭇거리게 했다. 결국 현대와 더불어 대표적 재벌이었던 삼성은 시기상조라며 경협 참여를 중단했다.

당시 경협 추진에 "가장 큰 걸림돌"은 역시 미국의 대북경제제재였다. 1999년 9월 북·미 '베를린 합의'가 이루어지면서 미국의 대북경제제재 완화를 기대한 현대의 바람과 달리, 미국은 북한산 제품에 대해 일반관세율보다 최고 10배 이상 높은 세율을 적용했고 수출입시 정부의 승인을 받도록 규정했다. 개발도상국에서 수입하는 제품에 대한 '일반특혜관세제도' 혜택도 주지 않았다. 결국 경협을 통한 북한산 제품은 남한, 중국, 러시아 등 원산지 규정 적용을 받지 않는 시장으로 판로가 국한되었다. 미국의 '전략물자 수출 통제 체제'와 '수출관리령'에 따른 상무부 '수출관리령'은 미국산 부품이나 기술이 10% 이상 포함된 제품을 북한이나 쿠바 등으로 재수출할 경우 미국 정부의 허가를 받아야 하고 이를 위반한 기업에 대해서는 미국으로의 수출을 금지하는 제재 조치를 규정했다.[131] 이런 상황에서, 정주영이 북측과 합의한 경협의 일부였던 외국 기업의 직접 참여 또는 외자 유치 구상이[132]

---

131 삼성경제연구소, 〈북한경제와 남북경협의 현주소〉, 《CEO Informations》 제507호, 2005, pp.9-14.

132 〈"남북경협사업에 외자 유치 추진 중"…. 현대아산〉, 《한국 경제》 2000.2.9. ; 현대 〈"일본도 개성공단 2조 투자"〉, 《동》 2000.12.25.

순조롭게 진행될 수 없었다.

현대그룹도 IMF 관리 체제하에서 구조조정과 빅딜을 피할 수 없었다. 고선박 해체사업과 압연강재 공장 건설을 담당하기로 한 인천제철과 현대강관은 매각되었다.[133] 빅딜을 통해 현대전자는 반도체 부문을 차지했지만 경협 사업인 통신을 포함한 다른 분야는 LG로 넘어갔다.[134] 즉 구조조정과 빅딜 과정에서 살아남지 못한 현대 계열사가 맡기로 한 경협 부문은 흐지부지될 수밖에 없었다.

가장 심각한 문제는 건설업계 불황으로 특히 현대건설의 위기가 심했다는[135] 점이었다. 제3국 건설 공동 진출 장소로 리비아와 투르크메니스탄으로 결정된 것도[136] 무산되었다. 현대그룹의 모기업이자 경협의 중추였던 현대건설의 유동성 위기는 그룹 전체에 대한 시장의 불신을 불러왔다. 정주영이 경영 일선에 물러난 2000년 들어 발생한 '왕자의 난' 분쟁도 일시적으로 그룹의 위기를 가중시켰다. 병상의 정주영이 직접 나서 자신과 2세들의 동반 퇴진을 선언했지만 갈등은 해소되지 않았다. 7월 말 현대 계열사

---

133 〈인천제철 · 현대강관 판다〉, 《매》 1999.4.23.

134 〈通信지분 LG로 넘어가〉, 《매》 1999.4.23.

135 1997~2001년간에는 세계 건설시장이 감소추세였고, 한국 건설기업 수주액도 1997년 140.3억 달러에서 1998년 40.6억 달러로 격감했다. 현대건설60년사편찬위원회 편, 2008, 앞의 책, p.262-265.

136 〈현대건설 해외건설 공사에 북한인력투입〉, 《매》 1999.6.28.

의 신용 등급 무더기 강등으로 자금 악화설이 다시 퍼지자[137] 정부는 구조조정 차원에서 자동차·중공업 등의 기업 분리 단행을 주문하기도 했다.[138]

현대그룹 공동회장이자 대북협상에서 실무를 주도한 정몽헌은 경협 확대를 통해 문제를 진화시키고자 했다. 2000년 8월 8일 정몽헌은 정주영 없이 소떼방북을 다시 진행하여 대북사업에서 현대의 역할을 과시했다. 그러나 현대그룹 내부의 갈등과 위기는 진정되지 않았다. 오히려 그룹 차원에서 2001년 이후 자동차계열을 분리하기로 한 결정이 2000년 8월에 조기 집행되기에 이르렀다.[139]

현대자동차의 분리는 현대건설의 위기를 가중시켰다. 현대건설은 2000년 10월말 최종 부도 위기를 넘겼지만 자구 계획 실행이 어려워졌다.[140] 특히 1980년대 후반 이라크 건설공사 미수금 10억 달러 중 회수 가능 금액은 6천만 달러 전쟁배상금에 불과해서[141] 현대건설의 발목을 잡았다.[142] 정주영의 대북사업을 측근에

---

137 《〈현대 초비상〉 현대계열, 신용등급 무더기 강등〉, 《한국일보》 2000.7.25.

138 〈정부 '현대 면피성 자구계획 수용 안한다'〉, 《연》 2000.8.3 ; 〈'현대자구책, 3개항 한꺼번에 충족해야 수용' (이금감위원장)〉, 《연》 2000.8.6.

139 〈현대그룹, 자동차 등 8개사 계열 분리〉, 《머니투데이》 2000.8.13.

140 〈현대건설 1차부도 배경과 향후 전망〉, 《국민일보》 2000.10.31.

141 〈김윤규 현대건설 사장 일문일답〉, 《머니투데이》 2001.3.26 ; 현대건설 60년사편찬위원회 편, 2008, 앞의 책, p. 303.

142 최대 16억 달러까지 늘어난 이라크 미수금은 2005년에야 전체의 80%를 탕감한 금액으로 돌려받게 되었다. 〈현대건설 '이라크 미수금' 눈물로 일군 1000억불〉, 《비즈니스워치》 2013.11.26.

서 보좌했던 김윤규는 당시 현대건설 유동성 위기가 "음해성 루머"였고 잘못된 시장 평가 때문이라고 주장했다.[143] 그러나 현대건설은 결국 정주영 사후 2001년 5월, 정몽헌 등 기존 대주주 지분을 제거하고 채권단 출자 전환으로 그룹에서 분리되었다.[144]

이 와중에서도 현대의 경협은 계속되었다. 김윤규 현대아산 사장은 현대자동차와 현대중공업이 현대아산의 주주임을 강조하며 경협 공조를 부탁했다.[145] 그러나 현대자동차는 현대건설에 대한 지원은 물론, 수익성이 없다면서 경협 계획에 있던 자동차조립공장 건설 참여도 거부했다.[146] 현대건설 유동성 위기가 현대자동차에게 밀려오는 것을 차단하기 위해서였다.

경협의 특성상, 투자가 이익으로 현실화되기까지의 기간이 오래 걸리고 분단 상황에서 그 과정도 특별할 수밖에 없다는 인식이 정재계나 사회적으로 공유되지 못한 채 경협에 대한 장기적 전망도 사라졌다. 현대의 경협은 위축될 수밖에 없었다. 그러나 경협, 특히 초기에는 '공공사업' 성격을 띨 수밖에 없다. 보호무역이나 유치산업 보호정책이 필요하듯이, 당분간 수익을 내기 어려운 구조 속에서 당국이 풀어야 할 안보리스크를 기업이 안고

---

143 《〈한겨레가 만난 사람〉 김윤규 현대건설 사장》《한》 2000.7.24. 김윤규는 분식회계 혐의로 이후 유죄판결을 받았다. 〈'현대건설 분식' 이내흔 · 김윤규 집유〉, 《연》 2008.6.19.

144 현대건설60년사편찬위원회 편, 2008, 앞의 책, p.301.

145 〈김윤규 현대건설 사장 일문일답〉, 《머니투데이》 2001.3.26.

146 〈'고비' 넘길 묘책없는 현대건설〉, 《국민일보》 2000.11.5 ; 〈현대㗑 "대북사업 덤터기 쓸라"〉, 《국민일보》 2001.4.9.

사업을 진행하기 때문에 초기 사업에 대한 정부의 보호장치 제공은 필수적이었다. 리스크는 당연히 사업자가 지되 군사 정치적 갈등과 리스크가 해소될 때까지 정부가 금융 지원과 시설 자금을 '일정 수준' 담보하는 장치가 필요했다. 이러한 지원제도는 그 한도 내에서의 '정경협조' 또는 '정경보완' 개념으로 이해할 수 있다.

그러나 김대중, 노무현 정부는 민간 기업이 주도한 특수한 성격의 경협과 일반 기업정책 사이에서 갈팡질팡하면서 경협에 대한 정경분리 원칙도 국제정치의 논리에 휘둘리면서 이중적으로 적용했다. 정부는 현대에 경협을 독려하고 현장에서는 언제나 개입했으면서도 정작 자금난에 봉착했을 때는 순수한 시장논리를 적용하면서 소극적으로 대응했다.[147] 현대아산의 자금난으로 결국 개성공단 개발의 1단계 사업인 100만 평에 대한 자금 조달, 설계, 감리, 분양 업무 등 사업권은 2002년 12월 한국토지공사로 이관되었다.[148] 기업 주도의 경협을 통한 실리 추구 원칙이 부정되고[149], 개성공단이 일종의 정부간 개발협력프로젝트처럼 운영되는 모양이 된 것이다.[150] 금강산 관광의 경우도 정부는 현대에

---

147 정해구, 〈김대중정부의 대북정책과 남북 경제협력: '현대' 사례를 중심으로〉, 《북한연구학회보》 제9권 제2호, 2005, p.230.

148 〈北 개성공단 건설 토공 개발주도〉, 《파이낸셜뉴스》 2003.1.8.

149 "우리가 갖고 있는 애로를 잘 몰라주는 것 아닌가. 애로가 뭐냐고 별로 묻지도 않고, '당분간 독자생존해라'라는 걸로 알고 열심히 하려는데, 토공이다 뭐다 해서 마찰이 있는 걸로 비친다." 《(한겨레가 만난 사람) 김윤규 현대아산 사장〉, 《한》 2003.12.4.

150 장환빈, 《개성공업지구와 소주공업지구 비교 연구》(북한대학원대학교 박사학위논문, 2014), p.114.

게 북한과 계약 조건을 수정하도록 권고했고 2001년 6월부터 관광대금이 관광객 수에 따라 지불되는 종량제로 바뀌었다. 그러나 운영자금 문제로 정부는 결국 한국관광공사를 금강산 관광 공동 사업자로 참여시켰다.

이런 상황에서 남북정상회담과 6·15공동선언, 굵직한 경협 사업 추진 등의 성과는 기대한 만큼 국내 정치 개편이나 지지기반 확충으로 이어지지 못했다.[151] 당시의 야당인 한나라당과 보수언론이 현대그룹의 위기 원인을 "무모한 대북 투자"[152] 때문이라고 무차별 공격하는 상황에서 2001년 3월 정주영이 사망했다. 여기에 노무현 정부는 출범하자마자 대북송금 특검수사부터 강행했다. 그리고 정몽헌은 '자살'했다. 당시 미국 대통령 조시 부시는 대북제재를 강조했다. 도저히 경협이 제대로 진행될 수 없는 환경이었다.

1990년대 후반 들어 현대그룹이 위기를 맞게 된 것은 IMF 사태 이후 한화에너지·LG반도체·기아자동차 등 8개 부실기업 인수 과정에서 재무구조가 급격히 악화되면서였다.[153] 그런데 현대건설 부채금액 5조 5천억 원 중, 금강산 관광 투자액은 892억 원 (1.61%)에 불과했다. 경영 책임 문제와 다른 차원에서, 수치상으

151 신종대, 〈민주화 이후 진보정부의 대북정책 연구: 김대중·노무현 정부〉, 정영철 외 저, 《한반도 정치론— 이론, 역사, 전망》(선인, 2014), p.248.

152 《현대 자금 쇼크》 "무모한 대북투자 탓" 곳곳서 제기〉, 《동》 2000.5.28.

153 《그룹의 재구성》 현대그룹, 계속된 苦戰··· 이제 바닥이 보인다〉, 《매》 2014.7.28.

로 보면 대북사업이 위기를 불러왔다고 할 수는 없다.[154] 부도의
결정적 원인은 그룹의 금융거래를 끊다시피 한 김영삼 정부의 정
치보복으로 1990년대 중반부터 경영이 어려워진 가운데 이라크
미수금이 겹쳤기 때문이었다.[155] 즉 현대그룹의 추락과 현대건설
의 부도를 대북사업과 직결시키는 것은 사실과 부합하지 않는다.

평화와 실리의 상징적 공간,
개성공단의 성과

정주영이 소떼방북 시 합의한 사업 중 실현된 것은 금강산 관
광과 개성공단이었다. 개성공단은 정주영이 20여 년간 구상했던
실리적 공산권 경협론의 중요한 성과였다. 여러 악조건이 맞물려
우여곡절 속에서 현대아산과 아태의 개발합의서 체결(2000.8.22)
후 4년 4개월 만인 2004년 12월 15일 개성공단의 공장이 가동되
어 제품 생산이 시작되었다. 분단국가 56년 만의 역사적 사건이
었다.

개성공단은 단순교역이나 위탁가공 중심의 초보적 수준의 경

---

154 〈금강산 유람선 살리는 길. 정부–현대, 대북 미지급금 청산 후 재협상 나서야〉, 《민족21》 2001년 6월호, p.58.

155 윤만준 전 현대아산 사장 인터뷰(종로2가 민들레 영토), 2012.11.1. 윤만준에 따르면 현대의 경협 독점을 위한 "투
자"였던 이른 바 대북송금 "선불금"은 현대건설이 가장 적은 1억 불, 현대전자가 1억 5천만 불, 현대상선 얼마
이런 식으로 정몽헌 회장 회사에서만 분담했다. 당시 IMF 위기라는 상황 때문이지 현대건설 규모에서 1억 불은
사실 돈도 아니었다. 일반인들이 볼 때 선불금이 많아 보이지만, 사업규모와 장기적으로 예상되는 수익에 비추
어 결코 큰 돈이 아니었다."

협을 넘어 직접투자를 통해 남북 간에 물자와 자본뿐 아니라 인적교류를 확대했다. 예정 조성규모 총 2천만 평(공업단지 850만 평, 생활 및 관광구역 1,150만 평) 중 공업단지 조성 세 단계(1단계 100만 평, 2단계 130만 평, 3단계 620만 평) 중[156] 현재는 1단계에 있다.

남북정상회담 개최 후 현대아산은 중국 선전(深川)공단 등 경제특구 관련자료를 북측에 제공했다. 공단의 위치로 처음에 북한은 신의주를, 정주영은 서울과 가까운 남포·해주 등을 원했다. 그런데 김정일은 정주영조차 깜짝 놀랄 정도로 고려의 수도인 고도(古都) 개성과 판문군 일대를 파격적으로 제안했다. 남한에서 가장 가깝고 북한으로서는 개방하기 어려운 최전방 군사 요충지인 개성 지역을 남한 기업이 진출하는 특구로 설정한 것이다. 이는 군부의 우려를 잠재울 수 있는 김정일만 결정할 수 있던 사안이었다. 김정일이 "개성이 6·25 전쟁 전에는 원래 남측 땅이었으니 남측에 돌려주는 셈 치고, 북측은 나름대로 외화벌이를 하면 된다"[157]고 했듯이 개성공단이 북한에게도 큰 실리를 안겨줄 수 있다는 판단이 작용했다.

개성공단은 장기적 성장 전략을 모색하던 국내 제조업에 절대적으로 필요한 사업이었다. 소떼방북 당시 진보세력조차 대기업

156 박삼인, 「개성공단 조성의 경제적 효과분석」, 「금융경제연구」 183호, 2004, pp.3-4.

157 임동원, 2008, 앞의 책, p.466

이 대북사업을 독점한다고 비판했고[158] 남북정상회담 성과의 최대수혜자는 현대라고 예측하는[159] 분위기였다. 그러나 경협의 수혜를 가장 먼저 받은 계층은 중소기업들이었다. 한국에서는 1990년대 들어 임금과 지대의 상승으로 경쟁력이 떨어지는 한계기업들이 급증했다. 국내외 경쟁이 치열해지면서 수익 양극화도 심해져 자본의 한계수익률에 직면한 중소기업들은 중국과 동남아 등으로 진출했다. 그 결과 국내 고용사정 악화→내수시장 축소→생산 저하→실업 증가의 악순환이 반복되었다.[160] 2000년대 들어서는 중국이나 동남아 진출도 어려워졌고 이들 지역에 이미 진출했던 기업들마저 철수하는 상황이었다.

개성공단은 이러한 중소기업들에게 활로를 열어줬다. 특히 내수를 기반으로 한 중소기업들에게 매력적이었다. 개성공단은 토지분양가나 세금에서 우대 조건이 뒤따랐고, 당시 임금 수준(57.5달러, 연간 상승률 5%미만으로 제한)도 중국(100~200달러)이나 남한에 비하면 경쟁력이 높았다. 같은 언어를 사용하고 의무교육을 11년간 받은 양질의 노동력도 큰 장점이었다. 게다가 개성은 서울에서 60km밖에 떨어져 있지 않아 물류비 측면에서도 매우 유리했다.

158 리영희 · 윤만준 · 정세현 · 장상환 대담, 〈금강산과 민족화합—개방, 개발, 관광〉, 《통일시론》 2호, 1999, p.41.

159 〈남북정상회담 놓고 현대 '스포트라이트'〉, 《한국 경제》 2000.4.10.

160 현영미, 〈남북경제공동체의 시금석 개성공단〉, 《기억과 전망》 제11호, 2005, p.282.

물론 개성공단은 중국의 선전深川·쑤저우蘇州 경제특구와 여러 면에서 달랐다. 가장 큰 차이는 중국이 개혁·개방 선언 후 외부 경험을 흡수하겠다는 적극적 자세로 경제특구를 마한 것에 반해, 개성은 북한이 경제개방이나 시장경제 도입에 대한 공식적 전환이 없는 상태에서 시작되었다는 점이다. 체제 위협을 우려한 북한은 개성공단 기업이 북한 현지에서의 자재 조달이나 상품 판매를 금지하여 남북이 함께하는 협력사업의 확산을 차단했다. 또 노동집약적 중소기업 위주에서 산업고도화를 꾀하지 않으면 장기적으로 저임금에 기초한 국제경쟁력이 떨어질 우려도 있다.[161]

이러한 한계에도 불구하고 휴전선과 접해 있는 개성공단은 남북 상호 간에 실리적 이해관계를 아우르면서 대규모 인적·물적 왕래를 수반한다는 점에서 한반도의 긴장을 실질적으로 완화시키는 역할을 했다. 남북 관계가 요동치는 와중에서도 개성공단이 유지되고 있는 것은 한국의 경우 123개의 중소기업과 그와 연관된 하청기업의 직원과 가족 등 10만여 명의 생계가 달려 있고 북한 역시 외화획득을 위한 개방의 대내외적 지표이기 때문이다.

6·25전쟁 시기의 남침 통로가 이제는 매일 수백 명 인원과 차량이 군사분계선을 넘나들며 제품을 생산하는 길이 되었다. 개성공단에서 생산하는 것은 상품만이 아니었다. 그곳에서는 갈등을 녹이고 화해를 만들며 평화도 함께 생산하고 있는 것이다. 개성

---

161 장환빈, 2014, 앞의 논문, p.185·195·205.

공단은 경협을 통해 평화를 조성하고, 평화를 통해 경제적 실리를 극대화하는 '평화와 경제의 선순환' 관계의 상징적인 공간이 되었다.[162]

5. 맺음말

정주영은 1980년대 초부터 북한을 포함한 공산권과의 경협을 통해 한국 경제의 새로운 돌파구를 찾는 구상을 시도했다. 이 구상은 1989년 첫 방북을 거쳐 20년 가까이 축적된 가운데 1998년 세기적 이벤트, 소떼방북을 통해 비로소 실현되었다.

1970년대 말 1980년대 전반기는 한국 경제가 새로운 성장 전략을 모색하던 시기였다. 중화학공업화 정책이 위기 징후를 보였고 1980년대 전반에는 마이너스 성장까지 보인 상황에서 정주영은 저임의존 성장 전략을 지양하고 현대그룹 주력 업종의 전환을 모색하면서 공산권과의 실리적 경협을 주목했다.

서울올림픽을 계기로 정주영은 1988년 11월과 12월 일본과 미국의 건설회사들과 컨소시엄 또는 시베리아 공동진출안을 협의했다. 1989~90년간에 여섯 차례나 소련을 방문한 그는 투자위험 분산을 위해 100만 달러 규모 이하의 석탄, 목재 산업 분야에

---

162 김연철, 〈한반도 평화경제론: 평화와 경제협력의 선순환〉, 《북한연구학회보》 제10권 제1호, 2006, p.64.

서 미국 등과의 합작 투자가 바람직하다고 밝혔다. 정주영은 소련과 중국에서 자원 조달, 생산기지 이전과 현지 노동력 사용, 가스관이나 송유관으로 연결된 남-북을 축으로 한 북방경제권, 동북아경제공동체 건설을 구상했다. 이를 위해 남북경협이 필수적이었다. 자본의 생산력 저하라는 위기 앞에서 냉전해체의 시대적 변화를 유리하게 활용하고자 한 실리주의자 정주영에게 남북경협-북방경제권의 연동은 한국 경제의 재도약을 위한 지렛대였다.

1980년대 후반 한국 경제는 지가상승, 고금리, 사회간접자본 투자 부진, 물류비 급증 등으로 새로운 전기의 마련이 절실한 시점이었다. 현대 역시 자동차·전자·석유화학 부문 등을 주력 업종으로 선정하고, 이전까지의 주력 업종 건설·중공업 부문에 대해서는 구조조정을, 저임금 노동집약산업인 고선박 해체, 컨테이너 생산, 목재 등은 퇴출을 준비하고 있었다. 이에 조응하여 새로운 투자전략 대상으로 북한을 주목한 정주영은 1987년경부터 대북접촉을 시도했다. 1989년 1월 23일, 전 국민의 가슴을 설레게한 10일간의 첫 방북은 자유기업론자로서 적극적으로 '북한 열기'를 시도한 것이었다. 이때 금강산 공동개발, 원산철도차량공작소와 원산조선소 합작 투자 및 생산과 시베리아 석탄 및 암염의 공동개발 등 5개 사업에 대한 의정서를 체결했다. 특히 군사분계선을 통과해야 "합일로 나아가는 출발의 상징"인 금강산 관광의 의미가 산다는 정주영의 정치적 감각은 경제적 타산 못지않았고 결국 관철되었다.

그러나 정주영이 방북에서 돌아오자마자 색깔론이 부상하여 경협의 거대한 실리를 가로막았다. 노태우 정부는 남북경협-북방정책에 대한 철학과 추진력이 취약했고 스스로 정경분리 원칙도 부정했다. 북한이 동구변화의 태풍 속에 움츠러든 것도 큰 장애였다. 1992년부터 북핵문제가 국제적 핫이슈가 되면서 남북관계도 경색되었다. 1992년 대선에 출마한 정주영의 대북정책 공약은 남한 경제력 건설→북한 포용→경제적 단일시장권 형성(경제공동체)→정치통일로 다가가는 과정을 정리했다. 실리적 윈-윈거래에 근거한 민간경제 교류를 통한 남북경협-북방경제권을 연동한 '한민족경제생활권' 확보에서 출발하자는 것이었다. 그러나 김영삼 정권 시기의 흡수통일 대북정책은 남북 관계에서 '공백의 5년'을 초래했다.

정권 교체가 결정된 1998년 2월 정주영은 다시 북한과 접촉하면서 경협 논의를 재개했다. 그리고 6월, '세기의 목동'은 대북 리스크를 깨는 상징적 이벤트로 소떼 500마리를 몰고 분단의 상징 판문점을 넘었다. 북한과 금강산 관광 사업, 승용차 및 화물자동차 조립 공장 건설·수출, 자동차 라디오 20만 대 조립, 고선박 해체 설비 및 압연강재 생산공장 건설, 제3국 건설현장 공동 진출, 공업단지 조성, 통신사업 등에 관한 합의서를 체결했다.

그러나 9년 전의 악몽이 되풀이되었다. 정주영이 방북에서 돌아오기 전날 북한 잠수정이 예인되고 7월에는 무장간첩 시체 1구가 발견되었다. 게다가 북한이 8월에 '광명성 1호'를 발사했다. 정주영은 10월, 소 501마리와 현대가 생산한 승용차 20대를 몰고 다시 판문점을 넘었다. 결국 김정일로부터 금강산 일대 8개 지구의 독점개발권 및 사업권을 보장받았다. 1998년 11월 18일 마침내 금강산 관광선의 첫 출항이 이뤄졌다.

정주영의 북방경제권 구상이 시베리아 목재 등 자원개발에서 시작되었다면, 남북경협은 관광에서 시작되었다. 그는 일찍부터 경협을 통해 수익을 얻으려면 남북 관계가 안정되어야 하고 이를 위해 평화산업인 관광 사업만한 것이 없다고 생각했다. 소떼방북과 금강산 관광은 주식시장에 큰 영향을 미쳤고 국가 신용 등급의 최대 불안 요소인 안보리스크 축소에 크게 기여했다. 경협 활성화로 한반도에 평화의 기반이 조성되고 그것이 경제에 긍정적 영향을 미치는 선순환 관계가 만들어지기 시작한 것이다. 또 소떼방북은 개방에 적극적인 북한 인사들이 영향력을 키우는 조건을 만들어줬다.

1989년 정주영의 첫 방북 때, 김일성 생존 시에 경협이 시작되었다면 이후 상황이 많이 달라졌을지도 모르겠다. 10년 가까이 늦게 경협이 추진될 무렵 한국 경제는 IMF 관리체제하에 놓였다. 당시 재계는 대북투자에 필요한 법적 제도의 미비를 떠나 고금리, 자금난, 상호 빚보증 해소, 부채 비율 축소, 외채 상환 등 급한 불부터 꺼야 하는 상황이었다. 여기에 경협 추진의 '가장 큰 걸림돌'인 미국의 대북경제제재가 있었다.

현대그룹도 구조조정과 빅딜을 피할 수는 없어 그 과정에서 살아나지 못한 계열사가 맡기로 한 경협은 결국 흐지부지되었다. 특히 그룹의 모기업이자 경협의 주축이었던 현대건설의 위기가 심했다. 현대건설은 결국 정주영 사후 2001년 5월, 채권단 출자전환으로 그룹에서 분리되었고 현대자동차는 수익성이 없다면서 경협 계획에 포함되어 있던 자동차조립공장 건설 참여도 거부했다.

초기의 경협은 당장 수익을 내기 어렵고 당국이 풀어야 할 안보리스크를 기업이 안는다는 점에서 일정 부분 '공공사업' 성격을 띤다. 따라서 정부의 보호장치 제공은 필수적이다. 정부는 현대에 경협을 독려하고 언제나 현장에서 개입했으면서도 자금난에 봉착했을 때는 소극적으로 대응했다. 여기에 보수 세력은 현대그룹 위기가 "무모한 대북투자" 때문이라고 주장했다. 1990년대 후반 들어 현대그룹이 IMF 사태 이후 8개 부실기업 인수 과정에서 재무구조가 급격히 악화되었지만, 현대건설 부채 금액 중 금강산 관광 투자액은 1.6%에 불과했다. 경협이 위기를 불러왔다고 하기는 어렵다. 부도의 결정적 원인은 그룹의 금융거래를 끊다시피 한 김영삼 정부의 정치보복과 이라크 미수금 때문이었다.

정주영이 소떼방북 시 합의한 사업 중 실현된 것은 금강산 관광과 개성공단이었다. 개성공단은 정주영이 20여 년간 구상했던 실리적 공산권 경협론의 중요한 성과였다. 우여곡절 속에서 2004년 12월 15일 개성공단의 공장이 가동되어 제품 생산이 시작되었다. 분단국가 56년 만의 역사적 사건이었다. 북한으로서는 개방하기 어려운 최전방 개성 지역을 특구로 설정한 것은 북한도 개성공단이 큰 실리를 안겨줄 수 있다고 판단했기 때문이었다.

한국에서는 1990년대 들어 임금과 지대의 상승으로 경쟁력이 떨어지는 한계기업들이 늘어나 중국과 동남아 등으로 진출했고 그 결과 국내 고용사정 악화→내수시장 축소→생산 저하→실업 증가의 악순환이 반복되었다. 2000년대 들어서는 중국이나 동남아 진출도 어려워졌고 진출했던 기업들마저 철수하는 상황이 되었다. 개성공단은 이러한 중소기업들에게 활로를 열어줬다. 개성공단은 단순교역이나 위탁가공의 초보적 수준을 넘어 직접투자를 통해 실리적 이해관계를 아우르면서 대규모 인적·물적 왕래를 수반했다. 개성공단은 경협→평화→실리, 즉 평화와 경제의 선순환 관계를 상징한다.

"근본적으로 이성적, 실리적" 사업가인 정주영이 추구한 '꿈'은 어느 일방이 흔들 수 없는 실리적 이해관계가 두텁게 얽히는 남북-동북아 경제공동체였다. 평화와 통일은 당사자들이 실질적 이익을 공유할 수 있는 접점이 넓을 때 굳어질 수 있다. 소떼 방북과 경협은 이 가능성을 연 것이다. 현대그룹 전 계열사가 대북사업계획서를 짤 정도로 현대의 업종 특성을 반영한 기업의 실리와 민족사적 명분을 조화시킨 정주영의 남북경협-북방경제권 연동 구상은 이념적 '명분'에 지배된 남북 관계를 과감하게 벗어난 큰 '실리' 셈법의 산물이었다. 그런 점에서 정주영은 결코 진보적일 수 없는 재벌이었지만 이념에 갇혀 실리를 부정하는 '무지한' 극우파와 구별된다. 정주영이 첫 방북을 할 무렵 중국 시장

으로 대거 진출한 대만기업의 경우를 보면, 그의 기획은 기업인
으로서 당연한 일이었다. 문제는 그러한 기업인이 혼자였다는 점
이었다.

참고 문헌

수신제가치국평천하 – 아산의 유교윤리와 국가인식_김석근(아산정책연구원/아산서원)

《천자문(千字文)》

《동몽선습(童蒙先習)》

《명심보감(明心寶鑑)》

《격몽요결(擊蒙要訣)》

《소학(小學)》

《대학(大學)》

《논어(論語)》

《맹자(孟子)》

정주영, 《시련은 있어도 실패는 없다: 나의 삶 나의 이상》, 제삼기획, 1991(2009).

_____, 《새로운 시작에의 열망》, 울산대학교 출판부, 1997.

_____, 《이 땅에 태어나서: 나의 살아온 이야기》, 솔출판사, 1998(2009).

김태형, 《기업가의 탄생 : 이병철·정주영·김우중을 통해 본 기업가의 심리와 자격》, 위즈덤하우스, 2010.

정대용, 《아산 정주영의 기업가정신과 창업리더십》, 삼영사, 2007.

김성수, 〈전후 한국경제성장을 이끌어온 현대그룹의 창업자 정주영 회장 연구: 경영이념과 사상, 경영전략을 중심으로〉, 《경영사학》 제20집 제5호, 통권 40호, 2005, pp.83-107.

설봉식, 〈선비정신과 CEO의 행위규범〉, 《국제·경영연구》 제13권 제2호, 통권 제23호, 2006, pp.113-127.

성용모, 〈기업가정신과 유교적 가치의 조율〉, 《경영경제연구》 제29권 제4호 제50집, 2006, pp.191-208.

송복, 〈아산 정주영 정신 연구의 필요성〉, 《현대중공업 사보》 10주기 추모특집, 2011.

"현대, 쌀집점원에서 기업총수로", 〈파이낸셜뉴스〉, 2003년 7월 13일.

"峨山 정주영 회장이 걸어온 길", 〈헤럴드경제〉, 2012년 7월 6일.

아산정주영닷컴, www.asan-chungjuyung.com

아산 정주영정신의 뿌리를 찾아서, www.asanlove.com

Richard M. Steers, *Made in Korea: Chung Ju Yung and the Rise of Hyundai*, Routledge, 1999.

William Easterly, "The Poor Man's Burden", *Foreign Policy*, 2009(January/ February).

발전국가와 기업 – 아산의 '인정투쟁'_왕혜숙(연세대학교)

공병호,《한국기업 흥망사》, 명진출판, 1993.

김동노,〈고비용 저효율의 정치 경제와 IMF 위기〉,《사회발전연구》5권, 1999.

김성진 편,《박정희 시대: 그것은 우리에게 무엇이었는가》, 조선일보사, 1994.

김은미·장덕진·Granovetter, 2005,《경제위기의 사회학: 개발국가의 전환과 기업집 단 연결망》, 서울대학교 출판부.

김일영,《건국과 부국》, 생각의나무, 2003.

김정렴,《아, 박정희》, 중앙M&B, 1997.

류석춘,〈발전국가 한국의 지배구조와 자본축적〉, 김용서 외,《박정희 시대의 재조명》, 전통과현대, 2006.

_____,〈동아시아 '유교 자본주의' 재해석: 제도주의적 시각〉,《전통과현대》겨울호 (3호): 1997, pp.124-145

_____, 왕혜숙,〈사회자본 개념으로 재구성한 한국의 경제발전〉,《사회와 이론》, 12: 2008, pp.109-162.

왕혜숙,〈가족 인정 투쟁과 복지정치: 한국의 의료보험 피부양자 제도의 변화 과정을 중심으로〉,《한국 사회학》제47집 4호: 2013, pp.67-106.

_____, 김준수,〈한국의 발전국가와 정체성의 정치: 박정희 시기 재일교포 기업인들의 민 족주의 담론과 인정 투쟁〉,《경제와 사회》통권 제107호: 2015, pp. 250-292.

_____, 최우영,〈죽음의 순간에야 확인되는 가족의 문화적 경계: 9.11 테러와 천안 함 사건을 중심으로〉,《사회와 이론》20: 2012, pp.265-306.

〈월간조선〉, 2002, 3월호.

유홍준·정태인,《신경제사회학》, 성균관대학교 출판부, 2011.

이병천 엮음,《개발독재와 박정희 시대》, 창비, 2003.

의료보험연합회, 《의료보험의 발자취: 1996년까지》, 의료보험연합회, 1997.

장세진, 《외환위기와 한국 기업집단의 변화: 재벌의 흥망》, 박영사, 2003.

정주영, 《아산 정주영 연설문집》(김용완 편), 울산대학교 출판부, 1985.

_____, 《시련은 있어도 실패는 없다: 나의 삶 나의 이상》, 제삼기획, 1991.

_____, 《나의 살아온 이야기: 이 땅에 태어나서》, 솔출판사, 1998.

조갑제, 《박정희 9: 총 들고 건설하며 보람에 산다》, 조갑제닷컴, 2006.

조동성 외, 《한국 자본주의의 개척자들》, 월간조선사, 2003.

〈조선일보〉, 2004. 10. 19: 1963, p3·5·7.

조우석, 《박정희: 한국의 탄생》, 살림, 2009.

조희연, 〈동아시아 성장론의 검토: 발전국가론을 중심으로〉, 《경제와 사회》 36, 1998, pp.46-76.

최장집, 《민주화 이후의 민주주의: 한국 민주주의의 보수적 기원과 위기》, 후마니타스, 2002.

한국증권업협회, 《한국증권업협회 50년사》, 한국증권업협회, 2003.

호네트, 악셀(Honneth, Axel). 《인정 투쟁》, 문성훈·이현재 옮김, 사월의책, 2011.

왕혜숙·김준수, 〈한국의 발전국가와 정체성의 정치: 박정희 시기 재일교포 기업인들의 민족주의 담론과 인정 투쟁〉, 《경제와사회》 통권 제107호: 2015, pp.250-292.

핫토리 타미오, 《개발의 경제사회학: 한국의 경제발전과 사회변동》, 전통과현대, 2007.

Amsden, Alice H., *Asia's Next Giant: South Korea and Late Industrialization*, New York and Oxford: Oxford University Press, 1989.

Alexander, Jeffrey C. and Philip Smith, "The Discourse of American Civil Society: A New Proposal for Cultural Studies", *Theory and Society* 22: 1993, pp.151-207.

Chandler, Alfred D., *Scale and Scope: The Dynamics of Industrial Capitalism*, Cambridge, MA: The Belknap Press of the Harvard University Press, 1990.

_____, Vivek, Reviving the Developmental State? The Myth of the 'National Bourgeoisie', *Socialist Register* 2005: 2004, pp.226-246.

Chang, Ha-Joon, *The East Asian Development Experience: The Miracle, the Crisis and the*

Future, London and New York: Zed Books, 2006.

Chibber, Vivek, "Building a Developmental State: The Korean Case Reconsidered", *Politics and Society* 27(3): 1999, pp.327-354.

_____, *Locked in Places: State-Building an Late Industrialization in India*, Princeton, N.J.: Princeton University Press, 2003.

Coase, Ronald H., *The Nature of the Firm*, Economica 4: 1937, pp.386-405.

Davis, Diane, *Discipline and Development: Middle Class and Prosperity in East Asia and Latin America*, Cambridge: Cambridge University Press, 2004.

Evans, Peter, *Embedded Autonomy: States and Industrial Transformation*, Princeton: Princeton University Press, 1995.

Frazer, Nancy, *Justice Interruptus: Critical Reflections on the Post-Socialist Condition*, New York: Routledge, 1997.

Geertz, Clifford, *Peddlers and Princes: Social Development and Economic Change in Two Indonesian Towns*, Chicago: University of Chicago Press, 1963.

Gintis, Herbert, Samuel Bowles, Robert T. Boyd, and Ernst Fehr, *Moral Sentiments and Material Interests: The Foundations of Cooperation in Economic Life*, Cambridge: The MIT Press, 2005.

Granovetter, Mark S., "Economic Action and Social Structure: The Problem of Embeddedness", *American Journal of Sociology* 91(3): 1985, pp.481-510.

Honneth, Axel, *The Struggle for Recognition: the Moral Grammar of Social Conflicts*, Cambridge, Mass.: MIT Press, 1996.

Johnson, Chalmers, "Political Institution and Economic Performance: The Government-Business Relation in Japan, South Korea and Taiwan", in Robert Scalapino et al., *Asian Economic Development: Present and Future*, Institute of East Asian Studies: University of California, 1985.

Kim, Eun Mee. "From Dominance to Symbiosis: State and Chaebol in Korea", *Pacific Focus* 3(2): 1988, pp.105 – 121.

Kymlicka, Will, *Contemporary Political Philosophy: An Introduction*, New York: Oxford

University Press, 2002.

Lew, Seok-Choon, *The Korean Economic Developmental Path: Confucian Tradition, Affective Network*, New York: Palgrave MacMillan, 2013.

_____, "The Structure of Domination and Capital Accumulation in Modern Korea", in Chang, Y. S., Donald L. B., Hur N. L., and R. King (eds.), *Korea Between Tradition and Modernity: Selected Papers from the Fourth Pacific and Asian Conference on Korean Studies*, Institute for Asian Research, University of British Columbia, 2000.

Mauss, Marcel, T*he Gift: Forms and Functions of Exchange in Archaic Societies*, New York: W. W. Norton, 1967.

Markell, Patchen, "Recognition and Redistribution", pp. 450–469 in J. Dryzek, B. Honig, and A. Phillips (eds.), *The Oxford Handbook of Political Theory*, Oxford: Oxford University Press, 2008.

Polanyi, Karl, *The Great Transformation: the Political and Economic Origins of Our Time*, Boston: Beacon Press, 1957.

Putnam, Robert, *Making Democracy Work: Civic Traditions in Modern Italy*, Princeton: Princeton University Press, 1993.

Rueschemeyer, Dietrich and Evans, Peter, "The State and Economic Transformation: Toward and Analysis of the Conditions Underlying Effective Intervention", pp.44–77 in P. Evans, D. Rueschemeyer, and T. Skocpol (eds.), *Bringing the State Back In*, New York: Cambridge University Press, 1985.

Sahlins, Marshall, *Stone Age Economics*, Chicago: Aldine, 1972.

Scott, James, 《농민의 도덕 경제》, 김춘동 옮김, 서울: 아카넷, 2004[1976].

Shin, Jang-Sup & Chang, Ha-Joon, *Restructuring Korea Inc.*, Routledge Curzon, 2003.

Skocpol, Theda, "Bringing the State Back In: Strategies of Analysis in Current Research", pp.3–37 in P. Evans, D. Rueschemeyer, and T. Skocpol (eds.), *Bringing the State Back In*, New York: Cambridge University Press,

1985.

Taylor, Charles, "The Politics of Recognition", pp.25-73 in *Multiculturalism: Examining the Politics of Recognition*, edited by C. Taylor and A. Gutman, Princeton: Princeton University Press, 1994.

Wade, Robert, *Governing the Market: Economic Theory and the Role of Government in East Asia Industrialization*, Princeton: P rinceton University Press, 1990.

Weber, Max. *General Economic History* (translated by F. H. Knight), New York: Collier, 1961[1923].

Weiss, Linda,《국가몰락의 신화》, 박형준·김형준 옮김, 일신사, 2002[1980].

Wilk, Richard R. and Lisa C. Cligget, "Gift and Exchange", pp.153-175 in *Economies and Cultures: Foundations of Economic Anthropology*, Westview Press, 2007.

Williamson, Oliver E., *Markets and Hierarchies: Analysis and Antitrust Implications*, New York: Free Press, 1975.

_____, "The Economics and Sociology of Organization: Promoting a Dialogue", pp.159-185 in *Industries, Firms and Jobs: Sociological and Economic Approaches*, edited by G. Farkas and P. England. N.Y: Plenum Press, 1988.

Woolcock, Michael, "Social Capital and Economic Development: Toward a Theoretical Synthesis and Policy Framework", *Theory and Society* 27: 2002[1998], pp.151-208(류석춘 외 편저,《사회자본: 이론과 쟁점》, 도서출판 그린), 2002.

Zak, Paul J., *Moral Markets: The Critical Role of Values in the Economy*, Princeton: Princeton University Press, 2008.

Zelizer, Viviana A., *Economic Lives: How Culture Shapes the Economy*, Princeton: Princeton University Press, 2011.

서울올림픽 - 아산의 정치외교사_김명섭(연세대학교), 양준석(연세대학교)
● 1차·준1차 문헌

행정조정실, 〈第24回올림픽 誘致에따른 問題点檢討〉, 1981. 4. 관리번호: BA0883718.

_____, 〈1981시행문서〉, 1981. 8. 관리번호: BA0883759.

大韓民國國會事務處, "第24回國際올림픽大會서울誘致에관한報告", 〈第108回 國會
　　會議錄 第12號〉, 1981年 10月 4日.

서울올림픽 誘致交涉団, 〈88올림픽 서울誘致 結果点報告〉, 1981. 10. 8. 관리번호:
　　BA0883704.

안전기획부, 〈올림픽 유치 활동 보고서〉, 1981. 9. 관리번호: BA0083695.

외무부 문화교류과, 〈1988년도 서울 올림픽대회: 유치 활동, 1981, 전2권, V.1 유치
　　교섭〉, No. 13464, 분류번호: 757.4.

_____, 〈1988년도 서울 올림픽대회: 유치 활동, 1981, 전2권, V.2 유치
　　결정, 9. 30〉, No. 13465, 분류번호: 757.4.

김용준, 《내가 본 함석헌》, 아카넷, 2006.

노태우, 《노태우 회고록. 上卷, 국가, 민주화 나의 운명》, 조선뉴스프레스, 2011.

大韓航空, 《大韓航空 二十年史》, 大韓航空, 1991.

박세직, 《하늘과 땅, 동서가 하나로: 서울 올림픽, 우리들의 이야기》, 고려원, 1990.

서울올림픽대회조직위원회, 《서울올림픽대회와 SLOOC 7년의 발자취》, 서울올림픽
　　대회조직위원회, 1989.

서울올림픽평화대회 추진위원회, 《平和의 聖火 Peace Torch Eternal : 서울올림픽평
　　화대회 종합보고서》, 서울올림픽평화대회 추진위원회, 1989.

서울특별시 시사편찬위원회 편, 《서울역사구술자료집: 임자, 올림픽 한 번 해보지》,
　　서울특별시 시사편찬위원회, 2013.

아산 정주영과 나 100인 문집 편찬위원회, 《아산 정주영과 나: 100인 문집》, 아산사
　　회복지 사업재단, 1997.

이방원, 《세울 꼬레아》, 행림출판, 1989.

전상진, 《서울 올림픽 성공스토리》, 홍진, 2011.

_____, 《세계는 서울로》, 범양사 출판부, 1989.

정주영, 《시련은 있어도 실패는 없다: 나의 삶 나의 이상》, 제삼기획, 2009.

_____, 《이 땅에 태어나서: 나의 살아온 이야기》, 솔출판사, 1998.

_____, 《이 아침에도 설레임을 안고: 峨山 鄭周永 연설문집》, 삼성출판사, 1986.

趙重勳,《내가 걸어온 길》, 나남출판, 1996.

최만립,《도전은 끝나지 않았다: 한국 스포츠외교의 산증인 최만립이 전하는 30년 스포츠외교실록》, 생각의 나무, 2010.

KBS, "88서울올림픽, 신이 내린 한 수", 〈KBS ITV 다큐극장〉, 방송일: 2013년 4월 27일.

Japanese Olympic Committee, "History of Japan's Bids for the Olympic", http://www.joc.or.jp/english/historyjapan/ (검색일: 2014년 8월 25일).

국가기록원, "서울올림픽대회" http://archives.go.kr/next/search/listSubjectDescription.do?id=000663 (검색일: 2014년 8월 27일).

Woodrow Wilson International Center, "Sport and Politics on the Korean Peninsula – North Korea and the 1988 Seoul Olympics", http://www.wilsoncenter.org/publication/ (검색일: 2014년 9월 29일).

김인자 면담 구술, 아산정책연구원, 2014년 10월 30일.

정몽준 면담 구술, 아산정책연구원, 2014년 9월 5일; 2014년 10월 30일.

최만립 면담 구술, 아산정책연구원, 2014년 10월 30일.

김운용, '김운용이 만난 거인들, 사마란치 IOC 종신명예위원장–서울의 올림픽 후보지 탈락 위기 막았다', 〈일요신문〉, 2010년 1월 31일.

이방원, '제84차 IOC총회 앞으로 20일 88년 五輪, 서울이냐 나고야냐', 〈京郷新聞〉, 1981년 9월 9일.

이용식, '바덴바덴 30년', 〈문화일보〉, 2011년 9월 22일.

이조연, '文教部, '88誘致計劃' 구체화, 서울올림픽 실현될까', 〈京郷新聞〉, 1979년 7월 6일.

정운영, '돈과 방송과 올림픽과…', 〈한겨레신문〉 1988년 10월 3일.

포스터–카터, 에이단, '바깥에서 보는 한국—한국은 국제행사 강박증에서 벗어나야', 〈중앙일보〉, 2015년 4월 10일.

홍인근, '서울挑戰에 흔들리는 名古屋', 〈東亞日報〉, 1981년 9월 19일.

_____, '日, 명고옥 유치실패 원인분석', 〈東亞日報〉, 1981년 10월 1일.

'美國務省 환영聲明', 〈京郷新聞〉, 1981년 10월 1일.

'바덴바덴 IOC총회 양측 서로 有利주장', 〈東亞日報〉, 1981년 9월 30일.

''서울 평화선언' 채택', 〈한겨레신문〉, 1988년 9월 13일.

'서울市 88年올림픽 서울開催', 〈東亞日報〉 1979년 9월 1일.

'輸出은 國民經濟에 어떻게 寄與했나', 〈每日經濟新聞〉, 1981년 2월 9일.

'올림픽誘致, 서울·나고야 伯仲勢', 〈京鄕新聞〉, 1981년 9월 30일.

'體育會 관계자, 88年大會가 적절', 〈東亞日報〉, 1979년 5월 17일.

'한국, 88년 五輪유치 有力', 〈東亞日報〉, 1981년 6월 6일.

'NOC위원들, IOC조사단 來韓', 〈東亞日報〉, 1981년 4월 4일.

'88년 올림픽 서울開催', 〈東亞日報〉, 1981년 10월 1일.

'88올림픽 서울誘致어렵다. 서울시 올해豫算에 반영 안 돼', 〈東亞日報〉, 1980년 2월 6일.

Dahlby, Tracy, "Award of 1988 Olympics Boosts S. Korea's Effort For Political Security", *The Washington Post*, October 4, 1981.

Hamm, Manfred R, "New Evidence of Moscow's Military Threat", *The Heritage Foundation*, June 23, 1983.

● 2차 문헌

강규형, 〈한국과 1980년대 냉전체제: KAL기 격추, 서울올림픽, 그리고 2차 냉전을 중심으로〉, 하영선, 김영호, 김명섭 공편, 《한국외교사와 국제정치학》, 성신 여자대학교 출판부, 2005.

권오륜, 〈체육철학: 제3공화국과 김택수의 스포츠 내셔널리즘〉, 《움직임의 철학: 한 국체육철학회지》 제12권 2호, 2004.

김명섭, 〈냉전연구의 현황과 전망〉, 《국가전략》 제3집 2호, 1997.

_____, 《대서양문명사: 팽창, 침탈, 헤게모니》, 한길사, 2001.

_____, 〈코리아, 러시아, 유라시아: 거대변동과 장기지속의 지정학〉, 《한국과 국제정 치》 제26권 1호, 2010.

_____, 양준석, 〈서울올림픽 유치의 정치외교사 : 1981년 서울은 어떻게 올림픽개최 권 획득에 성공했나?〉, 《국제정치논총》 제54집 4호, 2014.

김일영 저, 김도종 엮음, 〈1960년대 한국 발전국가의 형성과정〉, 《한국 현대정치사 론》, 논형, 2012.

김재한, 〈올림픽의 평화 및 통일효과〉, 《통일문제연구》 제24권 2호, 2012.

金鍾基, 〈올림픽과 都市: 올림픽 開催의 經濟發展 效果〉, 《都市問題》 제23권 1호,

1988.

김종기 외, 《서울올림픽의 의의와 성과》, 한국개발연구원, 1989.

김하영, 임태성, 〈서울올림픽이 한국의 정치·외교적 변동에 미친 영향〉, 《한국체육
학회지》 제33권 2호, 1994.

박경호, 옥광, 박장규, 〈한국 스포츠외교의 태동: 서울올림픽 유치의 유산〉, 《체육사
학회지》, 제16권 2호, 2011.

박보현, 〈스포츠 메가 이벤트의 경제발전 담론: 1988서울올림픽과 2002한일월드컵
을 중심으로〉, 《한국스포츠사회학회지》 제21권 4호, 2008.

박재구, 곽형기, 〈제42회 세계사격선수권대회의 한국 유치와 체육사적 의미〉, 《한국
체육사학회지》 제15권 제1호, 2010년 2월.

박호성, 〈국제 스포츠 활동과 사회통합의 상관성, 가능성과 한계〉, 《국제정치논총》 제
42집 2호, 2002.

양순창, 〈스포츠의 정치적 상징성과 상징조작 기제에 관한 연구〉, 《국제정치논총》 제
43집 3호, 2003.

유호근, 〈냉전기 스포츠 외교의 역사적 전개과정 -한국의 사례를 중심으로-〉, 《글로
벌정치연구》 제2권 2호, 2009.

이상환, 〈스포츠 외교와 경성/연성 국력: G20 국가를 중심으로〉, 《한국정치외교사논
총》 제35집 2호, 2014.

이은용, 박양우, 이수범, 〈지연성과 메가 이벤트가 지역주민 성원에 미치는 영향〉, 《觀
光硏究》 제24집 2호, 2009.

張泳國 편, 《3000년을 뛴다 : 고대 올림피아에서 서울의 한강까지》, 韓國放送事業團, 1982.

정기웅, 〈소프트 파워와 메가 스포츠 이벤트〉, 《국제정치논총》 제50집 1호, 2010.

정찬모, 〈서울올림픽과 한국의 국가 발전〉, 《체육사학회지》 제6권 1호, 2001.

정희준, 〈스포츠메가이벤트와 경제효과: 그 진실과 허구의 재구성〉, 《한국스포츠사회
학회지》 제21권 1호, 2008.

조문기, 〈2008년 베이징 올림픽 슬로건의 중화민족주의적 성격에 관한 연구〉, 《한국
스포츠사회체육학회지》 제31호, 2007.

파이낸셜뉴스신문 산업부, 《집념과 도전의 역사 100년》, 아테네, 2004.

홍순호, 〈"올림픽"의 국제정치학〉, 《국제문제》 220호, 1988년 12월.

Allison, Lincoln, ed. *The Global Politics of Sport: The Role of Global Institutions in Sport*, London: Routledge, 2005.

Burbank, Matthew J, Andranovich, Gregory D and Heying, Charles H. *Olympic Dreams: The Impact of Mega-events on Local Politics*, Boulder, Colo.: Lynne Rienner Publishers, 2001.

Cho, Hyunjoo, *International Sporting Events, Nationalism and Sport Diplomacy: The Evolving Relationships between North and South Korea from 1978 to 2007*, PH.D Thesis, Loughborough University, 2013.

Deccio, Cary, "Nonhost Community Resident Reactions to the 2002 Winter Olympics: The Spillover Impacts", *Journal of Travel Research* 41-1, January 2002.

Dockrill, Saki R. and Geraint A. Hughes, *Palgrave Advances in Cold War History*, New York: Palgrave Macmillan, 2006.

Foster-Carter, Aidan, "Korea and Dependency Theory", *Monthly Review* Vol. 37, October 1985.

Foster-Carter, Aidan, "North Korea. Development and Self-Reliance: A Critical Appraisal", *in Korea, North and South: The Deepening Crisis, rev. and expanded version of Crisis in Korea*. ed., by Gavan Mccormack and Mark Selden, New York: Monthly Review Press, 1978.

Guttmann, Allen, *The Olympics, a History of the Modern Games*, Urbana and Chicago: University of Illinois Press, 1992.

Halliday, Fred, *The Making of the Second Cold War*, 2nd ed., London: Verso, 1986.

Hill, Christopher R., *Olympic Politics*., Manchester, UK: New York: Manchester University Press: New York, 1996.

Jobling, Ian, "Olympic Proposals and Bids by Australian Cities", *Sporting Traditions: Journal of the Australian Society for Sports History* 11-1, 1994.

IOC, *Official Report: Games of the XXIVth Olympiad Seoul 1988*, Volume 2: *Competition Summary and Results* (http://library.la84.org/6oic/OfficialReports/1988/1988v2.pdf).

Putnam, Robert D., "Diplomacy and Domestic Politics: The Logic of Two-Level Games", *International Organization* 42-3, Summer, 1988.

Senn, lfred Erich, *Power, Politics, and the Olympic Games*, Champaign, IL: Human Kinetics, 1999.

Weinberg, Herb, "The Olympic Selection Process", *Journal of Olympic History(formerly: Citius, Altius, Fortius)* 9-1, Winter 2001.

Young, Kevin and Kevin B. Wamsley, *Global Olympics: Historical and Sociological Studies of the Modern Games*, Bingley, UK: Emerald JAI, 2005.

통일국민당 - 아산의 창당과 한국정당사에서의 의미_강원택(서울대학교)

강원택, 〈투표 불참과 정치적 불만족: 기권과 제3 당 지지를 중심으로〉, 《한국정치학회보》, 36집 2호, 2002, pp.153-174.

_____, 〈정치적 기대수준과 저항투표: 단순다수제 하에서 제3 당에 대한 지지의 논리〉, 《한국정치학회보》 32집 2호, 1998, pp.191-210.

관훈클럽, 〈3. 24 총선과 정국 전망: 정주영 통일국민당 대표 초청 관훈토론회〉, 《신문연구》 여름, 통권 53호, 1992, pp.211-249.

김종법, 〈하부 정치 문화 요소를 통해 본 베를루스꼬니 정부의 성격〉, 《한국정치학회보》 38집 5호, 2004, pp.417-437.

박찬욱, 〈제 14대 국회의원 총선거에서의 정당 지지 분석〉 이남영 편, 《한국의 선거 I》, 나남, 1993, pp.67-115.

박해진, 〈아파트 값, 절반으로 내릴 수 있나〉, 《말》 5월호, 1992, pp.76-83.

손호철, 〈14대 총선 결과와 그 의미〉, 《이론》 1호 (여름), 1992, pp.154-168.

양길현, 〈한국의 자유화와 재벌의 정치 참여: 통일국민당을 중심으로〉, 《한국과 국제정치》 8권 2호, 1992, pp.235-264.

이정복, 〈한국인의 투표 행태: 제 14대 총선을 중심으로〉, 《한국정치학회보》, 26권 3호, 1992, pp.113-132.

정주영, 《이 땅에 태어나서: 나의 살아온 이야기》, 솔출판사, 1997.

중앙선거관리위원회, 《대한민국선거사: 제 5집 (1988. 2. 25- 1993. 2. 24)》, 2009.

최준영, 〈3당 합당: 민주화 이후 한국 정당정치 전개의 분기점〉, 강원택 편, 《노태우 시대의 재인식: 전환기의 한국 사회》, 나남, 2012, pp.67-98.

John Curtice, *Liberal Voters and The Alliance: Realignment or Protest?*, in Bogdanor (ed) Liberal Party Politics, Oxford: Clarendon Press, 1983, pp.99-121.

Anthony Downs, *An Economic Theory of Democracy*, New York: Harper & Row, 1957

Morris Duverger, *Political Parties: Their Organization and Activity in the Modern State*, North and North (trans.) London: Methuen, 1964.

Himmelweit, Hilde, Patrick Humphreys and Marianne Jaegar, *How Voters Decide*, Milton Keynes: Open University Press, 1985.

Hopkin, Jonathan and Carerian Paolucci, "The Business Firm Model of Party Organization: Cases from Spain and Italy", *European Journal of Political Research* 35, 1999, pp.307-339.

Kang, Won-Taek, "The Rise of a Third Party in South Korea: the Unification National Party in the 1992 National Assembly Election", *Electoral Studies*, vol. 17, no.1, 1998, pp.95-110.

Park, Chan Wook, "Korean Voters' Candidate Choice in the 1992 Presidential Election: A Survey Data Analysis", *Korea and World Affairs* vol. 19, no. 3, 1993a, pp.432-458.

Park, Chan Wook, "The Fourteen National Assembly Election in Korea: A Test for the Ruling Democratic Liberal Party", *Korea Journal* 33, 1993b, pp.5-16.

실리적 남북경협 - 아산의 탈이념적 구상과 실행_정태헌(고려대학교)

● 신문 및 잡지

〈경향신문〉, 〈국민일보〉, 〈동아일보〉, 〈매일경제〉, 〈머니투데이〉, 〈서울신문〉, 〈연합뉴스〉, 〈조선일보〉, 〈파이낸셜뉴스〉, 〈프레시안〉, 〈한겨레신문〉, 〈한국 경제〉, 〈한국일보〉, 〈민족21〉, 〈비즈니스위치〉, 〈신동아〉, 〈월간 말〉, 〈월간조선〉, 〈전경련〉, 〈主婦生活〉, 〈통일한국〉, 〈로동신문〉

● 저서 및 논문

고유환, 〈김대중 정부의 대북포용정책과 북한의 반응〉, 《아시아태평양지역연구》 제2권 제2호, 2000.

金德權, 〈韓國의 시베리아資源開發 協力方案 硏究〉, 《國防硏究》 제28권 제1호, 1985.

김연철, 〈한반도 평화경제론: 평화와 경제협력의 선순환〉, 《북한연구학회보》 제10권 제1호, 2006.

김정주, 〈시장, 국가, 그리고 한국 자본주의 모델〉, 유철규 편, 《박정희 모델과 신자유주의 사이에서》, 함께읽는책, 2004.

김형기, 《남북 관계변천사》, 연세대학교출판부, 2010.

나탈리아 바자노바 저, 양운용 역, 《기로에 선 북한경제》, 한국 경제신문사, 1992.

돈 오버더퍼 저, 이종길 역, 《두 개의 한국》, 길산, 2002.

리영희·윤만준·정세현·장상환 대담, 〈금강산과 민족화합: 개방, 개발, 관광〉, 《통일시론》 2호, 1999.

박삼인, 〈개성공단 조성의 경제적 효과분석〉, 《금융경제연구》 183호, 2004.

박정웅, 《이봐, 해봤어?: 세기의 도전자, 위기의 승부사》, 이코노미북스, 2014.

박철언, 《바른 역사를 위한 증언 1·2》, 랜덤하우스 중앙, 2005.

백학순, 《노태우정부와 김영삼정부의 대북정책 비교》, 세종연구소, 2012.

＿＿＿, 《박정희정부와 전두환정부의 통일·대북정책 비교》, 세종연구소, 2014.

신범식, 〈북방정책과 한국·소련/러시아 관계〉, 하용출 외 《북방정책: 기원·전개·영향》, 서울대학교출판부, 2003.

신원철, 〈기업 내부노동시장의 형성과 전개: 한국 조선산업에 관한 사례연구〉, 서울대학교 사회학과 박사논문, 2001.

신장섭, 《김우중과의 대화》, 북스코프, 2014.

신종대, 〈민주화 이후 진보정부의 대북정책 연구: 김대중·노무현 정부〉, 정영철 외 저 《한반도 정치론: 이론·역사·전망》, 선인, 2014.

예대열, 〈우보천리(牛步千里)의 첫걸음이 남북을 변화시키다-정주영의 소떼방북과 남북 사회의 변화상〉, 《민족문화연구》 59호, 2013.

와다 하루키 저, 서동만·남기정 역, 《북조선: 유격대국가에서 정규군국가로》, 돌베개, 2002.

유철규, 〈1980년대 후반 경제구조변화와 외연적 산업화의 종결〉, 유철규 편, 《박정희 모델과 신자유주의 사이에서》, 함께읽는책, 2004.

이병도, 《영원한 승부사 정주영 신화는 계속된다》, 찬섬, 2003.

임동원, 《피스메이커》, 중앙북스, 2008.

장환빈, 〈개성공업지구와 소주공업지구 비교 연구〉, 북한대학원대학교 박사학위논문, 2014.

전창환, 〈1980년대 발전국가의 재편, 구조조정, 그리고 금융자유화〉, 유철규 편, 《박정희 모델과 신자유주의 사이에서》, 함께읽는책, 2004.

정세현, 《정세현의 통일토크》, 서해문집, 2013.

정주영, 《이 아침에도 설레임을 안고》, 삼성출판사, 1986.

_____, 《鄭周永은 말한다》, 鄭周永全集刊行委員會, 1992.

_____, 《韓國經濟의 神話와 現實》, 鄭周永全集刊行委員會, 1992.

_____, 《한국 경제 이야기》, 울산대학교출판부, 1997.

_____, 《이 땅에 태어나서: 나의 살아온 이야기》, 솔, 1998.

정태헌, 〈박정희정권 시기 지식층의 대만 農政 인식과 그 변화〉, 《아세아연구》 157호, 2014.

_____, 〈1980년대 정주영의 탈이념적 남북경협과 북방경제권 구상〉, 《민족문화연구》 59호, 2013.

정해구, 〈김대중정부의 대북정책과 남북 경제협력: '현대' 사례를 중심으로〉, 《북한연구학회보》 제9권 제2호, 2005.

최완규, 〈대북 포용정책에 대한 북한의 인식과 대응〉, 《韓國民族文化》 14호, 1999.

한국 경제 60년사 편찬위원회 편, 《한국 경제 60년사 Ⅱ : 산업》, 한국개발연구원, 2010.

허민영, 〈현대그룹의 노사관계 변화(1987-1999)〉, 《산업노동연구》 제9권 제1호, 2003.

현대건설 60년사 편찬위원회 편, 《현대건설 60년사》, 현대건설, 2008.

현대그룹 문화실 편, 《現代五十年史 上》, 金剛企劃, 1997.

現代峨山(株), 《南北經協 事業日誌 1989~2000》, 現代峨山(株), 2001.

현영미, 〈남북경제공동체의 시금석 개성공단〉, 《기억과 전망》 제11호, 2005.

아산, 그 새로운 울림: 미래를 위한 성찰
'아산 연구 총서' 시리즈(전 4권)

01_얼과 꿈

상상력의 공간 – 창업 · 수성에 나타난 아산정신_전영수(한양대학교)

자기구현의 인간학 – 아산의 인성_박태원(울산대학교)

긍정 · 도전 · 창의의 기반 – 아산의 자아구조_정진홍(울산대학교)

순응 · 확장 · 관리 – 아산의 학습생애_강대중(서울대학교)

기업가정신과 문학 – 아산의 독서 경험_소래섭(울산대학교)

02_살림과 일

유교와 민족주의 – 아산의 기업관과 자본주의 정신_류석춘(연세대학교), 유광호(연세대학교)

자본주의의 마음 – 아산의 파우스트 콤플렉스_김홍중(서울대학교)

한국적 경영 – 아산의 인격주의_이재열(서울대학교)

중산층 사회의 등장 – 아산의 기능공 양성_유광호(연세대학교), 류석춘(연세대학교)

03_나라와 훗날

수신제가치국평천하 – 아산의 유교윤리와 국가인식_김석근(아산정책연구원/아산서원)

발전국가와 기업 – 아산의 '인정투쟁'_왕혜숙(연세대학교)

서울올림픽 – 아산의 정치외교사_김명섭(연세대학교), 양준석(연세대학교)

통일국민당 – 아산의 창당과 한국정당사에서의 의미_강원택(서울대학교)

실리적 남북경협 – 아산의 탈이념적 구상과 실행_정태헌(고려대학교)

04_사람과 삶

자아 · 가족 · 사회 – 아산의 사회공헌정신의 형성과 계승_홍선미(한신대학교)

복지재단과 복지사회 – 아산사회복지재단의 한국적 의미_최재성(연세대학교)

의료복지와 경쟁력을 빚어내다 – 아산병원의 의료 모델 _김태영(성균관대학교)

한국형 복지국가 – 아산 복지정신의 함의_이봉주(서울대학교)

희망과 치유의 철학 – 아산의 삶과 한국사회의 미래_김진(울산대학교)

아산 연구 총서 03

아산, 그 새로운 울림 : 미래를 위한 성찰
- 나라와 훗날

첫판 1쇄 펴낸날 2015년 12월 28일

편 울산대학교 아산리더십연구원
글쓴이 김석근 | 왕혜숙 | 김명섭, 양준석 | 강원택 | 정태헌

펴낸곳 (주)도서출판 푸른숲
펴낸이 김혜경

출판등록 2002년 7월 5일 제 406-2003-032호
주소 파주시 교하읍 문발리 파주출판도시
 529-3번지 푸른숲 빌딩, 우편번호 413-756
전화 031)955-1400, 031)955-1410
팩스 031)955-1406, 031)955-1424

ⓒ울산대학교 아산리더십연구원, 2015

값 18,000원
ISBN 979-11-5675-636-1 (04080)
ISBN 979-11-5675-633-0 (04080) (세트)